山地城市核心区轨道交通施工期间交通组织——贵阳的实践

主 编 李红卫 张乾国
李 辉 陈发达

人民交通出版社股份有限公司
China Communications Press Co.,Ltd.

内 容 提 要

本书是在全面总结贵阳市轨道交通施工期间交通组织方案实践的基础上编写的。全书以交通现状、交通管理政策为研究基础,从“面”“线”“点”多层次综合考虑,提出宏观、中观和微观层次的施工期间交通管理政策和交通组织措施,交通组织编制过程中采用先进的交通规划模型以及微观仿真模型作为方案设计的基础平台,以保障交通疏解方案的科学性、合理性。

本书可供从事轨道交通领域科研工作者阅读,也可供轨道交通行业相关主管部门的管理者学习参考。

图书在版编目(CIP)数据

山地城市核心区轨道交通施工期间交通组织:贵阳的实践/李红卫等主编. —北京:人民交通出版社股份有限公司, 2017.8

ISBN 978-7-114-14137-9

Ⅰ.①山… Ⅱ.①李… Ⅲ.①城市交通—交通运输—交通组织—贵阳 Ⅳ.①U491

中国版本图书馆 CIP 数据核字(2017)第 163820 号

Shandi Chengshi Hexinqu Guidao Jiaotong Shigong Qijian Jiaotong Zuzhi Guiyang de Shijian

书　　名:山地城市核心区轨道交通施工期间交通组织——贵阳的实践
著 作 者:李红卫　张乾国　李　辉　陈发达
责任编辑:司昌静
出版发行:人民交通出版社股份有限公司
地　　址:(100011)北京市朝阳区安定门外外馆斜街 3 号
网　　址:http://www.ccpress.com.cn
销售电话:(010)59757973
总 经 销:人民交通出版社股份有限公司发行部
经　　销:各地新华书店
印　　刷:北京鑫正大印刷有限公司
开　　本:787×980　1/16
印　　张:12.5
字　　数:238 千
版　　次:2017 年 8 月　第 1 版
印　　次:2017 年 8 月　第 1 次印刷
书　　号:ISBN 978-7-114-14137-9
定　　价:40.00 元
(有印刷、装订质量问题的图书由本公司负责调换)

本书编写委员会

主　编　李红卫　张乾国　李　辉　陈发达

副主编　姜筱筠　李　焱　周　昊　刘志宏　何　民

成　员　李永前　吴海宝　蒲晓蓉　王　祥

黄　松　马振兴　吴　海　张开基

前言

FOREWORD

随着经济社会的快速发展和城市人口的大量集聚，城市交通已经日益成为制约城市发展的重要因素。轨道交通具有准点、运量大和环境影响小的特点，在我国很多城市得到了大力发展和建设，其受重视度已远远超过其他交通方式。在基建设施设备、施工技术和管理水平快速进步推动下，大中型的山地城市也开始了轨道交通的规划和建设。贵阳市轨道交通规划了9条线路，线路长度总计467km，总投资额达2700亿元。目前，贵阳市轨道交通1号线和轨道交通2号线已经开工建设，预计2018年轨道交通1号线实现全线通车。

轨道施工周期长，影响范围广，往往会占用已有的城市道路资源，影响整个城市原有的交通秩序，给社会公众出行带来较大的冲击。而山地城市建在丘陵、山坡等起伏比较大的地形之上，城市道路受地形限制多曲线山路，道路的可达性和集疏效率一般低于平原城市，因此轨道施工对山地城市影响远超其他类型的城市。

贵阳市轨道交通1号线连接金阳新区、老城区和小河区，其线路位于城市重要交通走廊上，沿线站点位于多个城市交通要道。受地形限制，贵阳市老城区具有建筑密度高、城市功能汇聚度高的特点，交通需求巨大而道路资源十分有限，轨道施工对贵阳交通的影响是巨大的，施工期引发的交通拥堵"阵痛"是不可避免的，但如果缺乏有针对性的交通研究部署、方案设计和实施宣传，极易导致大面积交通瘫痪，最终会增加交通事故频率。在轨道建设期进行科学的交通疏解，有利于把轨道施工期交通影响降至最低程度，保障城市生产生活的基本运行，促进轨道交通施工建设。

针对贵阳市城市空间的分布特点、轨道建设工艺和时序要求，贵阳市城市轨道交通有限公司联合相关单位对城市轨道交通施工期交通疏解进行了专项研究。贵阳市轨道交通1号线施工期交通疏解方案编制历时较长，从2009年12月底就开始安排交通疏解方案研究人员长期驻扎在贵阳市，对观山湖区、老城区、小河区交通现状以及轨道沿线用地进行徒步调研，详尽了解贵阳市城市交通现状及沿线用地现状，系统分析了轨道交通施工可能给城市和社会公众带来的冲击和影响，在此基础上编制了交通疏解方案。在方案编制过程中，贵阳市城市轨道交通有限公司多次组织中铁二院集团有限公司、贵阳市公交公司、贵阳市规划局等相关部门领导及专家对交通疏解方案进行研究论证，吸取了很多良好的意见，对方案进行了完善，并经过贵阳市城市交通管理局组织审核。对轨道施工交通疏解扎实的科学研究，加上无数工程师的日夜奋战，贵阳市轨道交通1号线建设速度很快，多个关键站点和重点线路的施工没有造成大面积交通拥堵，主城区人民群众的生产生活基本没有受到影响，为城市节省了大量交通出行时间和运行费用。

本书是在全面总结贵阳市轨道交通施工期间交通组织方案实践的基础上形成的。全书以交通现状、交通管理政策为研究基础，从“面”“线”“点”多层次综合考虑，提出宏观、中观和微观层次的施工期间交通管理政策和交通组织措施，交通组织编制过程中采用先进的交通规划模型以及微观仿真模型作为方案设计的基础平台，以保障交通疏解方案的科学性、合理性。

本书在编写过程中得到了昆明理工大学交通工程学院和贵阳市城市交通管理局的大力支持，在此表示衷心的感谢！

由于编者水平有限，书中错误和不足在所难免，请广大读者予以批评指正。

本书编写委员会
2017年5月

目录

CONTENTS

1 概述

1.1 山地城市轨道交通建设研究背景

山地城市是指城市选址和建筑在丘陵、山坡等起伏比较大的地形之上，地形断面坡度大于5%、分割深度大于25m的城市。山地城市的功能区一般分布在不同起伏的地形上，使得其空间特征和环境特征都与平原城市有很大的不同。在我国，重庆、青岛、贵阳、遵义、攀枝花等都是典型的山地城市。随着山地城市社会经济的快速发展，一方面城市交通供给和交通需求的矛盾日益突出，出现了比平原城市更为严重的交通问题；另一方面，为了缓解城市交通拥堵，促进城市的可持续发展，大中型的山地城市也积极开始了城市轨道交通建设。

1.1.1 山地城市面临的交通问题

山地城市地形复杂，适宜建设的用地较少，面临着比平原城市更大的交通困境，如交通拥堵、交通安全、交通污染等。

(1)交通拥堵

随着社会经济的迅速发展，山地城市机动车保有量越来越多。由于山地城市高、低级别道路之间缺少中间等级道路的过渡，次干路的比例较低，这就使得大量支路与主干路直接连通。同时，大量断头路和错位路的存在进一步降低了较低等级道路的可达性和集疏效率，导致了山地城市比平原城市更加严重的道路交通拥挤问题。以重庆市为例，主城区的渝澳大桥、学府大道、南坪环道等关键性的干道一旦发生拥堵，拥堵范围将迅速扩大至周边区域路网，重庆市独特的地形特征使得交通部门很难找到合适的替代道路来缓解这些干道的交通拥堵状况。

(2)交通安全

由于山地城市特殊的地理条件，其发生道路交通安全事故的频率往往比平原城市更高。山地城市道路曲折蜿蜒，半径偏小，坡度偏大，弯坡组合多，不仅造成交通事故频繁多发，而且交通事故造成的损失也更为严重。山地城市的车辆一旦偏离车道冲出道路外，发生翻车、坠车的可能性更大，导致事故车辆受损严重，并可能与路侧危险物发生碰撞造成二次事故。

(3)交通污染

由于受到山地地形的限制，山地城市比平原城市的交通污染更加严重，其原因主要是：多数山地城市曲线道路较多，山地城市交通路网的非直线系数一般比较大，使得实际的出行距离增加，居民多选择机动车出行，这就造成了比平原城市更多的尾气排放和噪声污染。此外,受山地城市的地形限制,城市道路多曲线山路和坡度陡峭路段,使得机动车行驶过程中会遇到更频繁的转弯、上坡和下坡,加剧了交通对环境的污染。

1.1.2 山地城市的城市轨道交通建设

随着我国经济社会的发展,城市交通问题已经日益成为制约大中城市发展的重要因素。由于轨道交通具有准点、运量大和环境影响小的特点,20 世纪 90 年代以来我国兴起了轨道交通建设的热潮,大中型的山地城市也开始了轨道交通的规划和建设。如贵阳市轨道交通远景年规划了 9 条线路,线路长度总计 467km,总投资额达 2700 亿元,1 号线和 2 号线已经开工建设,预计 2018 年贵阳轨道交通 1 号线实现全线通车。图 1-1 为贵阳市轨道交通线网规划图。重庆市已经开通运营了 4 条轨道交通线路,运营里程达到 213km,位居全国第六位、中西部第一位,正在建设的线路有 5 条,在建里程达到 350km,预计到 2020 年运营里程近 500km。图 1-2 为重庆市轨道交通线网规划图。

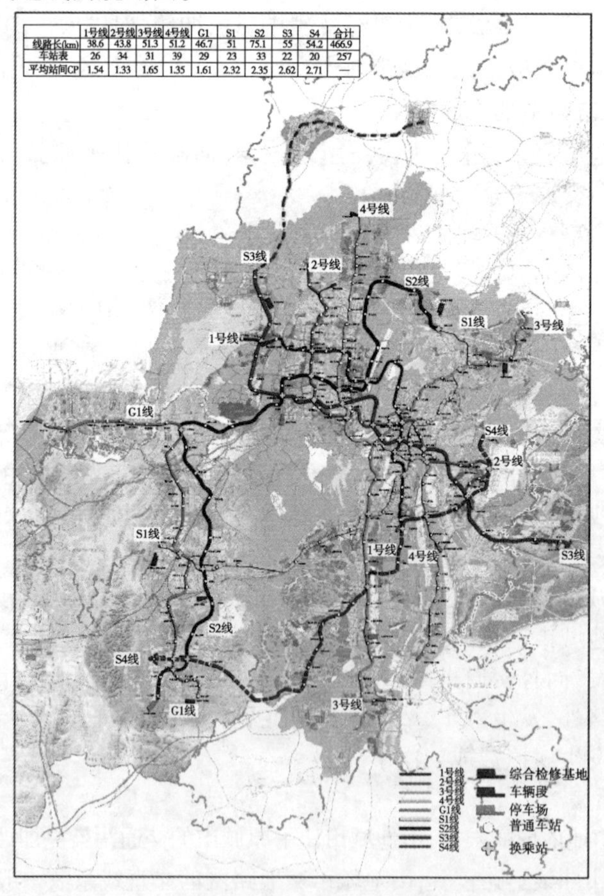

	1号线	2号线	3号线	4号线	G1	S1	S2	S3	S4	合计
线路长(km)	38.6	43.8	51.3	51.2	46.7	51	75.1	55	54.2	466.9
车站表	26	34	31	39	29	23	33	22	20	257
平均站间CP	1.54	1.33	1.65	1.35	1.61	2.32	2.35	2.62	2.71	—

图 1-1 贵阳市轨道交通线网规划

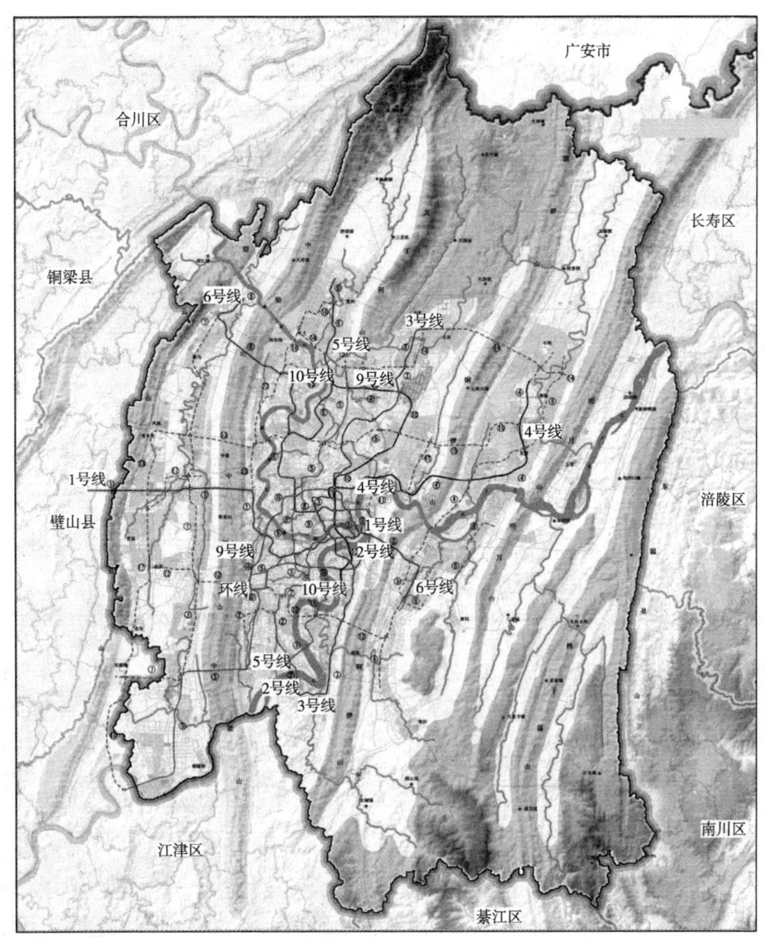

图 1-2　重庆市轨道交通线网规划

1.2　研究目的

贵阳市作为贵州省的省会城市，是贵州省政治、经济、文化中心，是我国西南地区重要的交通枢纽和中心城市之一。近年来随着经济社会的快速发展，城市规模和人口急剧增长、机动化程度快速提高，致使贵阳市城市交通供需矛盾突出。

受自然条件的限制，贵阳市仍然为典型的“单中心 + 外围组团”城市结构，观山湖区新区作为城市第二中心的功能尚未真正发挥，老城区是城市的核心和区域的服务中心。由于城市长期集中在老城区发展，形成老城区高强、高密的土地利用发展特征，现状老城区的平均人口密度达到 2.3 万人/km^2。人口与城市功能的高度聚集，使老城区成为全市交通活动的重点地区，目前老城区交通出行量占市区交通出行总量的比例高达 76%。城市功能高度集中，外围片区相对独立，彼此联系较弱,组团间联系均以老城区为核心,城市向心交通和穿越交通出行特征突出。

鉴于此,贵阳市积极推进城市土地利用的优化布局,优化城市的空间结构。城市空间由原有的单中心逐渐向双中心多组团结构发展。对于组团式结构城市和交通枢纽型城市,区域交通走廊通道和自然地理环境的阻隔极易形成组团间联系交通的瓶颈和城市空间扩展的障碍,对贵阳市这种典型的山地组团式枢纽城市而言,这方面的矛盾更加突出。同时,随着城市的发展,老城区及观山湖区新区之间的交通联系日益加强,人们对快速、高效、便捷的出行要求越来越高,而老城区之间的道路通道有限,加上现有通道交通压力较大,常规公交难以支撑组团间快速、大运量的交通联系,因此,贵阳市积极推进轨道交通系统的建设。

建立贵阳市城市轨道交通系统,不仅是缓解老城区交通拥堵问题、解决片区之间交通供需矛盾的需要,也是实现城市总体规划目标的需要,是适应贵阳市山地城市发展特点和集约使用土地的客观要求。同时,轨道交通还对建立与贵阳市城市发展相适应的城市综合客运交通系统,落实"节能减排"、推进"生态文明",创建以人为本、可持续发展的和谐社会具有重要意义。

从 2005 年开始,贵阳市开始着手轨道交通建设的前期研究工作,并取得了一系列的成果。贵阳市轨道交通线网规划编制始于 2006 年 4 月,2006 年 5 月中旬完成初步成果。2006 年 10 月,规划成果通过专家初审,之后针对专家意见落实远景城市规模,并进行方案完善。2007 年 5 月至 7 月,结合贵阳北站调整,依据相应用地调整规划,在与有关规划单位协调和广泛听取专家意见的基础上,进行了轨道交通线网规划方案的优化调整。2008 年 1 月完成规划,并经市政府通过。

2008 年 4 月,《贵阳市城市快速轨道交通建设规划》的编制工作正式开始。2009 年 3 月 26 日至 27 日,贵阳市城市轨道交通建设规划评估会在贵阳市召开,国家发展和改革委员会正式委托中国国际咨询公司进行审查,规划获得通过。

根据《贵阳市城市快速轨道交通建设规划》,贵阳市城市轨道交通系统由 4 条线路构成,轨道交通 1 号线及 2 号线一期工程纳入近期建设规划。因此,贵阳市将全力进行轨道交通 1 号线和 2 号线一期工程的施工建设。这种城市重大项目施工引发的交通拥堵阵痛是城市发展过程中不可避免的。由于轨道建设施工存在施工影响范围大、建设周期长的特点,因此必须高度重视施工期间的交通影响评价和交通组织。

城市轨道交通施工往往会占用已有的城市道路资源,影响整个城市原有的交通秩序,给社会公众出行带来较大的冲击。在城市轨道交通建设期进行合理的交通组织,有利于把施工期交通影响降至最低程度,保障城市生产生活的基本运行。然而,我国各大城市在制订轨道交通施工期间的交通管理方案时,缺乏行之有效的理论方法体系,所制订的交通管理方案达不到预期效果。为此,本书以现有的交通工程理论为基础，通过总结贵阳市轨道交通 1 号线施工期间的交通管理经验，试图为城市轨道交通施工期间交通组织方案的制定提供理论依据和经验借鉴。

1.3 研究内容

按照城市轨道交通施工期间交通组织方案设计的思路，本书的主要内容包括交通组织方案的制定流程及技术路线、针对交通组织的城市及交通现状分析、轨道交通沿线用地及交通特征分析、轨道交通施工对城市交通的影响分析、轨道交通施工期间的交通组织方案、交通需求管理策略、交通组织方案的风险评估、交通组织方案的宣传以及交通组织方案的实施保障等。

2 城市轨道交通施工期间交通影响分析与交通组织方案

城市交通是一个复杂系统，轨道施工在一定程度上扰动和改变了城市交通系统。轨道交通施工期间的交通影响分析是制订交通疏解方案的重要基础。在轨道施工期间，应该考虑道路环境、人员出行、交通流和交通安全对城市交通的影响。

2.1 施工期间交通影响特征

在施工环境下，交通系统的特征发生改变，交通影响特征体现在道路环境、人员出行、交通流和交通安全4个方面。

2.1.1 道路环境的影响

从占用道路路面情况来看，分为完全占用道路、部分占用道路和不占用道路三类。三类方式对城市交通的影响依次降低，主要表现在局部道路通行情况、区域道路及交叉口通行能力、周边居民对外交通、行人出行、公共交通线路等方面。

轨道交通占道施工期间，为维持交通出行，不可避免地会进行车道压缩、改变车道甚至新建道路，车道宽度、车道数量、道路线形也随之受到影响，从而对道路通行能力和车流运行状态造成影响。

占道施工后，为保障道路使用者的出行效率、出行安全和施工作业人员的安全，施工点的局部特性也发生相应变化。需要增加新的各类标志标牌、施工围挡、渠化设施，一些特殊的道路还需要增设路侧护栏等设施，并形成新的由警告区、过渡区、缓冲区、工作区和终止区几部分组成的交通控制区域。

2.1.2 人员出行的影响

对于驾驶员来说，由于占道施工导致了道路通行条件改变，驾驶员要根据轨道施工期间交通疏解方案，结合自身的实际出行目的等选择出行方案。在即将进入施工区域时，驾驶员根据有关施工的各类交通标志等信息，经过信息加工处理等过程做出正确的决策，采用减速、合理跟车、车道变换等手段对驾驶行为进行调整。进入施工区域后，驾驶员逐渐进入一个平稳的阶段，需要注意施工人员、行人过街、施工机械和散落物等安全问题。驶离施工区域之后，驾驶员即恢复到平时正常的

驾驶行为。

有关研究表明,驾驶员的信息80%以上是通过视觉得到的,但是占道施工围挡导致的道路线形及视距受到限制,施工区域车流混合拥堵,驾驶员容易出现操作能力下降、判断失误增多、注意力分散等特征,而不同个人属性、出行属性的驾驶员的表现又不尽相同,需要驾驶员具有较强的责任感来提高施工区域行车安全和行车效率。

施工区域的行人具有随机性、出行不易控制、对其他交通方式干扰较强等特征,施工区域的施工人员由于其工作性质具有安全风险高等特征。此外,由于施工期间路面不平稳、交通拥堵、公交线路改变等引起的乘客出行距离增加、平均延误增加,乘客对出行距离、出行时间和舒适度等敏感信息具有较低的容忍度。

2.1.3 交通流的影响

由于占道施工区域车道封闭,通行能力降低,车流密度增大,车辆行驶状态变化明显,以一种非自有的状态行驶,出现交通流的跟驰性。跟驰车辆具有制约性,在车辆行驶过程中,后车紧随前车,但是后车车速不能长时间大于前车车速,前后车之间需要有一定的间距以便于后车有足够的反应时间来对前车的制动行为做出反应。跟驰车辆具有延迟性,即前后两车的状态变化不同步,后车运行状态迟滞于前车。跟驰车辆中一辆车的状态变化会导致其后的车辆连续地发生变化,即跟驰车辆的传递性。占道施工降低了道路通行能力,当通行能力不能满足车流的通过要求时,就形成一个交通瓶颈,出现车辆排队的现象。

2.1.4 交通安全的影响

国内外已经针对施工区域的事故特性做了大量的研究。施工作业区是交通事故多发区域,与施工区域围挡形式、车速差等密切相关。占道施工改变道路上车流行驶特性,影响着道路交通流饱和度,在交通流趋向于不稳定流和饱和流时,交通事故相对数量往往比较多。

2.2 施工期间交通影响的系统分析

城市运行是交通系统运行的强大推动力,为交通系统提供了交通源,同时成为交通系统的吸引点和集散地;交通系统又为城市交通运行提供保障,影响并制约着城市运行效率,二者相互作用、相互制约。施工期间的交通影响分析可以从施工点(点)、轨道施工站点沿线(线)和区域(面)三个层次进行分析,其重点关注的是施工对交通系统运行状态的扰动及系统运行效率的变化。

轨道施工期间的交通影响分析可以借鉴比较成熟的城市建设项目交通影响评价(简称"交评")规范及方法开展。城市建设项目的"交评"是指对城市新建或改扩建项目新生成的交通需求可能对项目周边交通系统运行产生的影响程度进行评价,并制定相应对策来减少建设项目所带来的交通影响。建设项目的“交评”内容主要有:确定交通影响评价的范围和年限、相关资料调查收集、项目评价范围内交通系统分析、交通需求预测、项目新生成交通量的影响分析、提出改善措施以及得出评价结论。轨道施工期间的交通影响分析主要是指对轨道施工给城市交通系统运行以及交通供给能力产生的影响进行评价,并提出相应的疏解措施将这种影响降至最低。可以借鉴城市建设项目的研究方法来进行轨道施工期间的交通影响分析,主要内容包括:范围确定、资料收集、交通模型建立、交通系统分析、得出交通影响分析结论及提出相应改善措施等。

施工期间的交通影响分析是制订交通疏解方案的重要基础。可以从站点(点)、施工沿线(线)和施工区域(面)三个层面进行交通影响分析。站点(点)层面的交通影响分析就是对施工点周边的居民出行条件和施工对交通流运行的直接影响进行分析。施工沿线(线)层面的交通影响分析是对轨道沿线的交通小区带的居民出行、道路路段和交叉口的交通影响进行分析。“线”层的交通影响分析考虑了相邻站点影响的叠加。施工区域(面)的交通影响分析是指分析对城市区域范围路网层面的整体交通运行状态的影响,“面”层的交通影响分析关注的是施工对城市区域的交通需求、路网容量、路网服务水平等宏观方面的影响。

2.2.1 站点(点)交通影响分析

施工站点周边是交通影响的直接区域。站点施工占用了一部分市政空间,造成了施工点附近道路面缩减、周边建筑基本出行空间压缩、施工点附近相关设施的破坏,进而影响了施工点附近的机动车交通、公共交通、非机动车交通、行人通道和施工点周边大型建筑物的对外进出交通安全顺畅运行。从定量分析的角度来看,站点施工直接导致了站点周边路段和交叉口服务水平、排队长度及饱和度等交通运行参数的变化。

(1)对机动车交通的影响。

轨道交通施工期间受影响最大的就是机动车交通。轨道环境下,施工位置所在道路不仅承担了周边到离交通,还承担了一定量的过境交通量,由于占道施工造成施工区域机动车交通缓行和一部分机动车绕行,给出行者造成不便。

(2)对公共交通的影响。

由于轨道交通占道施工,导致施工区域或附近的公交站台等设施迁移或取消,甚至公交线路改线或并线,还可能从减轻施工期间交通压力的角度在一些道路上实行公交线路的增加或减少,使公交系统受到明显影响。

(3)对非机动车及行人交通的影响。

占道施工对非机动车及行人交通的影响最小。但部分施工围挡占用了人行道

(包括人行天桥和地下通道),行人和非机动车需绕行,交通受影响较大,且行人交通不易控制的特点会加大其对机动车交通的干扰。

(4)对施工车辆的影响。

在轨道施工期间,大量的大型施工运输车辆进入施工区域,道路资源的占用、交通畅通运行、安全和环境等方面产生较大的影响。

(5)对周边出行空间的影响。

城市轨道交通施工占用了部分或全部的路幅、周边居民的出行通道、大型建筑的出行通道及出入口、附近机动车的转向空间等资源,对周边出行产生直接的影响。分析施工对周边交通出行的影响是轨道交通施工影响分析的基本内容。

2.2.2 施工沿线(线)交通影响分析

施工沿线是相邻站点交通影响叠加的直接范围。相邻站点同时施工会造成施工沿线各站点的交通影响叠加,直接影响地铁沿线两侧的交通小区带内路段和交叉口的交通流占有率、服务水平、延误、排队长度和饱和度等。

占有率有空间占有率和时间占有率之分。空间占有率指以特定路段上,车辆总长度和路段总长度之比,时间占有率则是指在以观测时间 T 内,交通检测器被车辆占用的时间总和和观测时间的比值。空间占有率能反映交通密度的高低,但数据直接获取难度较大,一般不常用。时间占有率的值能反映交通运行状态。从轨道交通占道施工占有率的值可以看出被影响路段的车辆占用情况,从而有助于分析施工对交通状态的影响。

服务水平是指道路使用者从速度、舒适度、经济安全等方面获得的服务程度。影响服务水平的因素很多,如平均车速、均延误、经济安全等,最主要的是 V/C 比。往往采用 V/C 比作为城市道路路段及交叉口的服务水平划分依据。城市轨道交通施工加剧了路段和交叉口的拥堵,V/C 比值也一定程度增大,可以从服务水平角度来分析城市轨道施工对交通的影响。

车均延误是指每辆车通过路段或者交叉口所需要的实际运行时间和理论畅通条件下通过路段或交叉口所需要的时间之差的平均值。车均延误是用来衡量路段或交叉口运行状况的主要指标,轨道交通占道施工产生的交通拥堵,使得车辆通过路段或交叉口的时间增加,车均延误也相应增加。一般地,交通越拥挤,排队越长。排队长度是衡量交通运行状态的直观参数,轨道施工情况下路段和交叉口的排队长度会增加,从排队长度能得到交通影响的直接评价结果。

饱和度表征了交叉口的交通负荷水平,饱和度高,则交叉口的车流量接近通行能力,车辆延误、排队长度、停车次数也随之增加,直接反映了交叉口的交通需求与供给关系。轨道施工环境下,研究范围内一些交叉口由于通行能力降低,或者交通绕行车辆增加,导致饱和度相应增加,从受影响的交叉口饱和度来分析轨道施工对城市交通的影响能有效反映问题的本质。值得注意的是,可以用交叉口总饱和度来表征交叉口的交通运行状态,而交叉口的总饱和度是指饱和程度最高的相位所达到的饱和度值,而非各相位饱和度之和。

2.2.3 施工区域(面)交通影响分析

施工区域是交通影响的间接区域。轨道施工对现有的交通系统造成一定程度的扰动和破坏,对城市区域层面的影响体现在路网瓶颈点位置及数量、交叉口拥挤数量百分比、路段拥挤长度百分比、路网容量等方面。

轨道交通占道施工导致施工点的通行能力降低,这种路网中局部通行能力不足会形成交通瓶颈,就容易发生拥堵。而这种局部的拥堵会在时间和空间上向周围路网散开,出现瓶颈扩散现象,影响整个路网的交通运行。更为严重的是,还有可能由于施工打破了施工前的交通平衡状态而产生更多新的动态交通瓶颈,瓶颈位置在施工期间将可能成为常发性的交通拥堵点。瓶颈点的位置及数量能有效地从宏观层面反映轨道交通施工对城市区域交通的影响,也是制订交通疏解方案的重要依据之一。

轨道交通占道施工环境下,拥堵交叉口和路段会有所增加,路网平均车速也会相应降低,交叉口拥挤数量是交通影响分析的内容,也可以是施工期间交通疏解方案的评价内容。

路网容量是城市道路交通网络在一定时间内、一定交通状态下所能容纳(或通过)的最大交通个体数量。路网容量是科学合理组织交通、改善交通运行状态的重要参数。轨道交通占道施工占用车道,对交通秩序产生干扰,路网通行能力下降,高峰小时交通需求与供给不平衡,会使得路网容量接近极限,交通系统变得脆弱。

2.3 施工期间交通影响评价

在对轨道交通施工的沿线和区域交通影响评价时可以采用定性和定量相结合的方法展开分析,通过轨道交通施工对路网或者道路的定性和定量交通影响评价,能对轨道交通施工带来的实际交通影响程度有更好的把握和认识。

定性评价是指按照施工时序,结合每个施工阶段占道情况对交通的影响进行定性的评价,直观描述交通运行状态的变化。

定量评价是通过路网模型(规划模型等),随着施工时序的推进,对不同施工阶段造成的交通影响进行定量的统计指标表述(如服务水平、延误、车速等),准确刻画不同施工阶段的交通运行情况。从城市运行角度,通过交通外部成本模型对不同的轨道交通施工方案进行外部成本估算,评估施工给城市带来的影响。

2.4 施工期间交通组织方案的层次

交通组织是指在一定的道路条件、交通条件、路网条件、控制条件、环境条件下，通过科学合理地对交通的流量、流速、流向、车种等进行组织，从而使道路交通始终处于有序、安全、高效的运行状态。交通组织方案可以分为以下三个层次。

2.4.1 微观交通组织方案

主要任务是冲突点分离或冲突点控制，在信号配时上要分秒必争，在车道渠化上要寸土必争，体现出在冲突分离基础上充分利用空闲时间和空闲面积。微观交通组织方案主要包括轨道交通施工影响区域的车道渠化、交通信号控制设置、交通流线的优化等内容。

2.4.2 中观交通组织方案

主要任务是路网交通压力均分，在时间上要削峰填谷，在空间上要控密补稀，体现出矛盾分散、时空均分的原则。区域交通组织方案包括交通分流方案、公交线路调整方案等。

2.4.3 宏观交通组织方案

主要任务是通过政策、法规来引导交通发展，以扩大交通供给和控制交通需求为手段，平衡交通供需关系，避免发生交通供需倒置。宏观交通组织方案主要包括停车管理、机动车限行管理等方面的内容。

2.5 交通组织方案制定的原则

制定城市轨道交通施工期间的交通组织方案时，一般应遵循如下原则。

2.5.1 保障轨道交通工程顺利进行的原则

交通组织是为了降低施工的影响，但是不能牺牲项目的本身来满足，任何交通组织措施、交通改善措施都不可能完全解决施工对周边路网交通的影响，因此必须接受在交通建设施工时期对路网造成的持续影响，这就需要全社会各方面、市民和相关单位都能本着支持城市发展和交通建设的精神，在发生利益冲突的时候，各方都能诚恳协商、妥善处理，必要时为保证工程的顺利进行做出应有的牺牲与让步。

2.5.2 系统性原则

交通作为一个系统，除要保障施工节点通行外，更要从沿线道路和区域路网层面进行分流组织，使组织方案的整体达到最优。因此，施工期间的交通组织应从点、线、面三个层次进行分析和优化，要从城市核心区的交通供给与需求平衡被施工打破后的系统整体分析制订疏解方案。另外，由于施工期间影响因素众多，交通施工组织还应从交通需求管理、组织机构健全、宣传动员等方面综合考虑保障措施。

2.5.3 保证沿线居民基本出行需求的原则

大中城市现状交通拥堵现象司空见惯，老城区尤其突出，轨道交通施工将进一步加剧老城区交通拥堵，施工期间无论采用何种科学合理的组织方案都不可能保证交通完全畅通。但必须满足刚性的出行，如日常出行、紧急情况下紧急车辆的通行。因此，交通组织方案应体现“以人为本”及“效率优先”的原则，优先保证公共交通通行。同时，施工期间在需要封闭的道路上应预留足够空间的行人通道，尽量减少慢行交通绕行距离。

2.5.4 稳定性与适应性相结合的原则

稳定性是指对于一些工期较长的项目的施工期间交通组织方案在一定时期内应相对稳定，不应轻易更改，从而培养特殊时期市民相对稳定的交通习惯，以保证交通组织方案的有效性。适应性原则是指项目施工期间交通组织实施方案并不是一成不变的，应根据实际的情况以及实际实施效果、项目的进度及时调整方案，以适应项目施工建设和市民生产生活的需要。

2.5.5 统筹安排原则

我国大中城市正处于快速发展的阶段，在进行轨道交通施工的同时，不可避免地会有其他重大市政工程同步施工，如人防工程、道路改扩建工程等。施工期间交通组织方案应考虑外部条件的变化，与上述工程统筹安排。

2.5.6 可行性原则

在轨道交通施工期交通组织方案设计时，要通过方法的科学性和设计的精细化，保证交通组织方案的综合性、可实施性和可操作性。

2.6 交通组织方案制定的流程及技术路线

轨道交通建设工程是一项涉及面广、影响大的重大市政工程，其施工期间交通组织和影响评价也是一个综合性的交通项目，涉及沿线居民出行、轨道交通管理、道路交通管理以及城市交通管理政策等方面的内容，不但要考虑技术因素，而且要协调上述各方面的矛盾，才能确保研究成果的科学性和实用性。轨道交通施工期间交通组织方案的制定应以现状交通为基础，从“面”和“点”多层次综合考虑，并通过模型测试，分析轨道交通施工对城市交通的影响，从而根据影响程度，提出轨道交通施工期间的交通组织方案。其工作流程和技术路线如图 2-1 和图 2-2 所示。

交通组织原则
工程方案研究
现场勘查
交通调查
交通组织思路
与甲方、交管、设计方沟通
方案初期
分流方案
细部方案
交通管制措施
反馈
与甲方、交管、设计方、施工方进一步沟通
方案形成
最终方案
跟踪配合
施工过程
方案实施

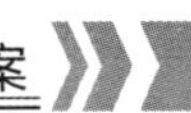

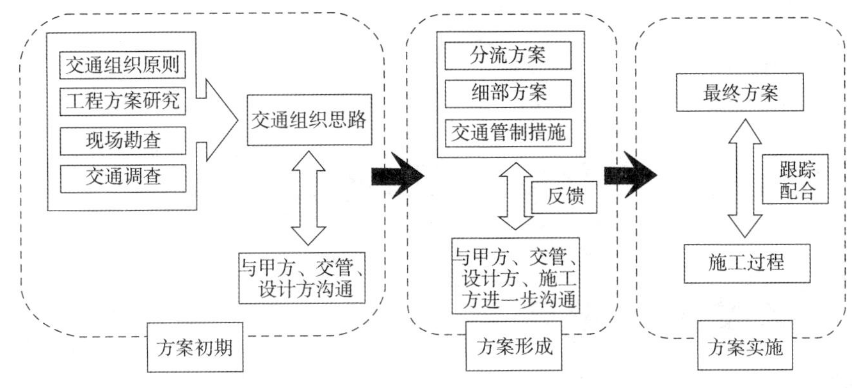

图 2-1 交通组织方案制定工作流程

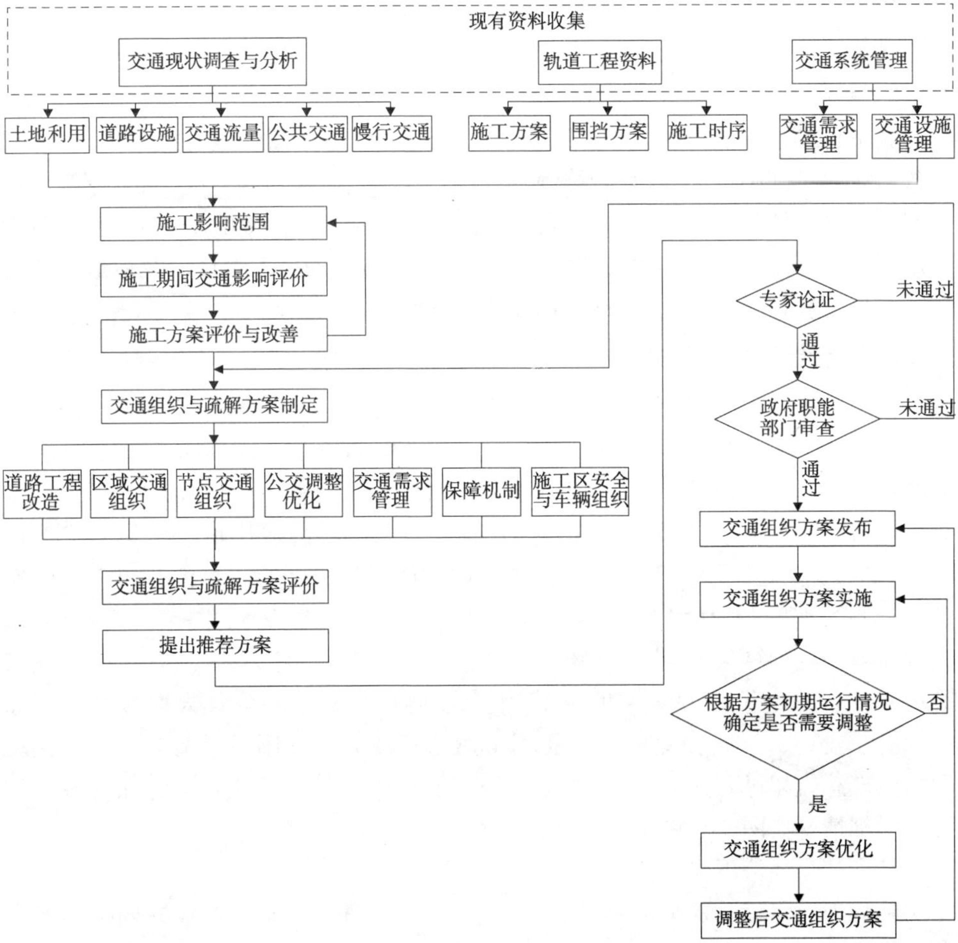
现有资料收集
交通现状调查与分析
轨道工程资料
交通系统管理
土地利用
道路设施
交通流量
公共交通
慢行交通
施工方案
围挡方案
施工时序
交通需求管理
交通设施管理
施工影响范围
施工期间交通影响评价
施工方案评价与改善
交通组织与疏解方案制定
道路工程改造
区域交通组织
节点交通组织
公交调整优化
交通需求管理
保障机制
施工区安全与车辆组织
交通组织与疏解方案评价
提出推荐方案
专家论证
未通过
通过
政府职能部门审查
未通过
通过
交通组织方案发布
交通组织方案实施
根据方案初期运行情况确定是否需要调整
否
是
交通组织方案优化
调整后交通组织方案

图 2-2 交通组织方案制定技术路线

3 贵阳市城市及交通现状分析

3.1 城市发展现状分析

城市现状分析主要包括自然条件、社会经济、空间布局、人口及岗位分布等内容。对这些内容的了解和掌握是分析城市轨道交通施工对交通影响以及制订交通组织方案的基础。

3.1.1 自然条件

城市自然条件包括气候、地形、生物、矿产、土壤等方面的内容。其中,气候条件包括风向、气温、日照、降水量等;城市地形有高原、山地、丘陵、盆地、平原等多种类型。气候条件和城市地形对制订交通组织方案有直接的影响。比如,气候条件决定了在制订交通组织方案时应该考虑气候可能造成的突发事件以及地形条件对道路交通分流的路径选择、道路渠化设计等方面的影响。

3.1.2 社会经济发展情况

改革开放以来,贵阳市经济发展迅速,特别是在1998年以后,年平均经济增长速度达到16.15%,明显高于8%~9%的全国平均水平,目前正是贵阳经济社会发展的黄金时期。据初步统计,2012年全年实现国内生产总值1700.30亿元,同比增长15.9%。从产业分布看,第一产业增加值72.28亿元,增长8.5%;第二产业增加值717.32亿元,增长18.8%;第三产业增加值910.70亿元,增长14.1%。三次产业结构为4.2∶42.2∶53.6;全年完成财政总收入488.02亿元,同比增长21.6%;地方财政一般预算收入241.20亿元,同比增长28.9%;城市居民人均可支配收入21796元,同比增长12.2%,扣除价格因素,实际增长9.4%;农民人均纯收入8488元,同比增长15.0%,扣除价格因素,实际增长9.0%。贵阳是目前全省唯一人均国内生产总值超过万元的城市,在全省经济发展中有相当的比较优势和区域首位度。详细情况如图3-1、图3-2所示。

城市社会经济不仅对城市居民出行特征有直接影响,同时也影响交通组织方案实施的资金保障。贵阳市形成了经济增长由第二产业、第三产业共同推动的发展新格局。这表明贵阳市的居民出行目的仍然以上班、上学为主。同时,贵阳市地方财政能够为轨道交通施工期间的交通组织提供资金保障。

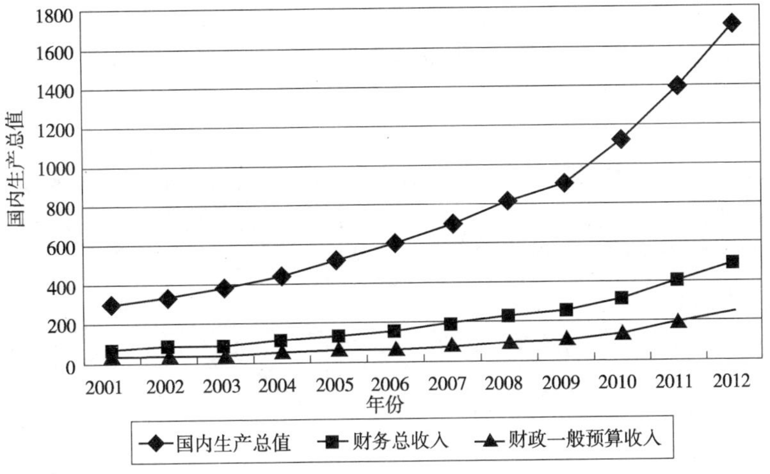

图 3-1 2001—2012 年贵阳市经济发展状况(单位:亿元)

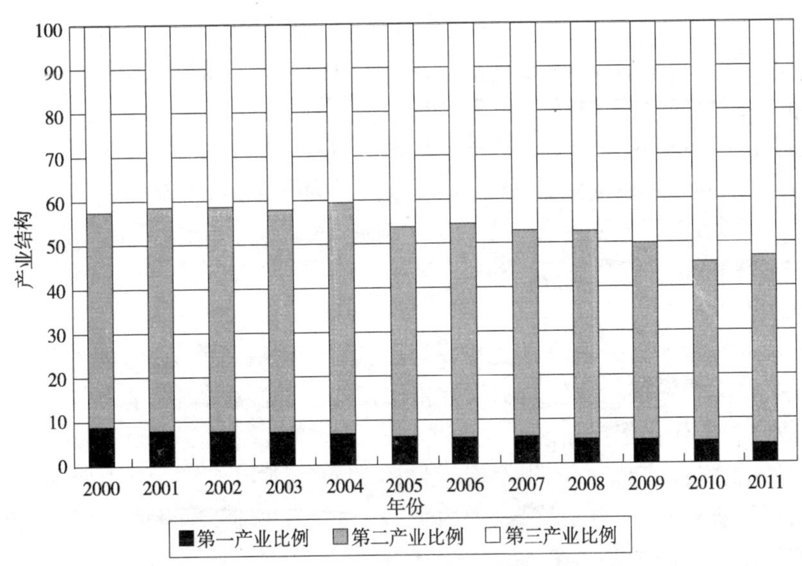

图 3-2 2000—2011 年贵阳市产业结构发展状况(单位:%)

3.1.3 空间布局

城市空间布局主要包括城市建成区的空间结构、功能布局和土地利用。贵阳市中心城区为“双核多组团”的空间结构。双核是指老城都市功能核心和观山湖区都市功能新核心;多组团包括白云、乌当、花溪、高新区、经开区、综保区、航空港经济区等多个城市功能组团。

3.1.3.1 双核

老城都市功能核心:结合轨道交通建设和棚户区城中村改造,努力降低建筑密度、增加绿化面积,改善人居环境,保护历史文化遗存;引入总部经济、金融保险、商务办公、高端商业等生产性服务业,促进产业升级转型,提升综合服务能力。

观山湖区都市功能新核心:进一步完善教育、医疗、体育、文化等公共服务设施建设,增强新区集聚力和吸引力;通过火车北站服务业聚集区、西南国际商贸服务业聚集区、现代制造产业园等重大项目的建设,打造集大数据创新、商务金融、行政办公、生态居住为主的城市新区。

3.1.3.2　多组团

白云组团:"以产业聚集地、生态科技城、宜居示范区"为建设方向,优化城市用地结构,调整产业功能,推进工业企业退二进三;加大旧城改造力度,完善公共基础设施建设,与观山湖区融合发展。

花溪组团:以建设"避暑休闲度假城、生态旅游目的地、文化教育聚集区"为主体功能定位,打造全省重要的避暑度假、旅游文化窗口和教育科研基地,形成生态良好、环境宜居、文化多彩、设施完善、科教兴盛、旅游发达的特色花溪。

乌当组团:重点发展以绿色食品、生物医药为主的高新技术产业,依托地热温泉资源和自然环境优势,大力发展旅游休闲度假业;加快现代都市农业发展和公共服务设施建设,打造贵州城乡一体化发展试验区。

高新区组团:以贵州人才城、富士康等项目为突破口,实施"创新驱动、大数据引领"战略,形成"大数据、生物医药、现代制造、低碳技术、研发孵化"和"生产性服务业"的"5+1"产业体系,打造贵遵产业及城镇带的发展龙头和辐射源,带动市域北部发展。

经开区组团:大力推进信息技术、装备制造、新材料新能源、生物医药等高新技术产业聚集,配套发展科技创新和大数据研发等生产性服务业,全力打造生态化的千亿产业园和现代化都市新区。

综保区组团:以产城一体化发展为目标,生态低碳为理念,大力发展外向型经济,重点布局航空航天、电子信息、大数据、新材料等产业,建设成为国内首个山地生态型综合保税区。

航空港经济区组团:以贵阳大型航空枢纽为依托,以发展航空港经济为目标,集聚航空运输、大数据、保税物流、现代服务等产业,建成"西南航空物流新中心、高端临空产业集聚区、对外开放经济先导区、数据信息协同创新区、生态人文建设示范区"。

贵阳市中心城区空间结构如图3-3所示、中心城区土地利用规划如图3-4所示。

3.1.4　城市发展规模

城市规模主要包括常住人口规模和用地规模。至2012年,贵阳市常住人口已经达到 445.17 万人，全市常住人口中居住在城镇的人口为 313.97 万人，占 70.53%；居住在乡村的人口为 131.2 万人，占 29.47%。市域总面积 8034km²。贵阳市城区包括老城区和外围龙洞堡、二戈寨、小河、花溪、新天、白云、三桥马王庙、观山湖区 8 个片区，面积约 495km²。2020 年规划贵阳市中心城区人口与用地分布如表 3-1 所示。

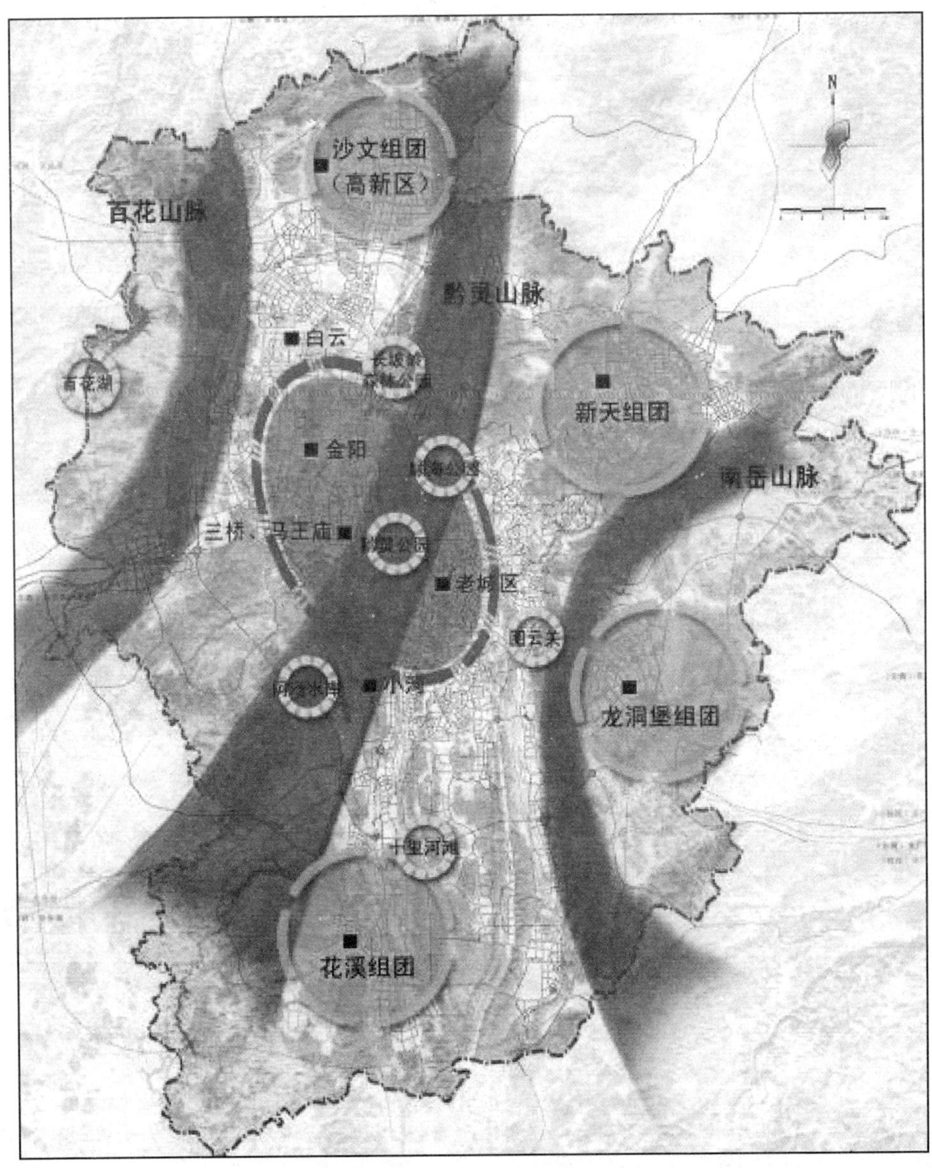

图 3-3　贵阳市中心城区空间结构

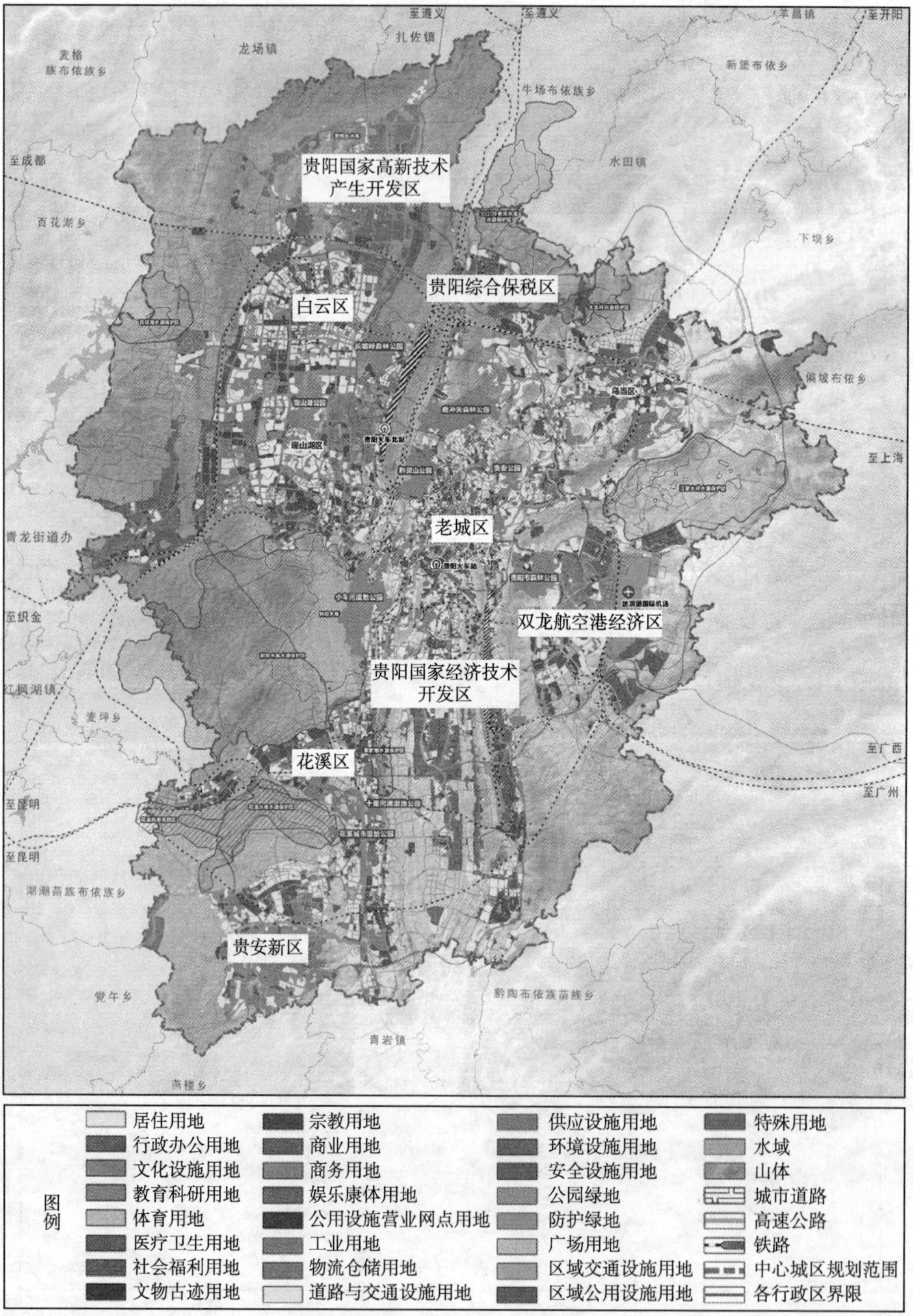
至遵义
至遵义
羊昌镇
至开阳
扎佐镇
龙场镇
麦格
族布依族乡
牛场布依族乡
新堡布依乡
至成都
贵阳国家高新技术
产生开发区
水田镇
百花湖乡
下坝乡
贵阳综合保税区
白云区
偏坡布依乡
至上海
老城区
青龙街道办
双龙航空港经济区
至织金
贵阳国家经济技术
开发区
红枫湖镇
麦坪乡
至广西
花溪区
至广州
至昆明
至昆明
湖潮苗族布依族乡
贵安新区
党午乡
黔陶布依族苗族乡
青岩镇
燕楼乡
图例
居住用地
行政办公用地
文化设施用地
教育科研用地
体育用地
医疗卫生用地
社会福利用地
文物古迹用地
宗教用地
商业用地
商务用地
娱乐康体用地
公用设施营业网点用地
工业用地
物流仓储用地
道路与交通设施用地
供应设施用地
环境设施用地
安全设施用地
公园绿地
防护绿地
广场用地
区域交通设施用地
区域公用设施用地
特殊用地
水域
山体
城市道路
高速公路
铁路
中心城区规划范围
各行政区界限

图 3-4　贵阳市中心城区土地利用规划

2020 年贵阳市中心城区人口与用地分布 表 3-1

分区		人口(万人)	建设用地(km^2)	人均建设用地(m^2/人)
主城	老城区	95	57	60
	观山湖区新区	60	56	93
	白云片区	25	32	128
	三桥马王庙片区	20	18	90
	二戈寨片区	10	16	160
	小河片区	27	25	93
外围组团	花溪组团	28	28	100
	新天组团	18	18	100
	龙洞堡组团	30	35	117
	沙文组团	7	15	214
合计		320	300	—

3.2 交通现状分析

3.2.1 交通基础设施

交通基础设施情况分析包括道路网络、停车设施、机动车发展情况和对外交通设施等。

3.2.1.1 道路基本情况

城市道路是城市内部供各种车辆和行人通行的交通设施,可以分为快速路、主干路、次干路、支路四级。

(1)快速路在特大城市或大城市中设置,是用中央分隔带将上下行车辆分开,供汽车专用的快速干路,主要联系市区各主要功能区、市区和主要的近郊区、卫星城镇、主要的对外出路,负担城市主要客货运交通,有较高的车速和大的通行能力,快速路的设计行车速度为 60 ~ 100km/h。

(2)主干路是城市道路网的骨架,联系城市的主要工业区、住宅区、港口、机场和车站等客货运中心,是承担城市主要交通任务的交通干道,主干路的设计行车速度为 40 ~ 60km/h。

(3)次干路为市区内普通的交通干路,配合主干路组成城市干道网,起联系各部分和集散的作用,分担主干路的交通负荷,次干路的设计行车速度为 30 ~ 50km/h。

(4)支路是次干路与街坊路的连接线,为解决局部地区的交通而设置,以服务功能为主,支路的设计行车速度为 20 ~40km/h。

道路面积和各等级道路的比例有相应的标准。《城市道路交通规划设计规范》(GB 50220—95)规定:城市道路用地面积应占城市建设用地面积的 8% ~15%,对规划人口在 200 万人以上的大城市,宜为 15% ~20%。对道路面积占比和级配结构比例进行分析,有助于从道路交通设施层面了解城市交通存在的问题及原因,可以为合理制订施工交通组织方案奠定基础。

目前,贵阳市城区的道路总长度约 390km,道路面积约 13.143km^2,道路面积率约为 9.66%,与国家推荐指标相比(8% ~15%)处于较低水平。城区道路密度约为 2.86km/km^2,低于规范要求。快速路、主干路、次干路与支路的级配构成为 0.9∶1.0∶0.85∶1.63。可以看出,低等级道路的比例明显偏低,次干路、支路明显不足,特别是在老城区表现得相当突出,主干路、次干路及支路的比例为 1∶0.84∶1.43。次干路、支路通行能力有限,造成大量交通流集中于主要干道。贵阳市中心城区道路级配结构如表 3-2 所示。

贵阳市中心城区道路级配结构 表 3-2

道路＼区域	老城区	观山湖区	白云	新天	龙洞堡	三桥	小河	花溪	规范推荐
快速路	0.32	0.13	0.41	0.88	1.03	0.71	0.59	1.26	0.3 ~0.4
主干路	0.66	2.06	0.79	1.13	—	—	0.08	0.34	0.8 ~1.2
次干路	0.56	0.75	0.92	0.39	—	0.17	0.47	0.72	1.2 ~1.4
支路	0.95	—	1.9	2.41	0.85	0.36	1.08	0.29	3.0 ~4.0

由于自然山体的阻隔,贵阳城区的用地呈现跳跃式发展。现状“老城区 + 外围组团”的城市结构和用地模式,决定了其路网结构为“方格网 + 对外放射”形式。老城区的道路网络由于地形原因形成了兼有自由式风格的方格网,北京路、延安路、中山路、都司路、神奇路和解放路构成老城区东西交通的主骨架,而枣山路、瑞金路、中华路、遵义路和宝山路构成南北向的主骨架,其他组团道路网络均根据横穿的联系干道进行布局。贵阳市中心城区现状道路网络如图 3-5 所示。

3.2.1.2 停车设施情况

停车设施可以分为机动车停车设施和非机动车停车设施。在进行施工交通组织方案设计时,重点关注机动车停车设施情况。机动车停车设施根据属性可以分为社会停车场、大型公共建筑物停车场、商业和服务业停车场、大型集散场所停车场等。根据停车位置可以分为路内停车场、路外停车场、地下停车场等。道路宽度、交通负荷强度等都会影响路内停车泊位的设置。根据《城市道路路内停车泊位设置规范》(GA/T 850—2009),大城市路内停车泊位设置率不应超过 10%。了解城市停车设施供应情况有助于在轨道交通施工期间制定合理的交通需求管理政策。

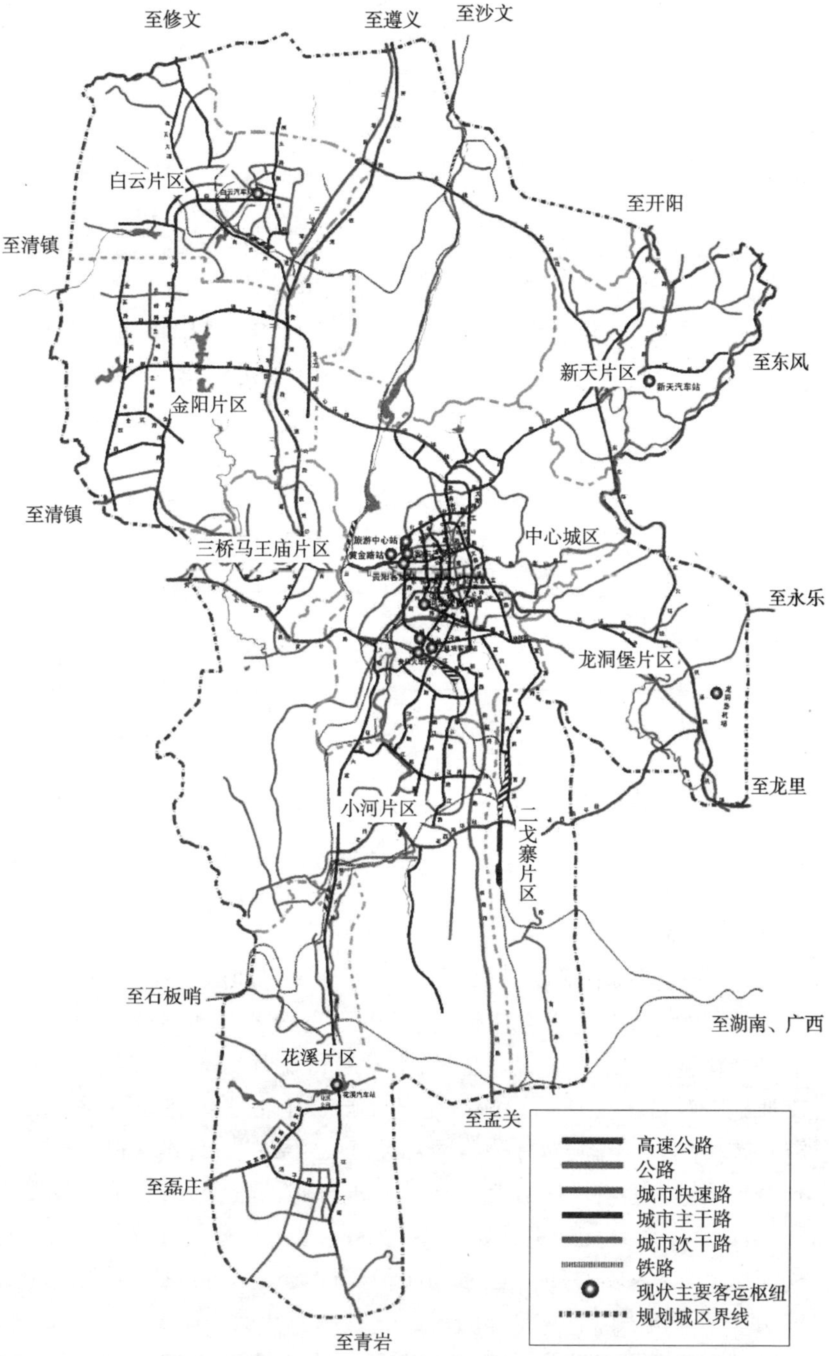

至修文
至遵义
至沙文
白云片区
至开阳
至清镇
新天片区
至东风
金阳片区
至清镇
三桥马王庙片区
中心城区
至永乐
龙洞堡片区
至龙里
小河片区
二戈寨片区
至石板哨
至湖南、广西
花溪片区
至孟关
至磊庄
至青岩

高速公路
公路
城市快速路
城市主干路
城市次干路
铁路
现状主要客运枢纽
规划城区界线

图 3-5　贵阳市中心城区现状道路网络

截至2010年，贵阳市机动车拥有量已超过63万辆，但停车泊位供给仅有6.02万个，在泊位供给中还有1.56万个属于路侧停车，反映出停车设施供给严重不足，在即有供给空间还要占用道路资源，无疑会加重路网的交通压力。

3.2.1.3　机动车保有情况

机动车保有量包括总量和分布情况，集中体现了城市交通的需求状况。机动车保有量越大，分布越集中，交通的需求就越容易超过区域的交通容量，从而产生交通拥堵。城市机动车保有量是制订施工期间交通组织方案的重要基础数据。

贵阳市机动车发展呈逐年增长的趋势。2009年年底，贵阳全市机动车达到48万辆，较2000年的9.48万辆增长了5.06倍。2012年，贵阳市机动车保有量为67.4万辆，比2011年增长了4.5%。从贵阳市各区县机动车统计数据来看，机动车的拥有仍然集中在老城区（云岩、南明），占全市机动车保有量的57.8%，远远高于其他区县。贵阳市机动车保有量发展情况如图3-6所示。

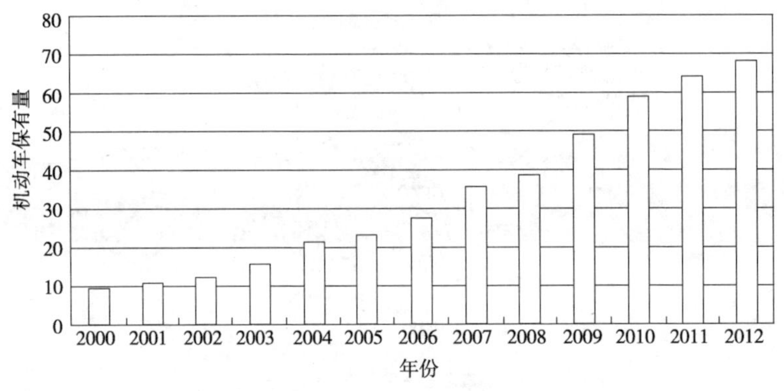

图3-6　贵阳市机动车保有量发展情况（单位：万辆）

3.2.1.4　对外交通

城市对外交通是城市本身与城市范围以外地区之间的交通，是城市存在和发展的必要条件。对外交通主要采用铁路、公路、水运和空运等运输方式。城市对外交通运输设施在城市中的布置，不仅对城市发展和规划布局有重要影响，而且是划定轨道交通施工对城市交通的影响范围的重要影响因素。在分析对外交通情况时，主要包括对外交通走廊、对外公路网骨架以及主要的对外出入口。

通过对贵阳城市经济圈区域交通运输需求分布的分析，结合市域重要交通设施的布局，可以确定对外交通走廊如图3-7所示。其中，贵阳市域范围内的过境交通与对外交通呈现“一环、一横、七射”走廊分布形态，主要包括：环贵阳中心城区经济产业带“一环”走廊，市域北部的黔西—息烽—开阳—瓮安“一横”走廊，与周边城市和地区交通联系的贵阳—息烽—遵义、贵阳—开阳—遵义、贵阳—瓮安、贵阳—凯里和都匀、贵阳—惠水、贵阳—安顺、贵阳—黔西“七射”走廊。

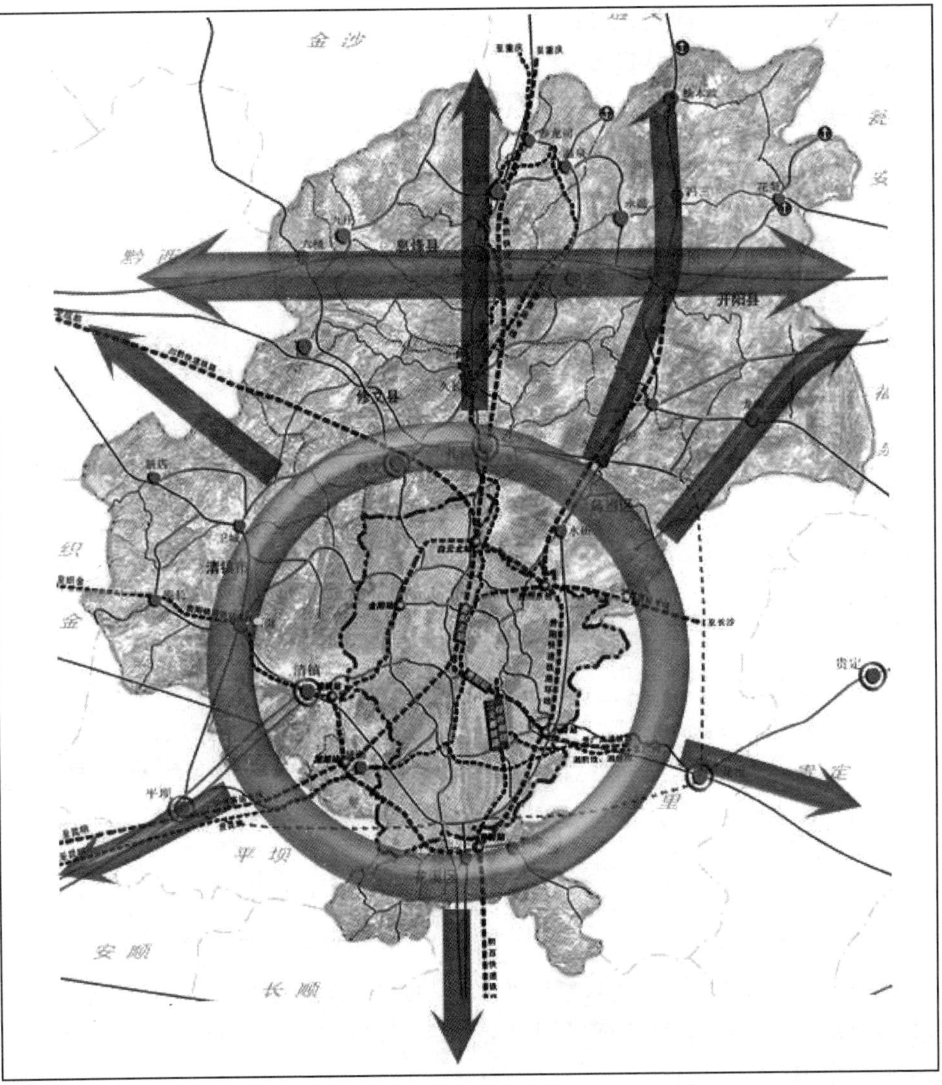

图 3-7 贵阳市域过境交通与对外交通走廊分布示意

从公路来看，贵阳市公路网已经形成由贵遵、贵黄、贵新以及西南、西北环线组成的“一环三放”的公路主骨架。在公路系统与城市交通系统衔接的过程中，公路或高等级公路均直接与老城区核心地区的道路网络相衔接，对疏解过境交通存在不利影响。现状主要对外出入口如下：

(1)北向(遵义方向)：贵遵、G210；

(2)东北(瓮安方向)：S305；

(3)东南(都匀、凯里方向)：贵新、G210；

(4)南向(惠水方向):S101;

(5)西南(安顺方向):贵黄、清黄、S102;

(6)西北(织金、毕节方向):S307、贵毕。

3.2.2 居民出行特征

居民出行特征分析包括出行次数、出行方式、出行目的、出行时耗、出行时间分布和出行空间分布。

3.2.2.1 出行次数

出行次数即城市居民的一日出行次数,反映的是居民在日常生活中为参与各项活动而对出行的需求情况,最常用的是人均出行次数。城市社会经济特征和地理环境是影响出行次数的主要因素。家庭人均收入高、拥有机动化私人交通工具以及在气候温和地区的居民,平均出行次数要高一些。在这些因素中,居民的人均出行次数又与收入的关系最为密切,收入越高,出行次数也相对越高。

根据2008年的居民出行调查,贵阳市居民(包括暂住人口)日平均出行次数为2.61次,其中,有出行人口的日平均出行次数为3.08次。与其他城市相比,贵阳市的居民日出行次数处于较高水平,主要是由于目前城市规模不大。

3.2.2.2 出行方式

出行方式是指出行者完成一次出行所使用的交通工具。城市居民对出行方式的选择行为比较复杂,受交通方式的可用性、不同交通方式使用的方便程度、舒适性、安全性、出行速度、可达性、费用以及出行者的个人因素的影响。其中,出行速度、可达性、费用是主要的影响因素。

表3-3为老城核心区、观山湖新区及其他组团的各种出行方式的组成比例。从表可知,无论在中心城区还是在观山湖新区和白云区等市郊区域,步行和公交都是居民出行的主要交通方式,两者比例之和超过80%。与中心城区相比,其他组团的步行出行比例较高,而市郊区域由于公交线路的覆盖率较低,导致公共汽车的分担率与市中心相比偏低。

贵阳市不同区域的出行方式构成　　表3-3

出行方式	出行方式构成(%)		
	老城核心区	观山湖区	其他组团
步行	42.79	31.24	60.68
自行车	0.50	0.43	0.63
电动自行车	0.68	1.24	0.80
摩托车	0.34	0.54	1.56
出租车	1.68	1.99	0.56

续上表

出行方式	出行方式构成(%)		
	老城核心区	观山湖区	其他组团
公共汽车	42.80	51.91	20.81
私人小汽车	8.30	10.99	11.51
单位小汽车	0.96	0.34	0.52
单位客车	1.85	0.80	2.71
县际客车	0.01	0.27	0.09
其他	0.10	0.24	0.13

3.2.2.3 出行目的

出行目的包括上班、上学、购物、娱乐等。出行目的的分布反映了城市居民出行的需求模式和行为特征。不同地区的城市,由于经济体制、发展水平、家庭收入和消费习惯的不同,在出行目的结构方面存在较大的差异。发达地区城市,居民购物、文化娱乐、社交、探亲访友等与私人生活有关的出行较多。

根据2012年的调查,贵阳市以回家为出行目的的出行占总出行的比例为45.30%,工作出行的比例为24.65%,出行目的构成如表3-4所示。上班、上学、回家出行目的比例之和超过80%,因此贵阳市出行主要是通勤出行。同时,购物的出行占7.96%,对中心商业区步行设施、公交车路线和停车场要优化布置。

贵阳市居民出行目的构成 表3-4

出行目的	出行目的构成(%)	
	2008年	2012年
上班	24.53	24.65
上学	8.96	8.62
回家	45.67	45.30
回工作地	1.77	1.65
购物	7.82	7.96
餐饮娱乐	2.68	2.78
旅游度假	0.21	0.28
就医(探病)	0.60	0.68
公务(商务)	1.90	1.92
探亲访友	2.08	2.28
其他	3.80	3.90

3.2.2.4 出行时耗

出行时耗是指城市居民出行的平均时间。居民出行时耗是反映居民出行特征的一个重要指标,同时也是方式划分模型标定的基础。城市人口岗位分布、建成区面积都是影响出行时耗的重要因素。

根据调查,贵阳市老城核心区、观山湖区新区及其周边组团区域居民出行时间存在较大差异(表3-5)。其中,观山湖区新区居民的各类出行目的出行时耗较其他区域长,主要原因是观山湖区新区进行大面积的开发,但相关设施不完善,造成居民出行时间长。

不同出行目的的平均出行时耗 表3-5

出行目的	平均出行时耗(min)		
	老城核心区	观山湖区新区	其他组团
上班	38.18	50.79	27.00
上学	33.24	34.64	24.06
回家	41.68	59.21	28.41
回工作地	32.21	64.80	22.48
购物	31.65	55.14	27.03
餐饮娱乐	38.35	40.98	15.90
旅游度假	90.68	92.38	38.00
就医(探病)	44.20	58.01	27.86
接送小孩	29.57	39.15	24.94
公务(商务)	36.20	53.95	27.65
探亲访友	46.72	67.80	27.20
其他	36.45	53.36	39.42

2012年贵阳市居民消耗在回家路上的时间比2008年增加了约19.5%(表3-6),主要原因是城市经济发展,部分企业和政府机构迁出主城区,带来大量的通勤交通。城区居民的平均出行时间为31.4min。出行时间在1小时内的占80.6%,而2001年为91.1%,表明长距离的出行比例逐渐增加(表3-7)。不同方式的出行耗时相差明显(表3-8),其中公交出行的平均时耗达到53.6min,明显高于居民平均出行时耗。这表明,贵阳市公交的服务水平有待提高,公共交通优先发展政策还需要进一步落实。

贵阳市民从家步行到公交车站以及从车站到单位的时间大多集中在10min以下,6min以下的步行时间占的比例最高(图3-8)。这说明公交车辆线路的布置比较均匀、合理,乘客基本可以就近上下车。但是,有26.54%的人从家到车站的距离比较长,步行时间多于10min,说明部分住宅小区附近的公交站点布置还不尽合

理。另外,还有6.72%的人从家到车站需要花费20min以上的时间,这说明还有部分住宅小区附近没有通车,或者是通车不能深入小区,小区附近交通不够便利。

平均出行时耗的变化 表3-6

出行目的	2008年平均出行时耗	2012年平均出行时耗	增幅(%)
上班	37.62	38.16	1.44
上学	32.01	32.52	1.60
回家	35.49	42.40	19.47
回工作地	37.77	35.03	-7.26
购物	29.66	34.10	14.96
餐饮娱乐	36.05	36.51	1.26
旅游度假	55.65	90.55	62.72
就医(探病)	36.5	45.40	24.38
接送小孩	—	30.07	—
公务(商务)	41.21	38.26	-7.16
探亲访友	51.64	48.99	-5.12
其他	29.57	38.17	29.09

不同出行时耗的出行量构成 表3-7

出行时耗(min)	0~10	10~20	20~30	30~40	40~50	50~60	60~70	70~80	80~90	90~100	100~110	>110
2007年(%)	5.9	40.9	12.4	10.4	6.2	4.8	5.2	3.5	3.0	2.5	1.7	3.6
2001年(%)	11.3	32.5	20.6	17.6	6.2	2.9	3.4	1.1	0.7	0.6	0.2	2.8

不同方式的出行时耗(单位:min) 表3-8

出行方式	步行	自行车	摩托车	公交车	单位班车	出租车	小汽车
2007年	18.1	23.7	22.0	53.6	50.0	41.0	25.0
2001年	17.3	20.8	21.3	35.3	27.3	19.4	11.5

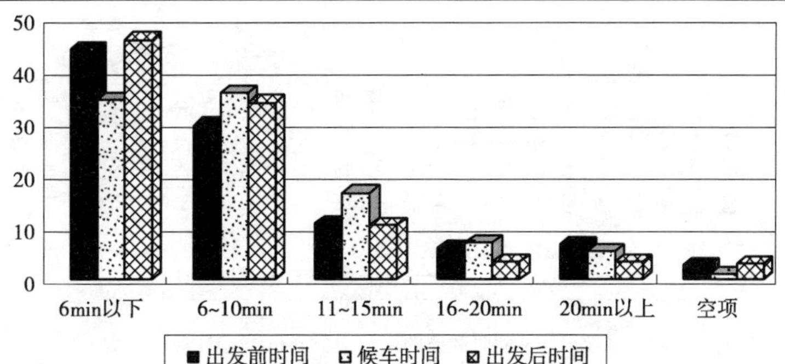

图3-8 居民乘坐公交时耗分布(单位:%)

相对来说，工作地附近线路的布置要好一些，因为79.53%的乘客从公交站点到目的地的步行时间小于10min，其中“6min以下”的步行时间占的比例最高，达到了45.72%。17.35%的乘客的步行时间超过10min，而“20min以上的”的乘客比例只占3.36%。

等车时间“6~10min”的比例最高，为35.59%，“10min以下”的乘客比例达到了69.9%。“10~20min”的乘客比例为23.78%，超过20min的比例为5.29%。总体看，等车超过10min的乘客比例偏高，这主要是由于贵阳的道路交通比较拥堵，发车频率较低，造成了乘客的等车时间较长。

乘客平均车外时间（平均到站时间+平均候车时间+平均离站时间）为23.86min。因此，有必要通过改善公交服务，例如增加车次、增设站点等，减少乘客在车外的时间，从而降低整体公交出行时耗。

3.2.2.5　出行时间分布

出行时间分布反映了城市居民出行在一天当中的分布情况。大中城市居民出行时间分布一般呈现明显的早晚高峰。

图3-9为贵阳市老城核心区、观山湖区新区和其他组团居民出行时间的分布。由图可知，三类不同区域的居民出行时间分布较为一致，出行早晚高峰时间段分别为7:00~9:00和17:00~18:00，其中其他组团在中午出现了一个出行小高峰。观山湖区新区早高峰特征较其他两类区域更为明显，其7:00~8:00时段的出行次数占全天出行次数的22.6%，而老城核心区及其他组团的这一比例分别为18.71%和19.08%。

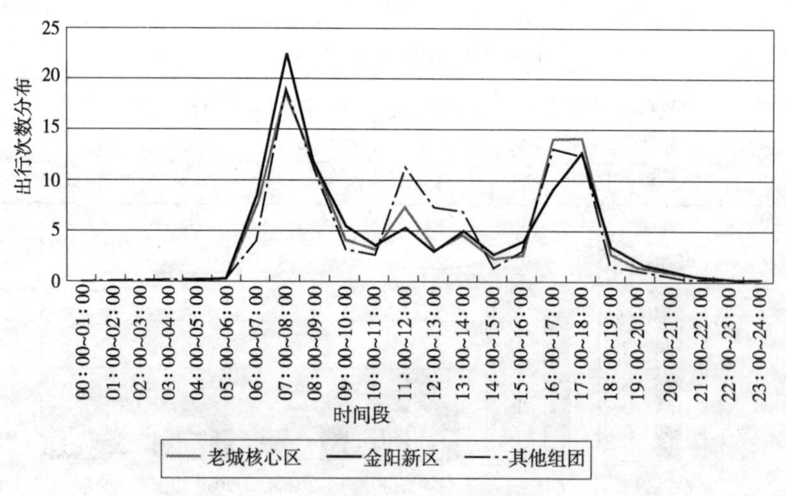

图3-9　不同时间段的出行次数分布（单位：%）

3.2.2.6　出行空间分布

出行空间分布反映了城市居民出行在空间上的集聚特征。利用居民出行空间分布特征,可以宏观上判断片区与片区之间的交通联系强度,从而为制定施工期间的交通分流方案奠定基础。

贵阳居民出行空间分布如图3-10所示。从图中可以看出:老城区出行量占规划城区范围出行总量的76%;外围片区的区间出行以老城区为最主要联系方向,城市"向心交通"特征明显;老城区仍然是居民出行的核心,但居民的出行不再局限于以组团内部为主,跨组团间的出行开始增多,特别是老城区与外围组团间的联系日益紧密;老城区与观山湖区区、三桥区、龙洞堡、二戈寨、小河居民出行量较大,给连接的通道带来巨大的交通压力。跨组团间的出行增加了主城区穿越交通量,给主城区交通组织带来很大影响。

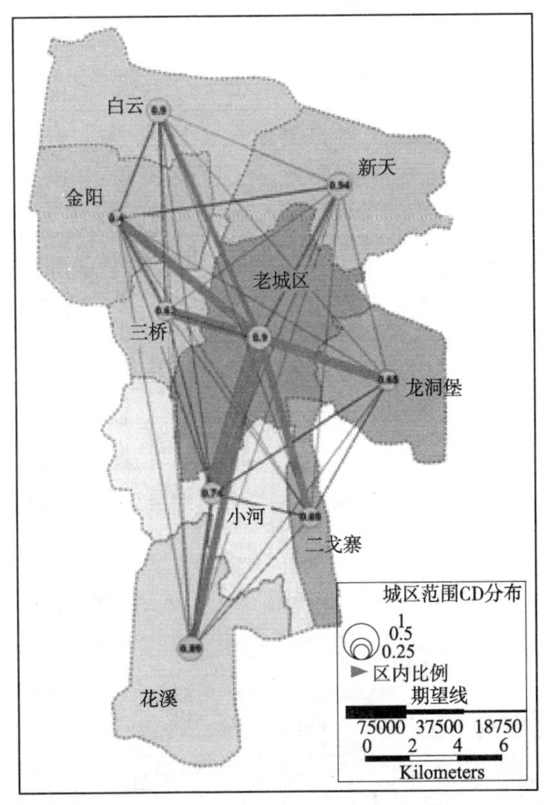

图3-10 贵阳居民出行空间分布

3.2.3 公共交通现状

公共交通现状分析包括发展水平、公交线路分布、公共交通走廊等方面的内容。

3.2.3.1 发展水平

贵阳现状公交系统以常规公共交通为主体,中小巴士、出租车等为辅助交通工具,基本覆盖建成区范围。2012 年,贵阳市公交公司完成客运量 6.70 亿人次,日均客运量 183.30 万人次。总体来看,贵阳市公交历年完成客运量人次呈增长的趋势,特别是近五年增幅较大,年均增长率达到了 9.9%。2012 年,贵阳公交公司拥有运营公共汽车 3309 辆。2000—2012 年,贵阳市公交营运车辆发展状况如图 3-11、图 3-12 所示。

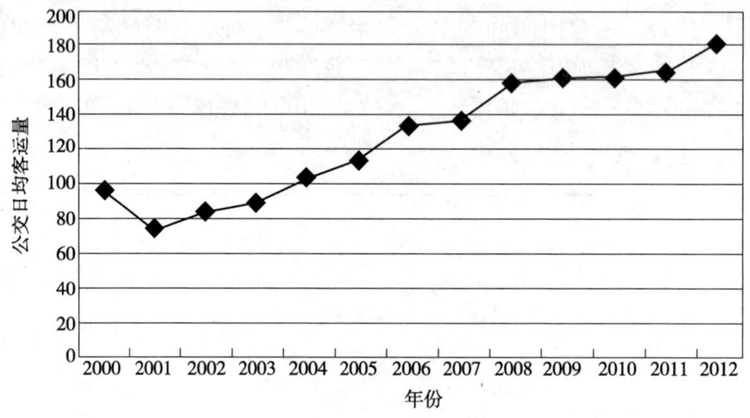

图 3-11　2000—2012 年贵阳市公交日均客运量发展趋势(单位:万人次)

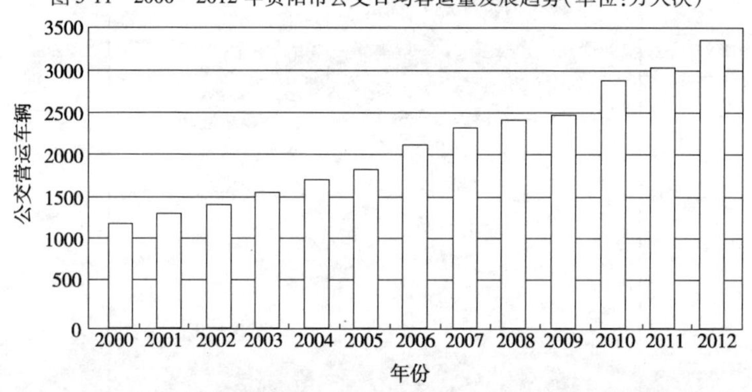

图 3-12　2000—2012 年贵阳城区公交营运车辆发展情况(单位:辆)

3.2.3.2　公交线路分布(图 3-13)

2013 年,贵阳公交公司拥有公交线路 171 条 ,其中市区 144 条(普巴 81 条、社区公交 14 条、夜间 9 条、迷你巴士 9 条、专线 3 条、中高级快巴 28 条)、郊区 27 条。

3.2.3.3　公共交通走廊(图 3-14)

贵阳市目前主要的商务、办公、商业金融等单位大都分布在中华路、延安路、宝山路、北京路等主要干道两侧。因此,主要干道不仅承担大量机动交通需求,其两侧也集中了大部分就业岗位,由此形成了现状各片区内的主要客流走廊。同时,往来于老城区和外围主要发展片区间的客流也在老城区的主要对外联系通道上形成了片区间联系的主要公交走廊。

(1)现状老城区主要公交走廊

①黔灵公园—枣山路—客车站—浣纱路—解放路—服务大楼—火车站走廊。

②宅吉小区—市北路—中华路—新华路—解放路走廊。

③客车站—延安路—瑞金路—神奇路—市南路—油榨街走廊。

④客车站—枣山路—北京路—宝山路走廊。

(2)现状市区主要公交走廊

①小河—沙冲路—火车站—中华路。

②新天—新天大道(贵开路)—北京路—中华路走廊。

③白云—观山湖区—三桥—二桥—客车站—延安路—宝山路走廊。

④花溪大道—都司路—中华路走廊。

⑤龙洞堡—东出口路—都司路—中华路走廊。

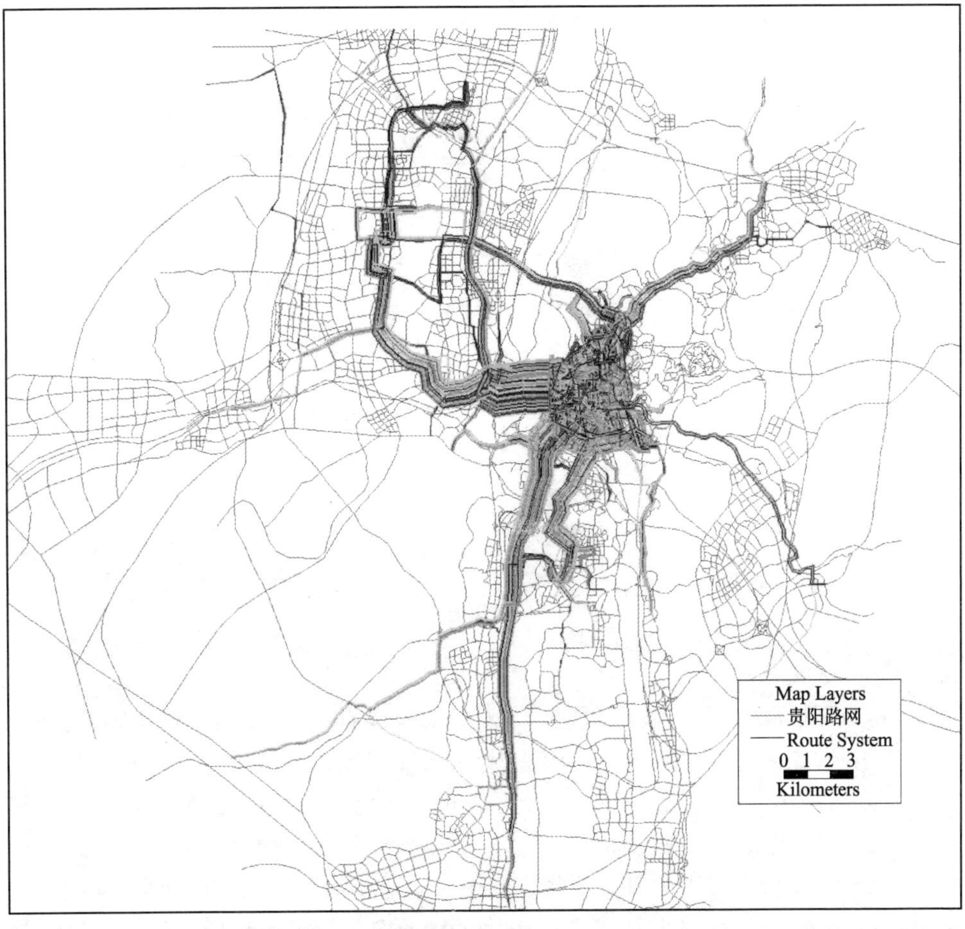

图 3-13 贵阳老城区公共交通线路分布

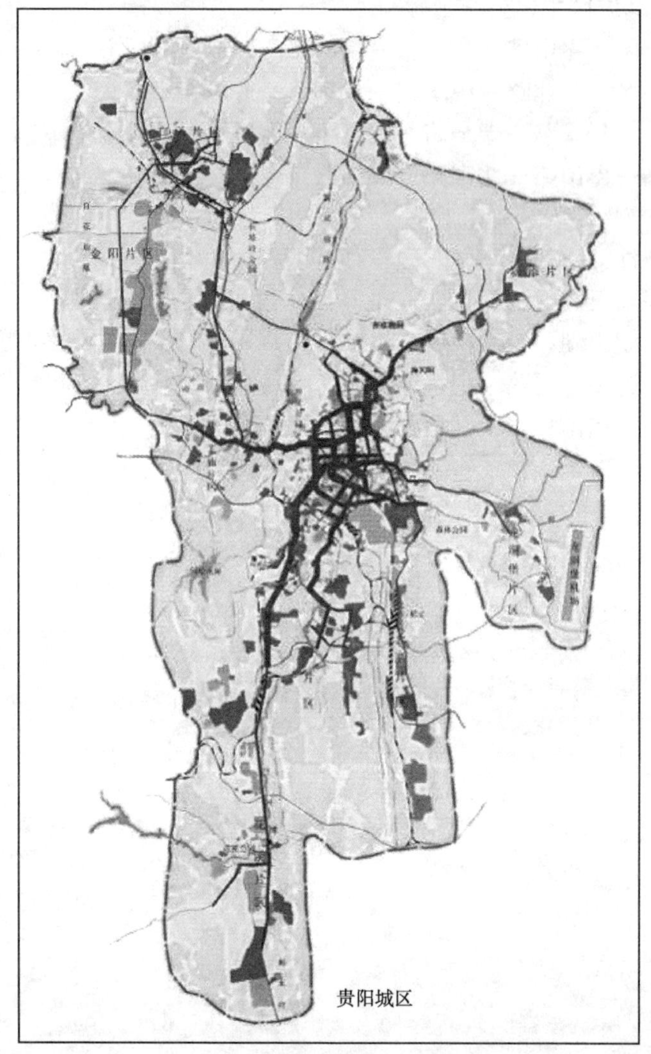

图 3-14　贵阳市区公共交通走廊

3.2.3.4　公交存在的主要问题

贵阳现状高密度的开发和用地模式对公交发展有利，但路网不够完善，网络化层次不清晰，缺乏分层分级的组织模式，导致公交线路过分集中在有限的几条主干道上。随着城市空间结构的扩展，公交整体的发展滞后于城市发展速度，限制了居民出行。随着城市人口规模的不断扩大，公交客运量也逐年攀升，但公交方式出行的比例仍不高，公交吸引力日益下降。由于城市道路网络的结构性缺陷，导致公交线网结构不够合理，线路重复多，站点间距短、平均运行车速较低。公交场站设施不足，缺乏真正意义上的公交换乘枢纽。外围地区公交线网密度低、配车少，居民

乘用公交换乘不便。

(1)公共交通线网集中,服务水平较低

贵阳市现状的交通需求以老城区内出行和老城区与外围组团间的出行为主,公交线网将老城区主要道路与老城区及外围片区间的联系道路基本覆盖,但是缺乏明显的等级体系,骨干线路与支线线路的功能层次不明确,没有按照组团内部、组团之间的不同性质的交通需求形成分层次的公交网络。

缺乏城市次干路和支路,导致公交线路过度集中于城市主要道路上,特别是老城区内的主干路,如中华路、延安路等,这既给这些道路的交通带来巨大的影响,也使得公交本身的运行效率较低。另外,各外围片区内部公交网络不完善,给居民的出行带来一定的限制,给城市空间的拓展带来一定的阻碍。

(2)公交场站设施严重不足

现状贵阳市公交场站主要包括公交停保场、枢纽站、首末站及停靠站,其中大部分采用车辆停放与保养合建一处的综合保养场。公交场站的发展特别是停保场、枢纽站基本处于停滞状态,目前仅有停保场9处、路外首末站6处,大部分车辆需要在路上始发或者回车,占用大量道路资源,对城市交通干扰巨大。目前,贵阳市无真正意义上的公交换乘枢纽,油榨街始发车场及河滨停发车场虽都是具有客运枢纽属性的客运站,但离枢纽功能的配置差之甚远,且用地十分紧张,车均占有面积远远达不到相关标准和要求。据统计目前每辆标准车平均占地79m^2,远低于国家标准200m^2/标准车。

3.2.4 城市交通管理政策

随着我国城市的快速发展,交通拥堵日益成为难以治愈的顽疾。实践证明,单纯地新建道路是不能有效缓解交通拥堵的,必须实施一定的交通需求管理政策。交通需求管理是在现有道路面积不增加的前提下,通过各种方式引导公众理性使用相对稀缺的道路资源,从而达到缓解交通拥堵的目的。交通需求管理政策分为三个层次:行政限制性政策、拥挤收费性政策和外延支撑性政策。

3.2.4.1 行政限制性政策

行政限制性政策主要分为三类:一是通过行政干预手段直接抑制机动车消费;二是以高额纳税提高机动车购买的成本,间接抑制其增长;三是通过行政干预对既有各类车辆的使用进行限制。

3.2.4.2 拥挤收费性政策

拥挤收费的理念在于,道路在很多城市是一种相对稀缺的公共资源,通过价格机制可以将拥挤的外部成本内部化,进而实现该资源的优化配置和使用。目前发达国家和地区采取的拥挤收费方案主要有三种:一是对特定时段进入特定区域的车辆收取拥挤费;二是在拥挤区域收取高额的停车费用;三是对车辆的正常使用定期或定程额外收取费用。

3.2.4.3 外延支撑性政策

前述交通拥堵治理方案的理念在于,通过限制或收费,实现交通需求的科学分流和道路资源的理性使用,而大量国际经验证明,这些目标的实现必然基于一系列外延性政策的支撑,如高质量的公共交通服务体系、现代化的智能交通系统以及科学的城市规划布局等。

贵阳从2011年开始实施"两限政策"(摇号上牌、车辆限行),并于2014年进行了调整。

(1)小型客车限行措施

贵阳市籍牌照及办理长期行驶登记所有小型客车工作日一环路内实施尾号限行

①非贵阳市籍牌照小型客车一环内实施"开三停五"的限行措施。

②不受限对象:特种车辆,城市公交、出租及公路客运车辆,邮政专用车及喷涂有统一外观标识的行政执法车和城市专项作业、保障车辆,不受通行限制。

(2)货车禁行措施

①微型货车、轻型货车:每日7:00~22:00,禁止驶入一环路(含一环路)以内各条道路。

②重(中)型载货汽车、工程车、特种货物运输车以及其他悬挂黄牌的非载客汽车:每日00:00~24:00,禁止驶入三环路以内(不含三环路)各条道路。

(3)汽车限购措施

新登记的小客车实行新号牌核发规定。新号牌分两类:第一类是小型客车专段号牌,准许驶入所有道路,该类号牌实行配额管理制度,每月2000个;第二类是普通号牌,禁止驶入一环路(含一环路)以内道路,核发数量不受限制。

"两限政策"实施以来,有效遏制了贵阳市老城区交通恶化态势,同时也为减少机动车污染排放和改善城市空气质量做出了重大贡献。政策实施后,老城区再未出现大面积交通拥堵,交通总体稳定运行,在保障百姓交通出行的同时,也保障了贵阳生态会议国际论坛等重大活动的顺利举办,保证了城市轨道交通等城市交通缓堵治本之策的顺利实施,为贵阳市"强身健体",实现城市交通健康可持续发展赢得了时间,得到了全社会的充分肯定。

3.3 交通运行现状评估

3.3.1 老城区交通运行现状

3.3.1.1 路网结构

贵阳市老城区是贵阳市商业金融、行政办公、学校、医疗设施等最密集的地区,

交通需求集中,交通流量大。南北向长约4km,东西向宽约2.5km,老城区核心区空间跨度较小,通过现状调研,既有承担交通功能的道路屈指可数,一环内形成“一环、二纵、三横”“方格+环状”的骨干路网构架,整体来看,路网结构不太合理,次干道及支路网密度较低。通道主要如下。

一环:北京路、宝山路、解放路、市南路、浣纱路、枣山路。

东西向主干道:延安路、中山路—市西商业街、都司路;东西向次干道:沙河街、威清路—黔灵路、观水路。

南北向主干道:瑞金路、中华路;南北向次干道:环城北路—合群路—公园路、陕西路—富水路、友谊路—文昌路。

3.3.1.2 重要节点周日交通流量特性

喷水池交叉口、次南门交叉口、新路口交叉口、大十字交叉口为老城区最重要的交叉口,交通流量较大。对这些交叉口交通流量进行了周日统计,详细情况如图3-15~图3-19所示。

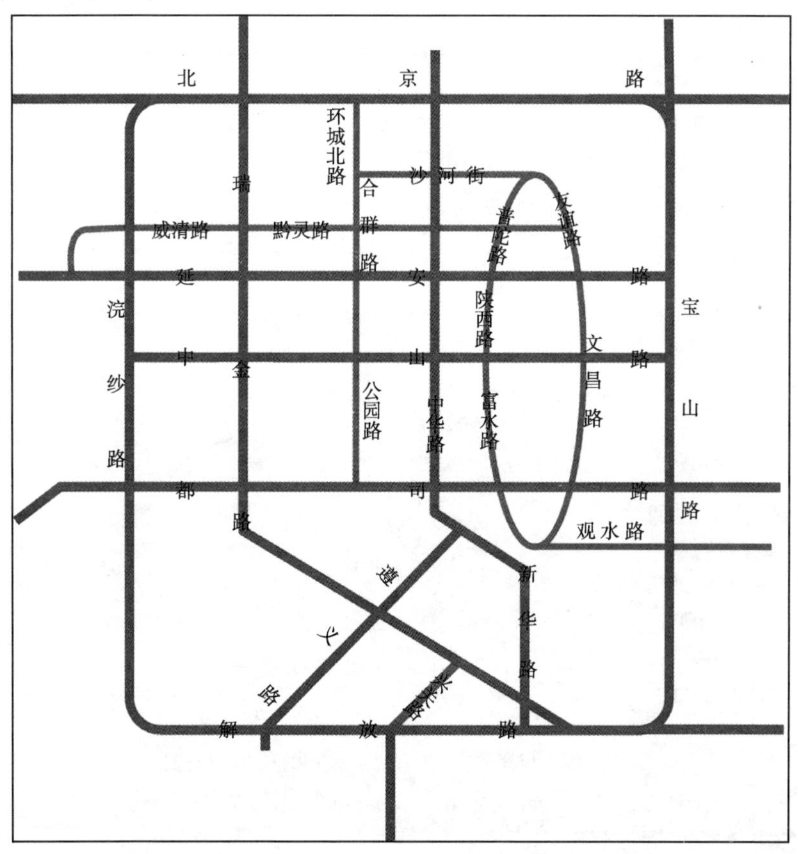

图3-15 老城区路网

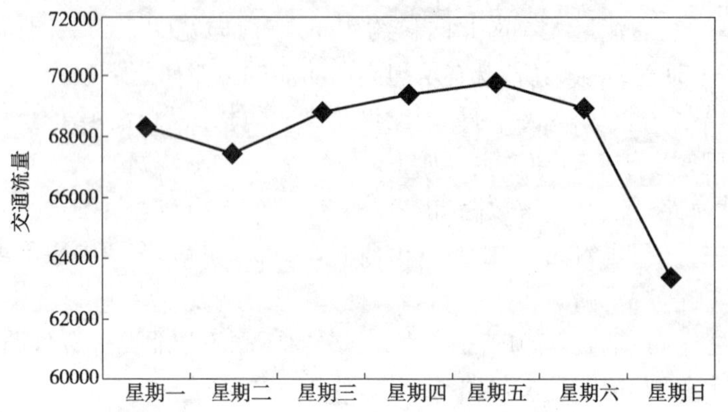

图 3-16　喷水池交叉口一周日交通流变化特性(单位:辆)

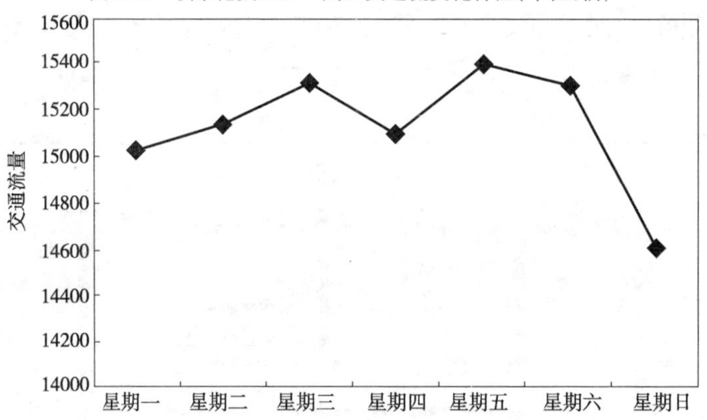

图 3-17　次南门交叉口一周日交通流变化特性(单位:辆)

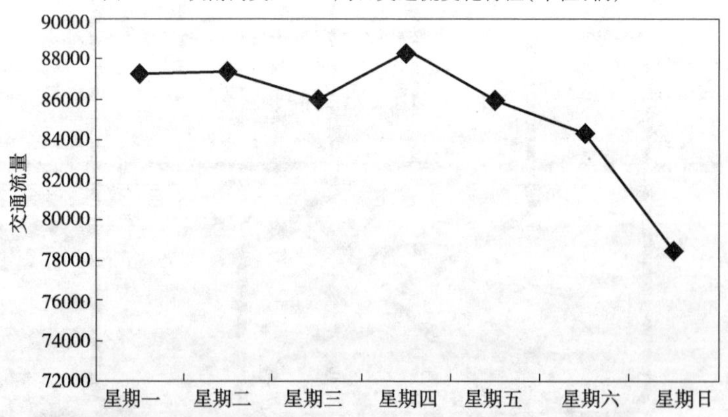

图 3-18　新路口交叉口一周日交通流变化特性(单位:辆)

特性分析结论为:周一至周六整体日交通量变化趋势不大:

①各类尾号车辆数目基本一致;

②路网容量已趋饱和。

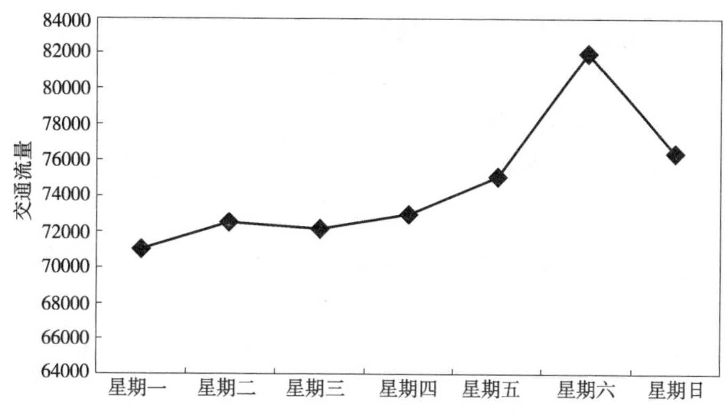

图 3-19 大十字交叉口一周日交通流变化特性(单位:辆)

3.3.1.3 重要节点日小时交通流量特性(图 3-20)

特性分析结论:

①上午交通量分布最大时段为 8:00 ~ 9:00,下午集中为 17:00 ~ 18:00,与前述居民出行时间分布较为吻合;

②8:00 ~ 22:00 这一时间段,交通流量变化趋势不大,反应为高峰流量已持续蔓延,个别节点在晚高峰期流量急速下降,体现为路网容量过于饱和,通行能力急速下降。

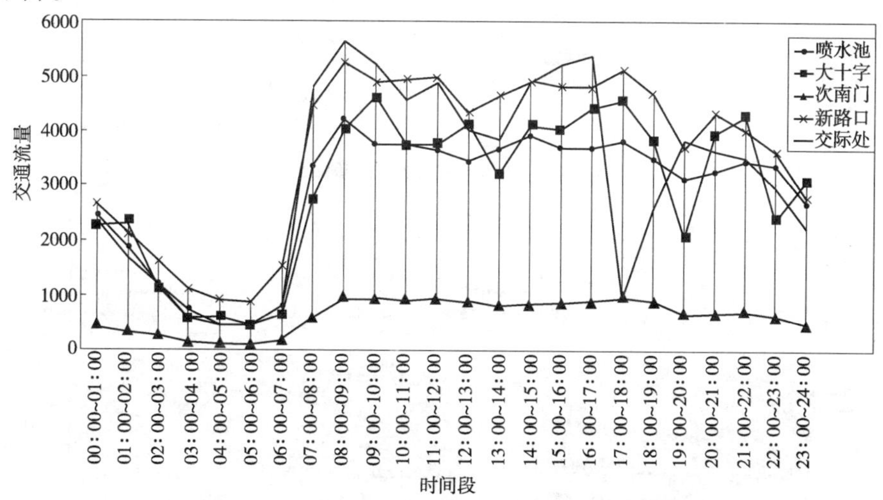

图 3-20 重要节点日小时交通流量变化特性(单位:辆)

3.3.1.4 车速分析

路网车辆行驶速度评估主要指城市主要干道在早晚高峰的平均行程车速,一般采用浮动车技术进行测量。浮动车一般是指安装了车载全球定位(GPS)装置并行驶在城市主干道上的公共汽车和出租车。浮动车测速的基本原理是:根据装备车载全球定位系统的浮动车在其行驶过程中定期记录车辆位置、方向和速度信息,应用地图匹配、路径推测等相关的计算模型和算法进行处理，使浮动车位置数据和城市道路在时间和空间上关联起来，最终得到浮动车所经过道路的车辆行驶速度以及道路的行车时间等交通拥堵信息。

2012 年 9 月，采用浮动车技术获得的贵阳老城区路网车辆行驶速度如图 3-21、图 3-22 所示。其中，AB 方向指外环顺时针方向，东西走向道路由东向西，南北走向道路由北向南，BA 方向与 AB 方向反之。从图可以看出，老城区早晚高峰车辆运行状态不容乐观，平均行程车速低于 15km/h，低于非机动车平均行程车速。个别道路，如北京路、枣山路等道路平均行程车速仅为 2 ~ 3km/h，低于步行速度。

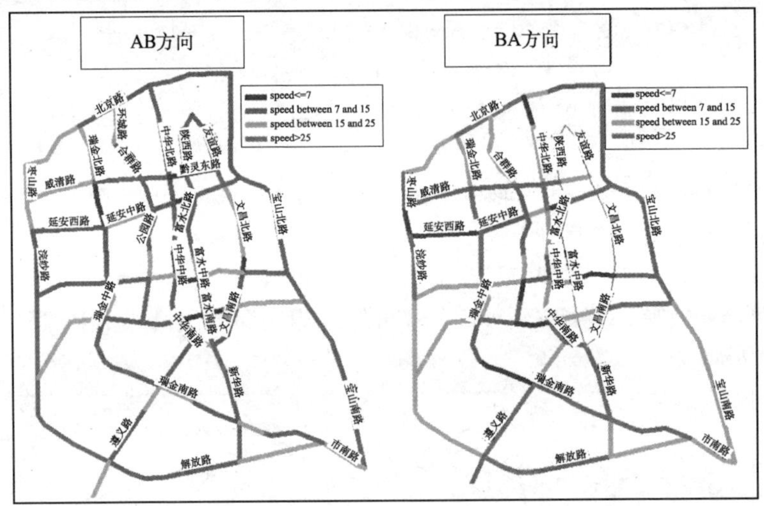

图 3-21　2012 年 9 月老城区早高峰行程车速

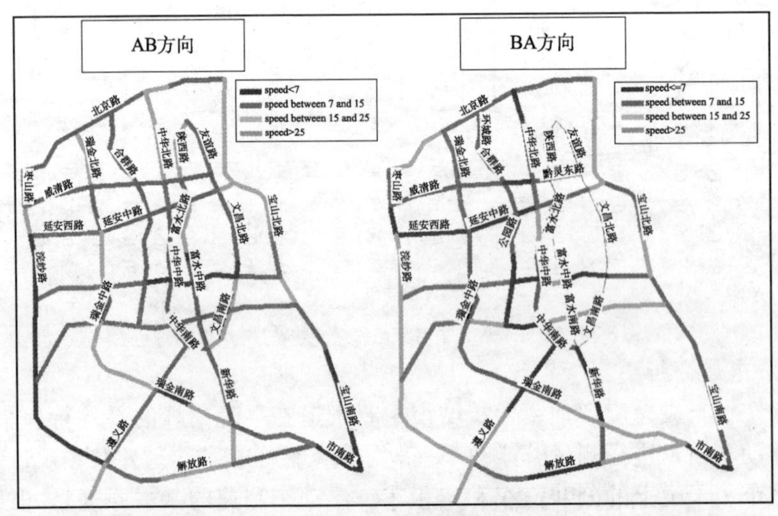

图 3-22　2012 年 9 月老城区晚高峰行程车速

3.3.1.5 路网流量及服务水平分析

贵阳老城区(一环及以内)路段早高峰流量及服务水平如图3-23所示。从图中可以看出,北京路、宝山路、瑞金路、中华路、浣纱路、都司路等部分路段流量较大,道路服务水平较低,交通较为拥堵。在所有的主干道中,D级及以下服务水平的路段占49.2%(图3-24)。所以,贵阳老城区路段的工作日早高峰交通状况不容乐观,局部非常拥堵。

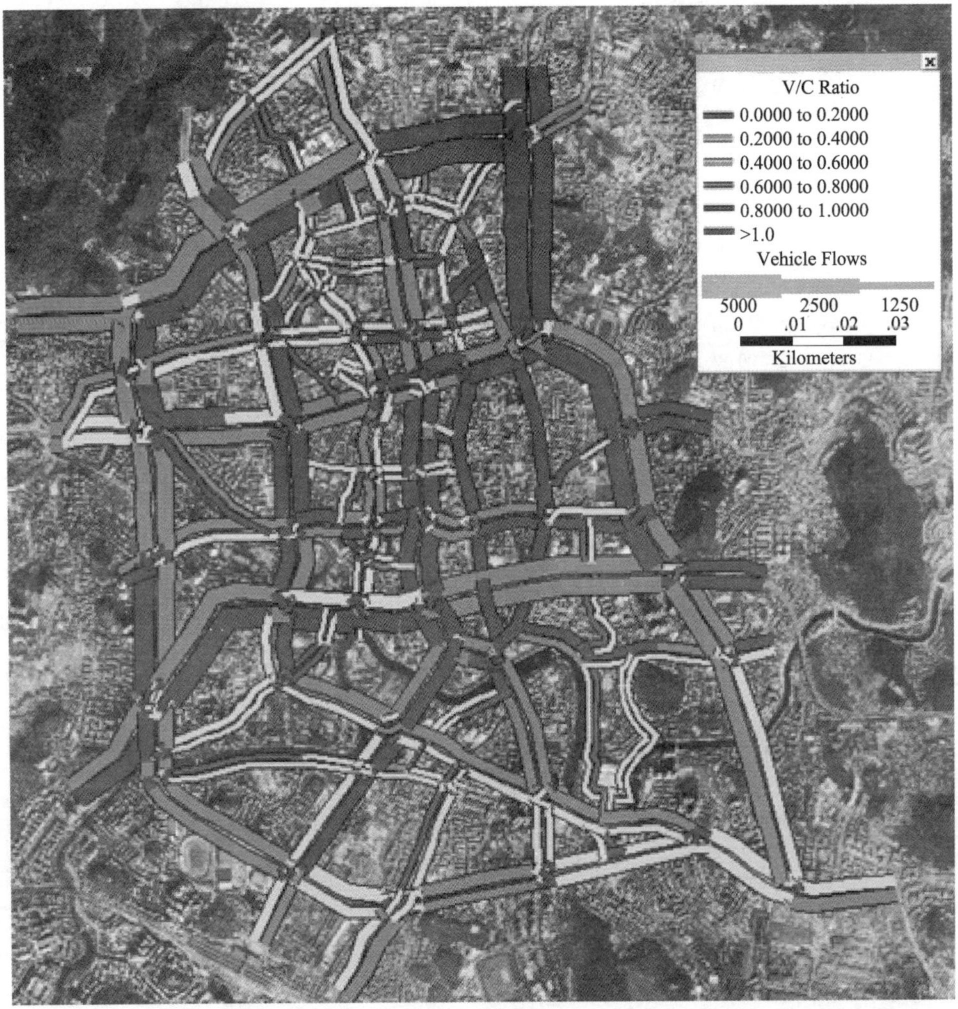

图3-23 贵阳老城区早高峰路网交通状况

其中,瑞金路(北京路到文化路)和中华路(北京路到遵义路)路段服务水平D级及以下的路段比例达到64.9%,超过50%的路段表现为交通拥堵(图3-25)。所以,瑞金路和中华路的交通分流能力相当有限,一旦公园路与合群路断交后,这两条道路的交通状况将进一步恶化。

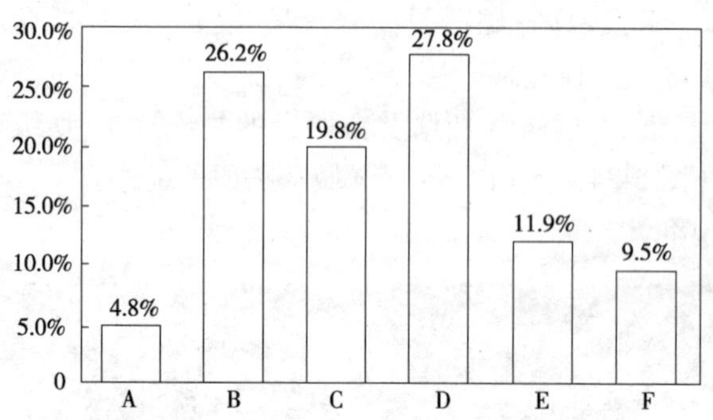

图 3-24 老城区主干道不同服务水平路段比例

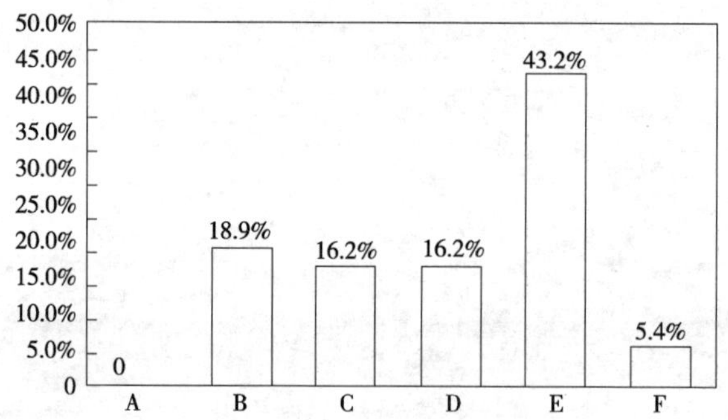

图 3-25 瑞金路和中华路不同服务水平路段比例

3.3.1.6 老城区路网容量分析评价

路网容量是城市道路交通网络在一定时间内、一定交通状态下所能容纳（或通过）的最大交通个体数量，也是科学、合理地规划、设计和改善交通组织与交通管理环节的重要基本参数。本书中路网容量分析采用时空消耗法。

对于城市道路设施来说，在一定时期内资源都是有限的、相对稳定的。交通流中的任何一个交通个体都会占用道路设施一定的时间和空间，而其他交通个体只能使用除此之外的时空资源。在该概念下的路网容量是指城市路网这个具有时空属性的容器内，可以为之服务的交通个体数量。以道路有效运营长度与有效运营时间的乘积作为路网的时空总资源，计算交通设施在时空总资源的约束下，单位空间和时间内所能服务的最大交通个体数，理论容量计算公式如下：

$$C_{\mathrm{rd}} = \frac{C}{C_{i车}} = \frac{L_{\mathrm{r}} T}{h_{动}\ t_{动}} \tag{3-1}$$

式中：C_{rd}——路网容量（pcu）；

C——路网的时空总资源（km · h）；

$C_{i车}$——交通个体一次出行的平均时空消耗（km · h/pcu）；

L_r——机动车道的总长度(km);

T——城市道路总有效时间(h);

$h_{动}$——交通个体行驶过程中的平均车头间距(km);

$t_{动}$——机动车在单位时间内的平均出行时间(h)。

考虑各种实际道路、交通条件限制,在理论路网容量的基础上进行如下修正:

$$C_s = C_{rd} \times R_1 \times R_2 \times R_3 \tag{3-2}$$

式中:C_s——实际道路、交通条件下的路网容量(pcu);

R_1——机动车道有效长度修正系数;

R_2——路旁干扰修正系数;

R_3——交叉口修正系数。

根据对贵阳老城区一环及以内路网的调查,相关参数如表 3-9 所示。取机动车道有效长度修正系数为 0.95,路旁干扰修正系数为 0.7,交叉口修正系数为 0.55。

贵阳老城区路网容量计算参数 表 3-9

参数	机动车道总长度(km)	路网高峰小时内有效运营时间(h)	高峰小时平均车头间距(m)	机动车平均时耗(h)	高峰小时出行比例
取值	313	0.67	16	0.13	0.18

将上述参数代入计算公式,得到贵阳老城区一环以内路网高峰小时容量为 35000pcu,全日路网容量为 190000pcu。

基于进出口通行能力法的老城区路网容量计算如下。

进出口通行能力法是假设在高峰小时研究区域的路网容量受制于进出口的通行能力,因此,在研究区域内部交通量很小、内部路网容量足够的情况下,区域出入口的通行能力就成了区域交通的瓶颈,所有出入口的交通容量总和就是研究区域的道路交通容量。

根据贵阳老城区的路网情况,考虑 12 个交叉口进出通行能力之和作为老城区路网容量,如表 3-10 所示。经过测算,得到老城区高峰小时路网容量为 46388 pcu。

老城区主要进出口通行能力(单位:pcu) 表 3-10

交叉口名称	进口通行能力	出口通行能力	合计
枣山路和威清路交叉口	1143	838	1981
枣山路和延安西路交叉口	3978	3978	7955
浣纱路和都司路交叉口	3581	3581	7162
遵义路和解放路交叉口	730	958	1688
解放路和沙冲路交叉口	1783	1266	3049
瑞金路和北京路交叉口	3674	3674	7348
中华北路和北京路交叉口	951	1294	2245

续上表

交叉口名称	进口通行能力	出口通行能力	合计
宝山路和都司路交叉口	3290	4953	8243
宝山路和观水路交叉口	1151	1151	2302
贵乌中路与新添大道交叉口	700	500	1200
宝山北路和延安路交叉口	683	746	1429
宝山北路和中山路交叉口	1169	618	1787
合计	22832	23556	46388

从上述两种方法的计算结果看,进出口通行能力法的结果明显高于时空消耗法的结果,这表明贵阳老城区的交通瓶颈不是在进出一环的交叉口上,而是在老城区内部节点。所以,为了缓解老城区内部的交通拥堵,改善交通状况,必须对进入老城区的交通量进行控制。

另外,根据贵阳老城区交通需求模型的测算结果,与老城区相关的出行占总出行的比例约为60%,高峰小时与老城区相关的交通量为34056pcu,占路网容量的比例达到97%。所以,从路网容量利用的角度,老城区交通需求已经接近于交通供给的极限。

从贵阳市机动车保有量和居民出行的角度看,到2012年年底贵阳市机动车保有量达到67.4万辆。老城区机动车的保有量占全市机动车保有量的比例为57.8%,一环内2个区机动车保有量约为9.35万辆,高峰小时出行比例为0.18,老城区的机动车出行量达到3.23万辆左右,仅老城区一环内交通需求就已经接近于交通供给的极限。

综上所述,贵阳老城区路网的瓶颈点位于区域内部,高峰小时的路网容量约为3.5万pcu,无论是从居民出行的特征,还是机动车保有量的角度,路网容量的利用程度已经非常高,老城区交通需求已经接近或超过交通供给的极限。考虑到轨道交通施工使得路网的交通供给减少、容量降低,在不控制交通需求的情况下,老城区交通需求势必会超过路网容量,导致路网服务水平急剧降低。

3.3.2 观山湖区交通运行评价

观山湖区由“三纵、五横”骨干路网体系构成,整体来看路网较为完善(图3-26),虽然区内的通道除了承担区内的中短距离交通外,还兼顾承担组团间过境交通的功能,但通道多而完善,与老城区联系的通道多达5条(观山路、黔灵山路、北京路、三桥路、五里冲路),与白云区联系的通道有3条(云潭路、金阳路、长岭路),另外两条城市快速通道位居组团东西两侧,可快速与小河及花溪两个组团联络。

整体来看(图3-27),轨道交通沿线路网服务水平良好,服务水平均处于B级以上,交通流处于自由流状态,从道路交通流量对比分析,南北向交通量明显大于东西方向,交通压力大于东西方向。

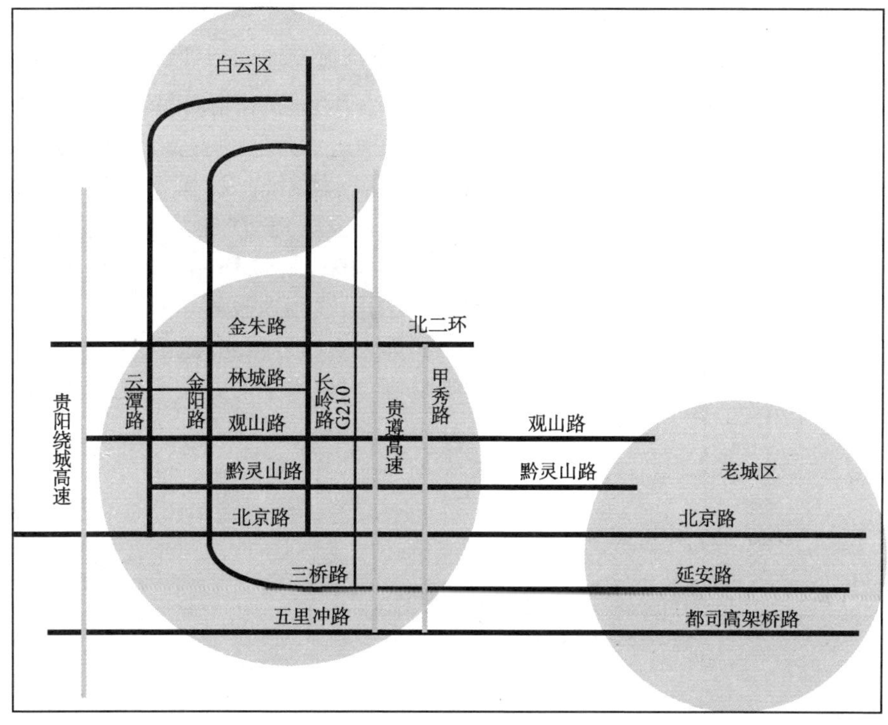

图 3-26　观山湖区路网结构

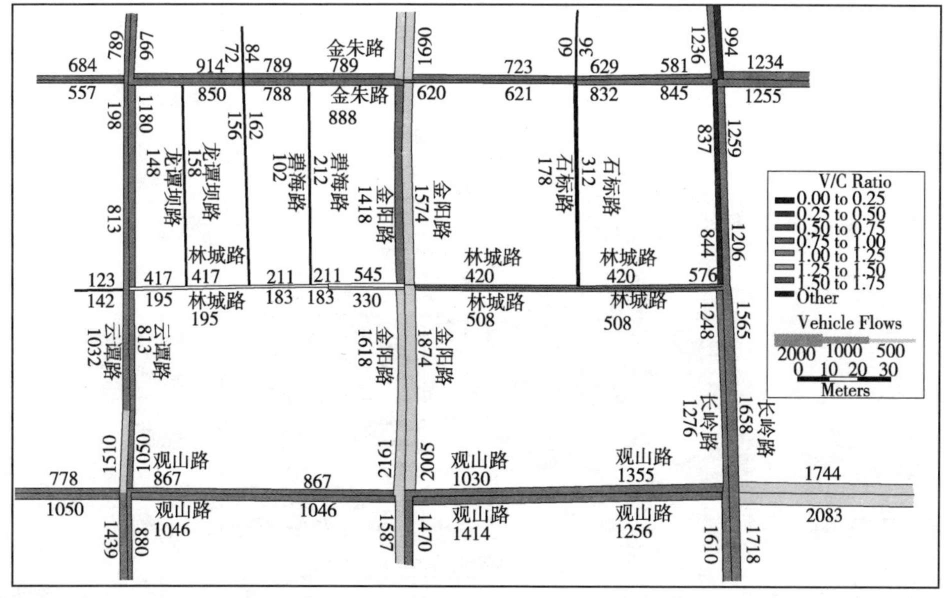

图 3-27　观山湖区轨道交通沿线道路流量 V/C 图

轨道交通线路途经的林城路交通流量较小，服务水平处于 A 级。

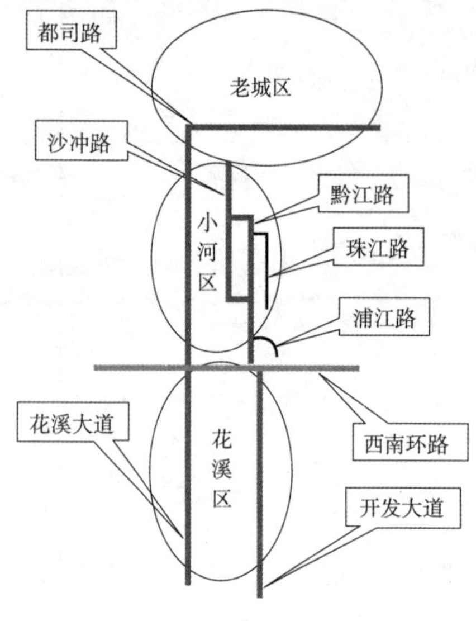

图 3-28　小河区路网分析

3.3.3　小河区交通运行评价

小河区用地沿南北向呈带状形态布局，南北向的通道为片区的主要交通通道，由“两纵”骨干路网体系构成（图 3-28），南北向主要通道有花溪大道、沙冲路、开发大道，从区域路网结构来看，珠江路、浦江路连通性较差，主要为沿线用地服务。

整体来看（图 3-29），轨道沿线路网服务水平良好，服务水平均处在 C 级及以下，除黔江路个别路段外，交通流处于自由流状态，机动车交通流均比较小。

轨道交通途经道路珠江路以及浦江路交通流量较小，特别是珠江路南段，服务水平均在 B 级及以下。

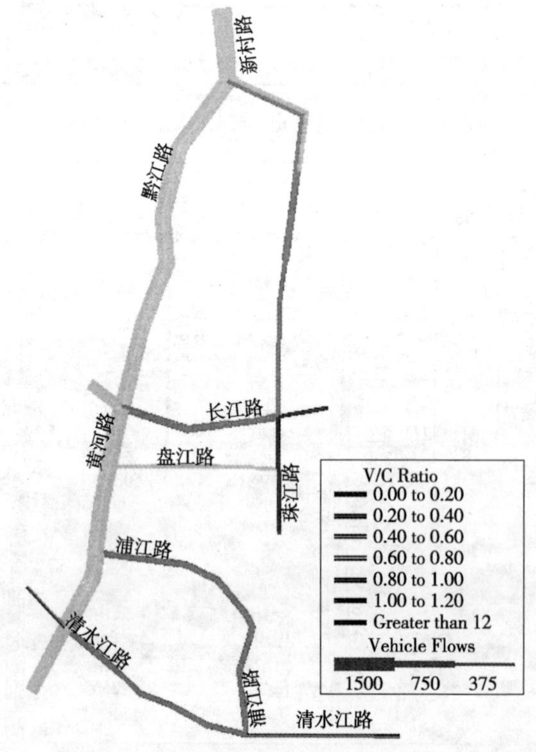

图 3-29　小河区轨道交通沿线道路流量 V/C 图

3.3.4 交通运行现状小结

①贵阳“一城三带多组团”的空间布局结构现状仍处于发展期,突出表现为外围片区对老城区功能设施依赖性仍很强,交通高度聚集,导致居民出行时耗与出行距离过长,高峰期外拥内堵。

②道路网总体规模不足、路网结构不合理,忽视次、支路建设与整治,加之停车泊位供给不足,导致交通疏解功能难以发挥。

③交通供需矛盾十分突出,从流量 V/C 服务水平分析得出老城区 50% 路段服务水平处于 D 级以上,从路网容量计算分析,路网容量剩余空间仅为 3%,接近极限,整个交通网络运行处于不稳定状态,交通拥堵持续蔓延。

④常规公交发展与城市空间拓展协同性不足,场站等基础设施滞后、线网缺乏结构性梳理,大面积常态化的城市交通拥堵导致公共交通出行时耗和车外时间剧增,服务水平急剧恶化。

⑤老城区缺乏强有力的公共停车调控政策,路内泊位管理混乱以及老旧小区配建不足等历史原因,导致现阶段动静态交通严重失衡。

从路网运行状态来看,老城区交通运行状况较差,大多数路段服务水平处于 D 级及以上,交通流接近饱和状态,无论是交通流稍有增加或通行能力稍有下降,均可能使路网交通流呈现强制流状态,交通瘫痪。其他两个区交通运行状态良好。从路网运行状态来看,轨道交通施工期间仅从交通角度出发,三个区域对老城区交通冲击较大,因此在后续章节中无论是交通影响分析、交通组织方案还是需求管理措施等,老城区是研究分析的重点。

3.4 城市交通特征

3.4.1 交通现状特征

基于对老城区路网结构的分析,老城区次干道和支路系统严重匮乏,主干道“孤军奋战”。从居民出行的空间分布情况来看,老城区出行量占规划城区范围出行总量较大,城市“向心交通”特征明显,向心交通需求特征较为明显,老城区路网体系需承担多类型交通需求。

根据交通时空分布特征分析,出行早晚高峰时间段分别为 7:00 ~ 9:00 和 17:00 ~ 18:00,潮汐式交通进一步降低道路设施利用率,同时加大交通管理难度;主干道路段两侧机动车出入口多为现状道路拥堵点,路边停车使仅有的支路系统交通功能丧失殆尽。

采用 GPS 浮动车进行车速测量,早晚高峰为 12km/h;平均行程车速低于 15km/h,低于非机动车平均行程车速。而且贵阳老城区(一环及以内)路段早高峰流量及服务水平 D 级及以下服务水平的路段占 49.2%。瑞金路(北京路到文化路)和中华路(北京路到遵义路)路段服务水平D级及以下的路段比例达到64.9%。

步行和公交为居民出行的主要交通方式,占比超过80%。与中心城区相比,其他组团的步行出行比例较高。交通流中非机动车极少为提升道路通行效率打下了基础,但驾驶员素质的"差异化"加剧了交通拥堵;具有贵阳特色的交叉口渠化与精细化信号配时,使得交叉口的通行能力得到较大提升。

常规"公交优先"步履艰难。贵阳现状高密度的开发和用地模式对公交发展有利,但路网不够完善,网络化层次不清晰,缺乏分层分级的组织模式。公交场站设施不足,缺乏真正意义上的公交换乘枢纽;外围地区公交线网密度低、配车少,居民乘用公交换乘不便。

3.4.2 城市交通症结分析

症结一:动静失稳。贵阳市城市道路供给水平低,现状道路网密度为2.86km/km^2,远远低于规范值。人口功能、城市功能高度聚集,城市交通供给较低。

症结二:结构失调。贵阳市城市道路等级体系不合理,次干道和支路所占比例较低,导致主干道需要承担过境交通也要承担到离交通。

症结三:静态交通供需失衡。2010年贵阳市机动车拥有量为61.1万辆,停车泊位供给仅为6.02万个,体现出泊位供给严重不足。

4 轨道交通施工期间居民出行行为变化分析

轨道交通施工改变了出行者的出行环境,出行者需要做出相应的出行改变(响应)来适应施工环境下的出行。了解轨道交通施工环境下的出行者实际出行选择特性,是制定轨道交通施工期间交通疏解方案的重要基础,是交通组织措施能有效发挥作用的重要保障。

轨道交通施工期间出行者的出行选择主要指出行前的决策行为。将出行分为通勤和非通勤两类,采用 SP 调查法对轨道交通施工情景下居民的出行意向进行调查,并对获得的出行数据进行统计分析。

4.1 出行决策过程

出行决策过程是由出行前、出行途中和出行后三个阶段组成并且不断更新和调整的过程,如图 4-1 所示。轨道交通施工环境下,出行者首先基于自己的出行目的,根据施工期间的交通绕行方案信息,结合施工前的出行习惯决策出一个可用的出行方案。然后在出行过程中根据获得的交通信息将出行方案进行可调范围的修正,产生出行途中的出行方案。出行完成以后,根据出行方案的预期和实际出行的偏差情况,更新自身经验,在下次出行时依次循环。

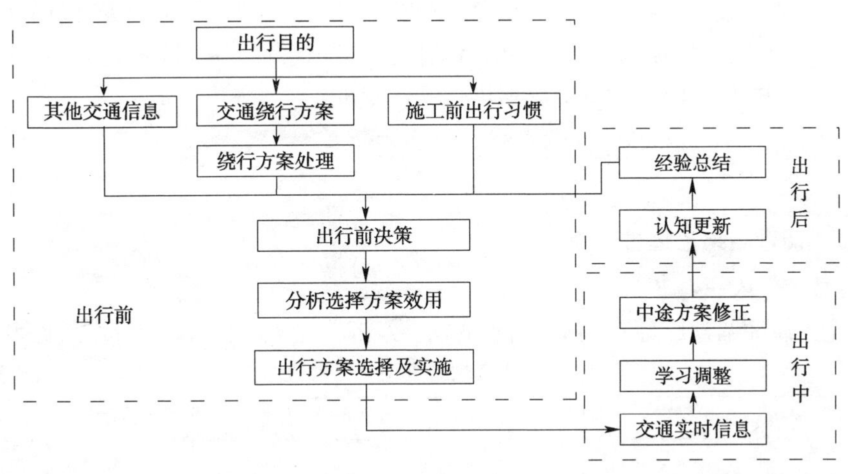

图 4-1 出行决策过程

4.2 出行调查方案设计

采用SP调查法，对轨道交通施工期间出行者出行行为进行调查，调查内容包括个人属性、施工之前的出行属性和假定的延误与通勤/非通勤的组合情景下的出行决策意向调查。

4.2.1 调查目的及对象

采集出行者在轨道交通施工前的出行信息和假设的轨道交通施工后情景下出行者意向选择，分析轨道交通施工环境下出行者的出行行为改变特性，为轨道交通施工期间交通疏解方案设计奠定基础。调查对象为贵阳市老城区一环以内的正常出行者。

4.2.2 问卷表格设计及实施方案

结合前面对出行行为影响因素的分析，选取性别、年龄、学历、职业、工作时间、居住及工作地点、对贵阳路网熟悉程度、平时获取出行信息途径、有无驾驶证10个因素作为个人属性部分。选取轨道交通施工之前通勤和非通勤情况下的常用出行方式、平均日出行次数、平均单程出行时间及忍受延误程度、高峰期间改变出行决策的习惯（改变出行方式、改变交通路径、改变出发时刻、非通勤错开高峰出行、非通勤出行改变目的地）4个因素作为轨道交通施工前出行特性的影响因素。此外，为了了解轨道交通施工期间交通疏解方案的疏解效果，调查了出行者是否知道修建地铁的信息及获取途径、出行是否经过轨道交通施工地点、是否信任交警发布的交通信息、是否遵循交警发布的交通绕行方案4个方面的信息。

情景设计部分采用延误时间与出行选择方案组合，分通勤和非通勤两个假设情景进行调查。延误的属性水平和出行方案选择情境设计见附录。

调查表格设计完善以后，采用现场发放问卷的方式进行有奖调查，以调动被调查者的积极性，确保被调查者回答的有效性。调查获得问卷420份，其中有效问卷405份。采用Excel和SPSS对数据进行统计分析。

4.3 数据统计分析

4.3.1 调查结果描述性分析

4.3.1.1 个人出行属性

个人属性调查是为了了解出行者的社会经济特征属性。描述统计结果见表4-1。

个人属性调查统计结果

表4-1

变　量	变量描述	百分比(%)
性别	男	73.83
	女	26.17

续上表

变　量	变量描述	百分比(%)
年龄	<20	4.69
	21~30	36.54
	31~40	32.59
	41~50	18.27
	>51	7.90
学历	高中以下	29.14
	高中	28.40
	大专、本科	39.01
	硕士及以上	3.46
职业	公务员事业单位	10.62
	公司企业	25.19
	学生	7.65
	离退休人员	3.70
	务工、自由职业	11.36
	个体经营	12.10
	出租车驾驶员	20.49
	其他	8.64
工作时间	有定时上下班	66.67
	无定时上下班	33.33
年收入	低于3万元	41.23
	3万元~6万元	36.54
	6万元~10万元	16.79
	10万元~20万元	3.46
	20万元以上	1.98
对贵阳路网熟悉程度	非常熟悉	46.67
	一般熟悉	35.56
	部分熟悉	12.84
	不熟悉	4.94
有无驾驶证	有驾照	74.57
	无驾照	13.11
平时获取出行信息渠道	互联网	10.90
	手机短信	18.64
	电视报道	40.28
	广播电台	11.53
	户外广告	5.53
	交通设施	13.11

从上表中可以看出,男性占较高的比例,达到73.83%。年龄段集中在20~50岁,占87.4%。年收入在6万元以下的居多。职业分布中,公司员工和出租车驾驶员稍多。对贵阳路网熟悉程度大部分为一般熟悉和非常熟悉,占了82.23%。调查样本中,有定时上下班人群占66.67%,有驾驶证的占74.57%。重要的是,在平时出行信息获取渠道调查部分,存在同时采取多种渠道获取信息的现象,总体上广播电台和电视报道为最主要的途径,使用这两种途径的出行者达到51.81%,通过互联网、手机短信和交通设施获取信息的占42.65%,采用户外广告途径获取信息的较少。

4.3.1.2　出行行为统计

出行行为调查主要对交通信息(包括轨道信息)的响应及获取渠道、出行方式、出行次数、出行时间和高峰期调整出行方案的习惯,统计结果如图4-2~图4-10所示。

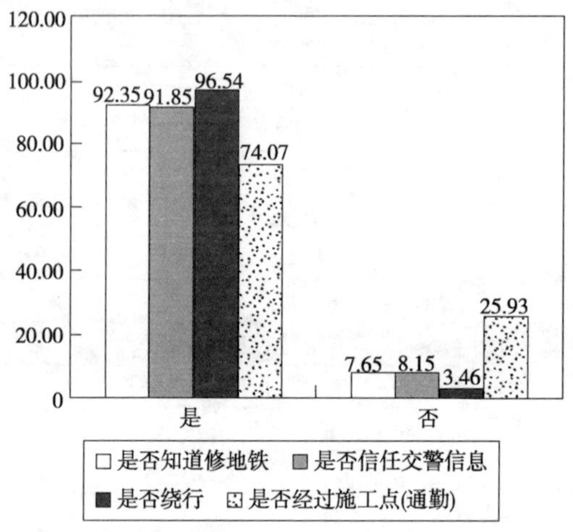

图4-2　交通信息(包括轨道信息)响应分布(单位:%)

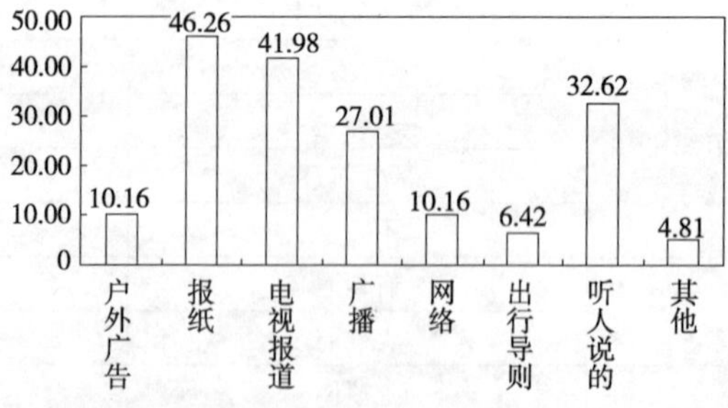

图4-3　获取修建轨道交通信息的渠道分布(单位:%)

可以看出,知道修建轨道交通的比例为92.35%,91.85%的人信任交警发布的交通拥堵信息,96.54%的人会在占道施工之后遵照交通疏解方案绕行,而样本中也有74.04%的出行者通勤出行要经过施工位置。在获取贵阳修建轨道交通信息的渠道部分,存在同时通过多种渠道得知的现象,相对而言大部分集中在报纸和电视报道，其次是广播和听别人说，其他途径占的比例都较小，通过出行导则获取信息占的比例极小。

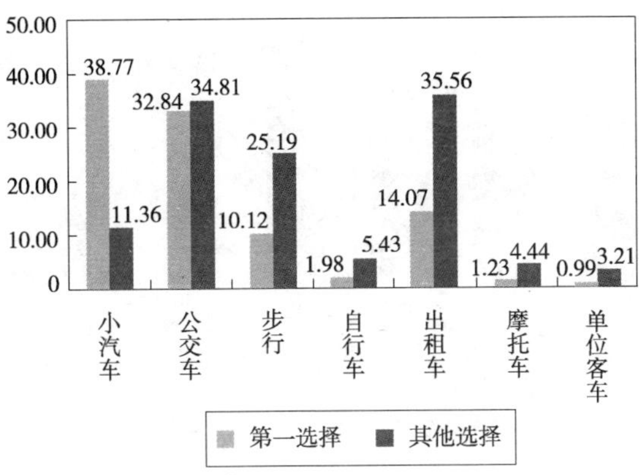

图 4-4 通勤出行方式选择分布（单位：%）

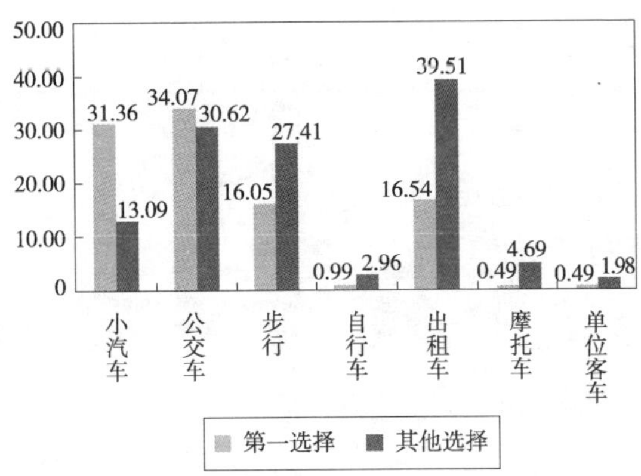

图 4-5 非通勤出行方式选择分布（单位：%）

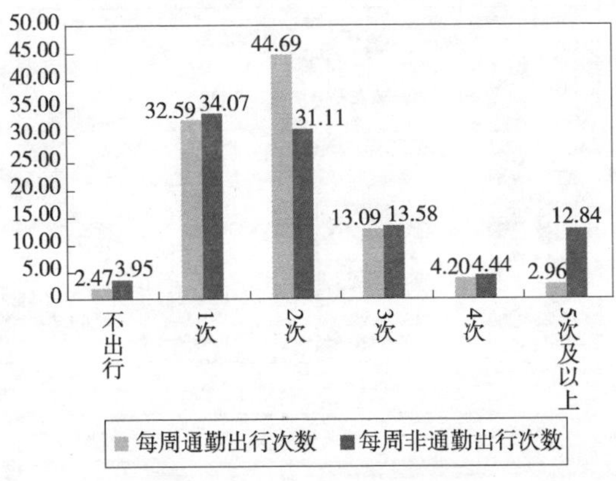

图 4-6 出行次数分布（单位：%）

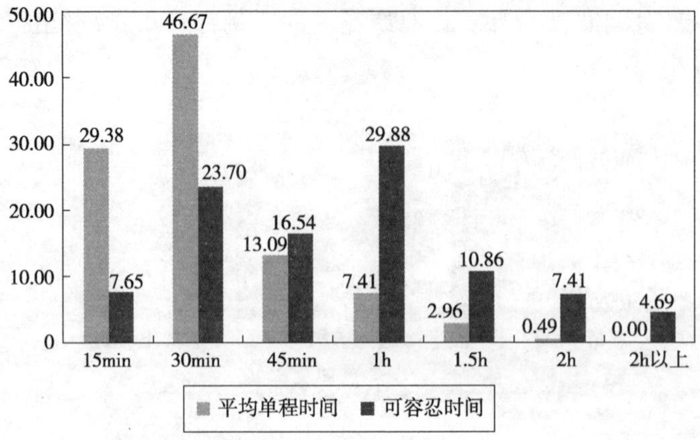

图 4-7　通勤出行时间统计分布(单位:%)

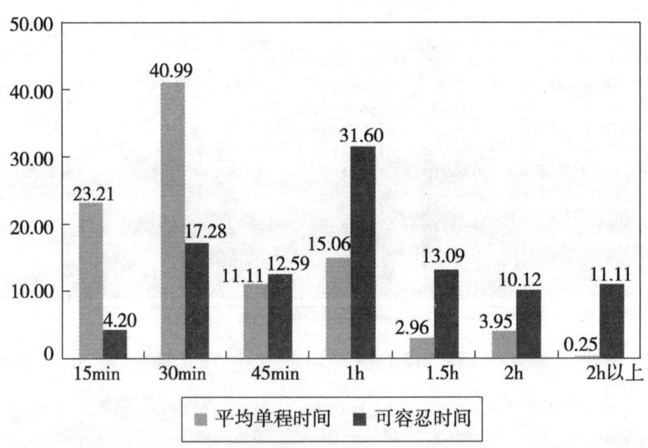

图 4-8　非通勤出行时间统计分布(单位:%)

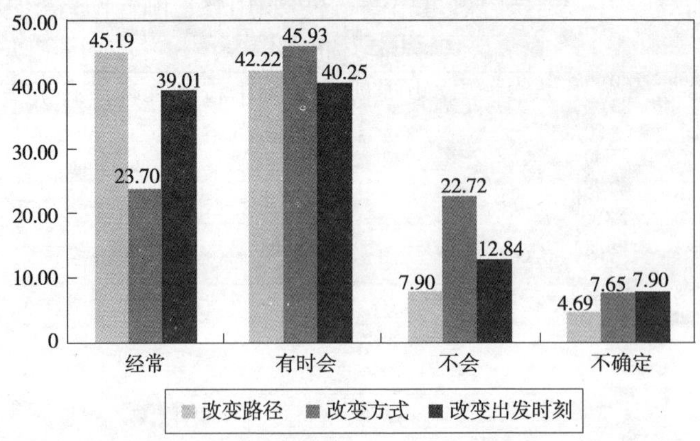

图 4-9　通勤出行因交通拥堵而改变出行习惯统计分布(单位:%)

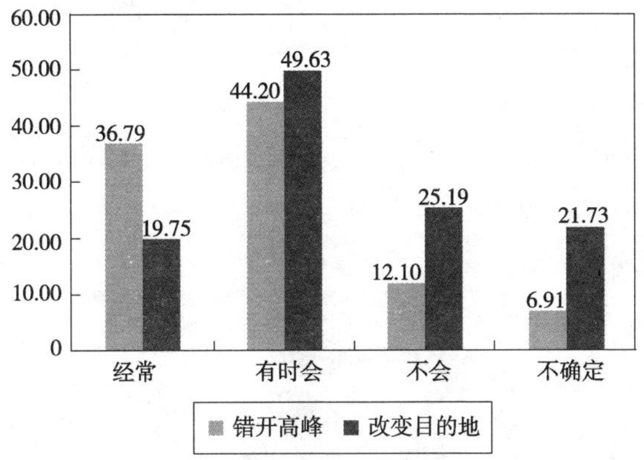

图 4-10 非通勤出行因高峰期改变习惯统计分布(单位:%)

从出行者平时出行方式调查可以看到,通勤出行方式首选为小汽车和公交车,两部分相加占 71.61%,步行和出租车占 24.19%,其他方式人群比较少。在第二选择中公交、步行和出租车占据的比例较大。非通勤出行方式首选为小汽车和公交车,加起来占 65.43%,步行和出租车占 32.59%,其他选择比例较小。在第二选择中,出租车的比例最大,出租车、公交车、步行和小汽车相加占了绝大部分比例。

值得注意的是:调查中非机动车的使用较少。交通方式无论是首选还是其他选择,非通勤出行方式选择分布相比通勤出行更加均衡。无论是通勤出行还是非通勤出行,出行者在其他交通方式选择中,都有机动车使用转移到步行和出租车出行、公交车出行变化幅度不明显的规律。

在出行次数方面,每天通勤出行次数大部分集中在 1 ~2 次,每周的非通勤出行次数大部分集中在 1 ~3 次。

通勤出行大部分集中在 45min 以内,单程能容忍延误分布集中在 30 ~60min。通勤出行时间比较集中,延误容忍度不高,这可以用日常刚性出行特性来解释。非通勤出行时间集中在 15 ~60min,延误容忍时间集中在 30 ~120min 以上区间,与非通勤不同,延误容忍度明显增加,这也说明非通勤出行的弹性度较大。

总体来看,通勤出行时间较短而且分布集中,在单程路途时间超过 1h 以后,延误容忍度依次急剧下降。非通勤出行时间和延误容忍度分布均较分散均衡,单程路途时间超过 1h 以后,延误容忍度下降,但随着延误时间增加降幅不明显。

在交通拥堵情况下的通勤出行中,大部分的交通参与者经常或有时会改变出行路径、交通方式和出发时刻,其中改变路径和改变出发时刻分布比较集中,改变出行方式的分布相对分散,从中可以看出大部分通勤出行者在可调的范围内(改变出行路径、交通方式和出发时刻)愿意做出努力来避开或减少交通拥堵的影响。

高峰期非通勤出行时,80.99% 的人群经常或有时会选择错开高峰期出行,42.68% 的出行者有时会选择改变出行目的地,选择不会和不确定的占了 40.34%,

可以反映出高峰期间的非通勤出行大部分不容易选择改变目的地,这与非通勤出行弹性度高、时间价值低密切相关。

4.3.1.3　出行选择意愿调查

出行意愿调查同样分为上下班、上学出行和购物娱乐等出行两类进行,在不同延误时间的情景下居民的出行选择如图 4-11 所示。

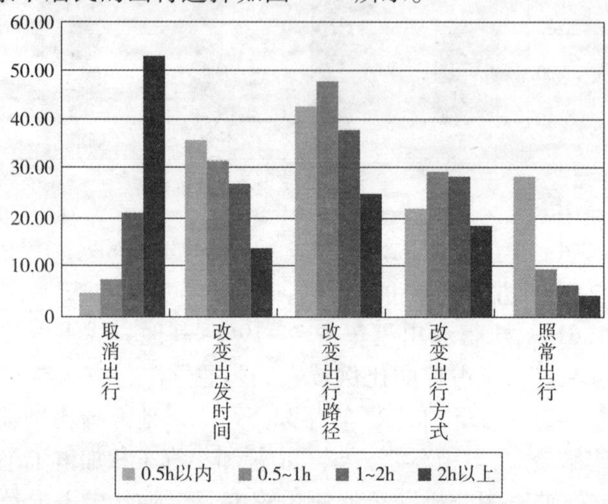

图 4-11　通勤出行情景设计意向选择比例(单位:%)

通勤出行情景假设下出行选择调查显示,在延误 1h 以内,有不到 6% 的出行者有选择取消出行的意愿,延误时间在 1 ~ 2h 之间,有 20.9% 的出行者有选择取消出行的意愿,延误在 2h 以上会进一步增加。随着延误的增加,改变出发时间、改变出行路径和照常出行均呈下降的趋势,改变出行方式则变化不明显。

在延误 1 小时以内,取消出行的较少。在延误 2h 以内出行选择集中在改变出发时间、出行路径和出行方式三个方案,而且三者的倾向顺序是改变出行路径—改变出发时间—改变出行方式,出行者通勤出行的出发时间和出行方式等习惯不容易随意改变。延误 2h 以上,改变出行路径依旧占了较大的比例。

非通勤出行意向调查结果显示,与通勤出行不同的是,非通勤的出行方案选择分布较均衡,峰值稍低,一定程度上说明非通勤出行改变出行方案并不急迫。不排除非通勤出行多一个改变出行目的地的选择方案的影响。

如图 4-12 所示,延误时间在 0.5 ~ 1h 以内已经有 18.8% 的出行者有选择取消出行的意愿。延误在 1 ~ 2h 之间,有 39% 的出行者有选择取消出行的意愿,约是通勤出行中有取消出行意愿的 2 倍。延误 2h 以上,非通勤出行有选择取消出行意愿的达到 80%。延误时间 2h 以内选择改变出发时间、出行路径和出行方式的人群分布相近,在 20% 左右,改变出行路径和出发时刻的人群比例比改变出行方式的稍高,出行者对习惯的交通方式依赖性明显。延误 2h 以上选择上述几项方案的人数锐减。照常出行部分,0.5h 以内人数较多,0.5h 以上每个延误时间区间人数分布

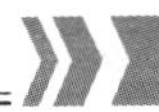

极少。此外,延误2h以内总体上分布比较均衡平稳,2h以上取消出行的人数超过80%,其他选择极少。

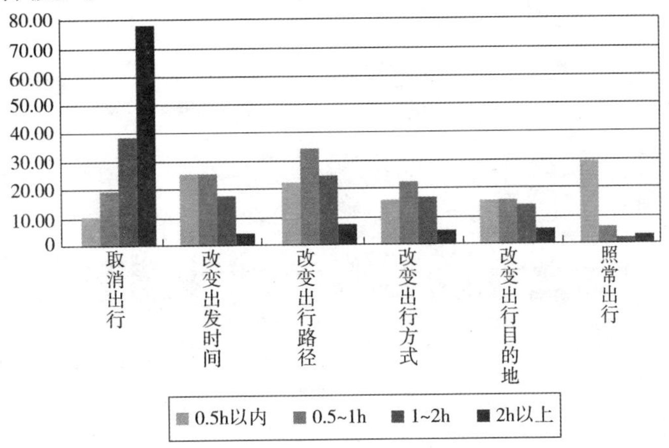

图4-12 非通勤出行的情境设计意向选择比例(单位:%)

4.3.2 变量间的特征联系分析

根据调查设计,对轨道交通施工期间不同延误情况下,通勤和非通勤的出行选择与不同的个人属性、出行属性之间的关系进行分析,探究施工期间居民的出行改变特性。

4.3.2.1 出行选择与性别之间的联系(图4-13、图4-14)

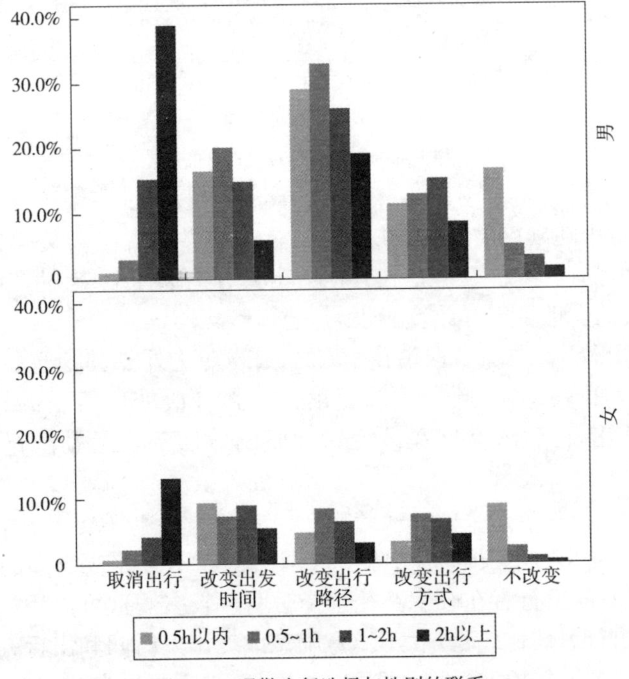

图4-13 通勤出行选择与性别的联系

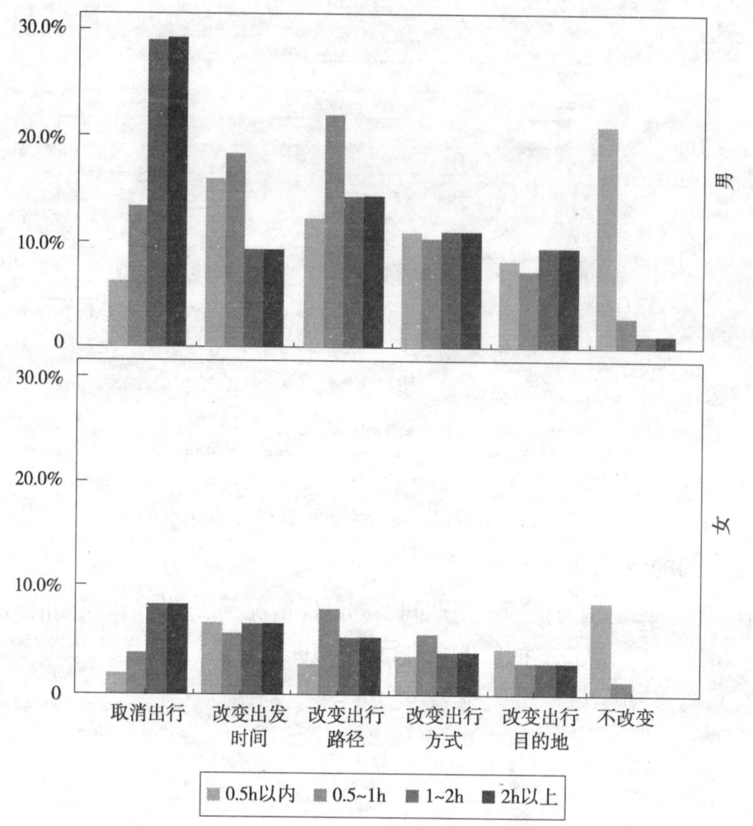

图 4-14 非通勤出行选择与性别的联系

从图中可以看出，由于调查样本中男性较多，所以男性方案选择比例较大。

在通勤出行中随延误的增加，在取消出行和不做改变两个选择方案中男性和女性表现出类似的选择规律，但是在其他的出行方案选择中，男性在改变出行路径方面比较活跃，而女性多选择改变出发时间。

在非通勤出行中，在除了取消出行和不做改变之外的其他选择中，男性和女性的选择分布均比较均衡，倾向中改变出行方式和改变出行目的地的比例均较低，男性在改变出行路径、女性在改变出发时间方面都与通勤出行类似，表现相对活跃。

4.3.2.2 出行选择与不同年龄区间的联系（图 4-15、图 4-16）

从图中可以看出，通勤出行中，除了取消出行和不做改变之外的其他选择中，年龄在 21 ~ 40 岁的出行者在改变路径选择时明显较多。这可以用 21 ~ 40 岁区间的出行者通勤出行习惯比较稳定（不愿意随意改变出发时间和出行方式，而且对出行路径和交通状况比较熟悉）、又不愿意通勤出行受到影响来解释。

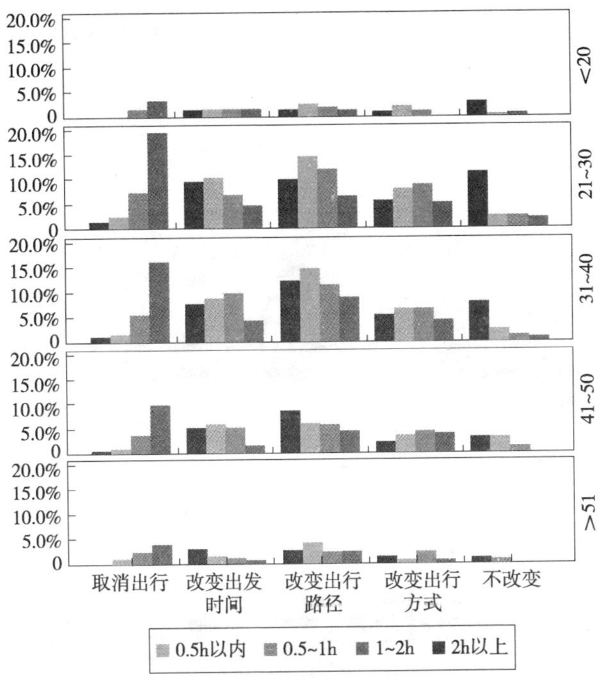

图 4-15 通勤出行选择与年龄段的联系

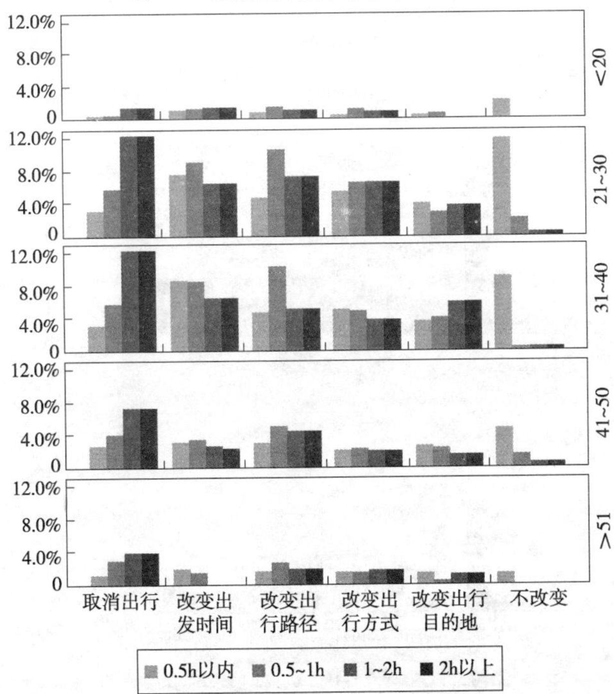

图 4-16 非通勤出行选择与年龄段的联系

非通勤出行则分布比较均衡，且在不同延误下出行方案选择与年龄段没有表现出明显的变化关系。

4.3.2.3 出行选择与工作时间的联系（图 4-17、图 4-18）

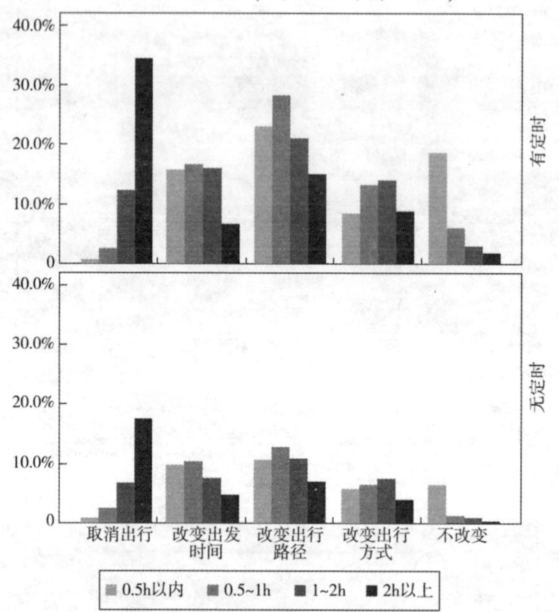

图 4-17 通勤出行选择与上下班时间的联系

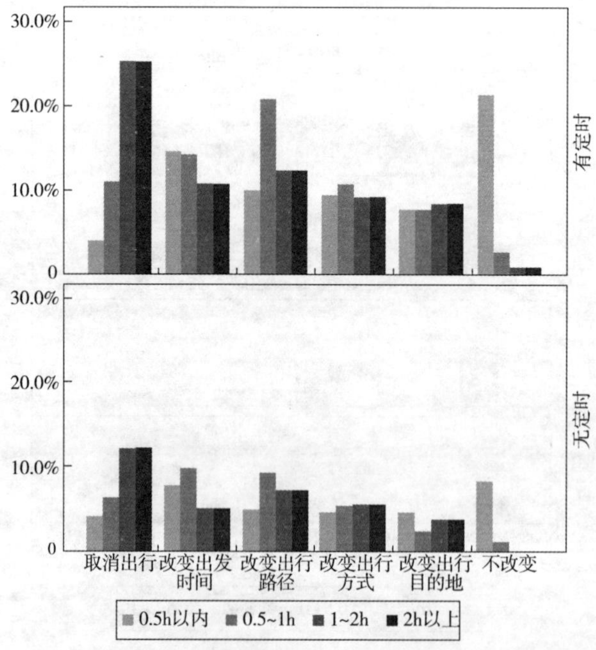

图 4-18 非通勤出行选择与上下班时间的联系

无论通勤出行还是非通勤出行,有定时上下班的人群改变出行方案明显比无定时上下班的活跃一些。可以从有定时上下班的出行者有较严格的时间管理而需要做些努力(改变出行方案)来避免或减轻交通拥挤的影响来解释。

通勤出行中有定时上下班的出行者分布集中在改变出发时间、改变出行路径和改变出行方式,无定时上下班的出行者分布相对均衡。非通勤出行中,有无定时上下班的出行者选择规律相似。

4.3.2.4 出行选择与路网熟悉程度之间的联系(图 4-19、图 4-20)

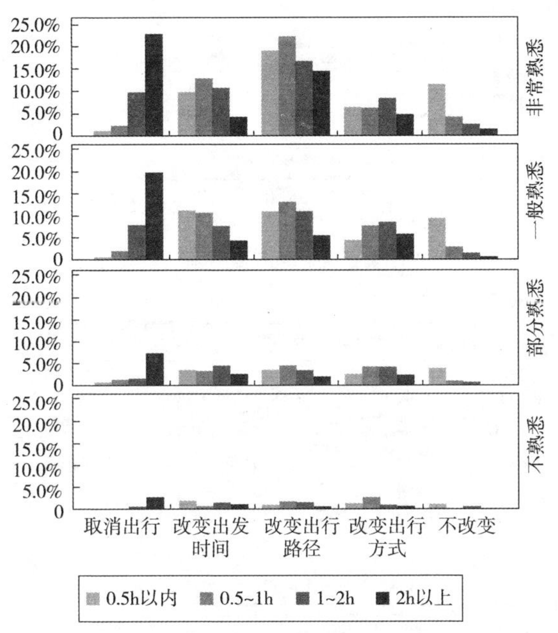

图 4-19 通勤出行选择与路网熟悉程度的联系

从图中可以看出,通勤出行中,对路网熟悉程度较好的人群明显倾向于选择改变出行路径,对路网熟悉程度较低的选择分布比较均衡,对各个选择方案表现出不知所措的特点。

同样,不同延误时间段,非通勤的分布曲线比通勤的分布曲线更扁平,集中在改变出发时间、出行路径、出行方式、出行目的地几个选项。在改变出行路径方面并没有表现出明显的倾向。

4.3.2.5 出行选择与出行方式之间的联系(图 4-21、图 4-22)

从图中可以看出,通勤出行中,小汽车用户倾向于改变出发时间和出行路径,对小汽车有比较强的依赖;出租车倾向于改变出行路径;其他交通方式选择分布近似。非通勤出行中,在不同的延误时间情况下,出行方案选择与各类出行方式的变化关系不太明显。

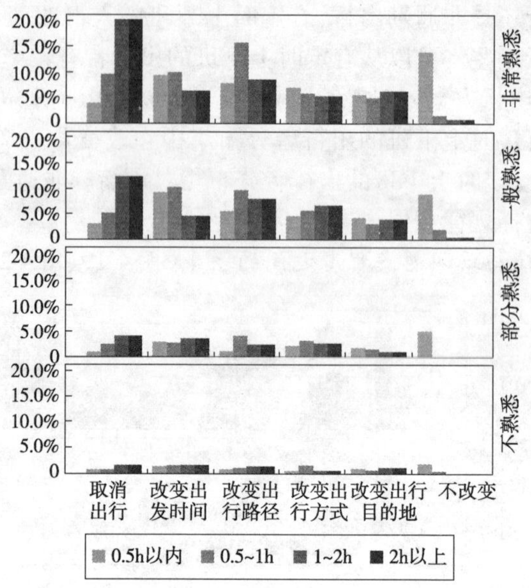

图4-20 非通勤出行选择与路网熟悉程度的联系

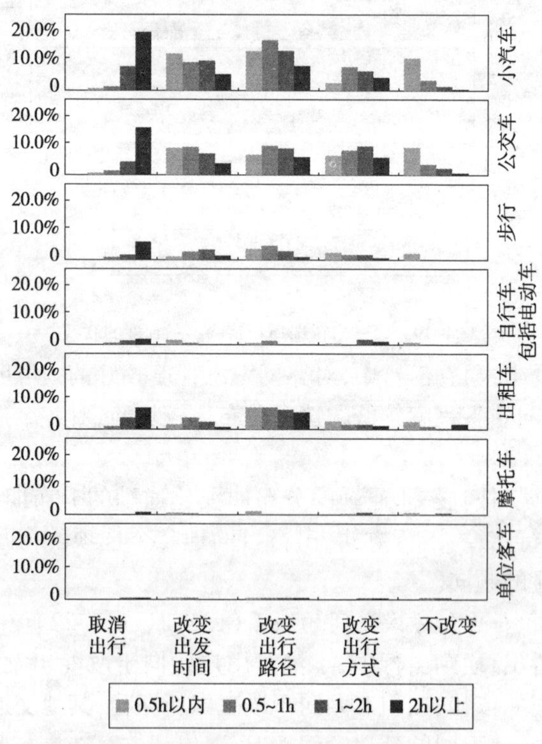

图4-21 通勤出行选择与出行方式的联系

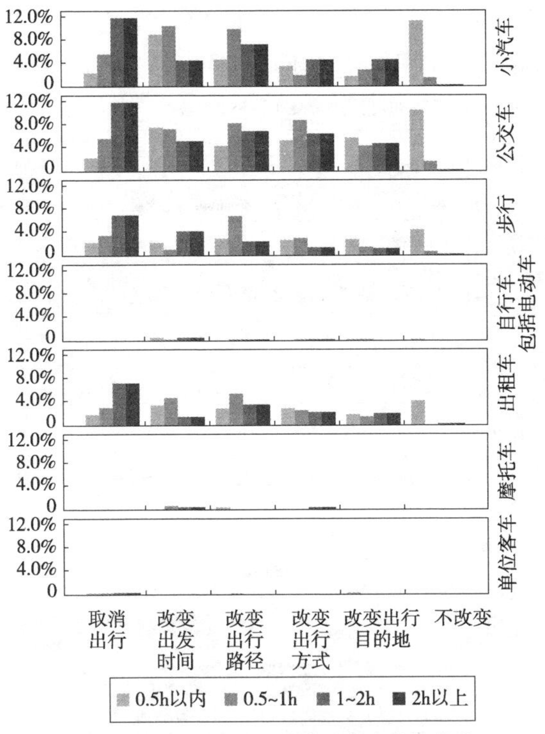

图 4-22 非通勤出行选择与出行方式的联系

4.3.2.6 出行选择与出行时间之间的联系(图 4-23、图 4-24)

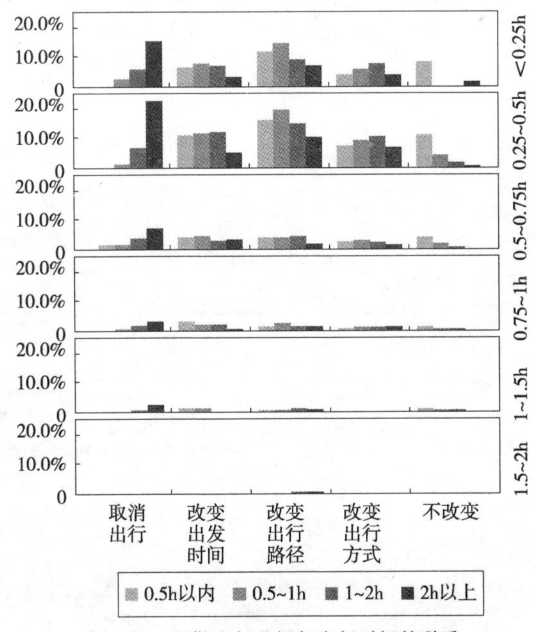

图 4-23 通勤出行选择与出行时间的联系

在通勤出行中，出行时间 0.5h 以内改变出行路径的出行者较多，0.5h 以上在出行方案选择上分布比较均衡。在非通勤出行中，出行方案选择分布较均衡，不同延误情况下的出行选择与出行时间的变化不显著。

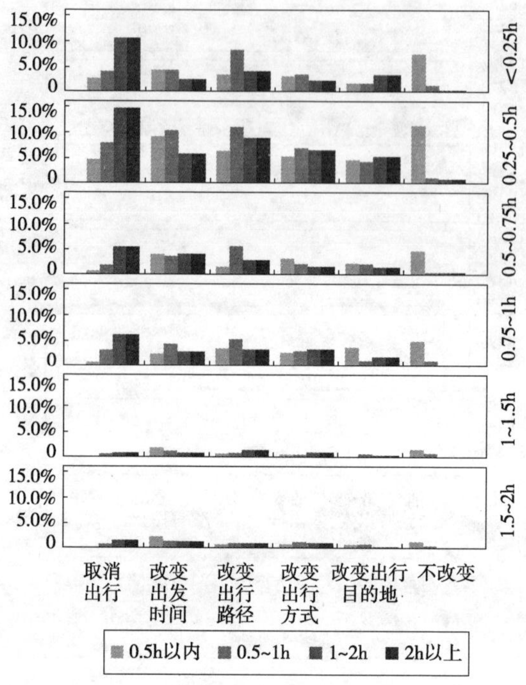

图 4-24　非通勤出行选择与出行时间的联系

5 轨道交通沿线用地及交通特征分析

城市交通是保证城市各项功能正常运转的载体，土地利用开发是交通产生源头，两者之间联系非常紧密。交通支撑用地开发，同时用地开发的规模以及性质决定交通量大小以及空间分布，本章通过轨道交通沿线及土地利用现状调研分析，旨在达到以下目的。

①采用定性结合定量分析方法对轨道交通途经道路功能做明确分析，明确需重点保通道路及节点，指导交通组织方案的制定。

②通过对沿线轨道交通设施以及站点周边土地利用调研，明确交通组织方案需组织的内容。

③通过对轨道交通沿线道路设施调查，熟悉区域范围内存在的道路，并明确各条道路通行条件以及组织模式，为后期交通组织方案制定和实施提供支撑。

对于特殊的敏感区域，还需单独对沿线过街设施以及站点周边交通量进行分析。

5.1 轨道交通走向

5.1.1 观山湖区

贵阳轨道交通1号线观山湖区段西北起于下麦西站，东南至贵阳北站，线路主要沿观山湖区新区、北端的林城路以及规划的G210布设，线路总长12.998km；轨道交通1号线观山湖区段共设置10个站点，平均站距约为1.32km。具体如图5-1所示。

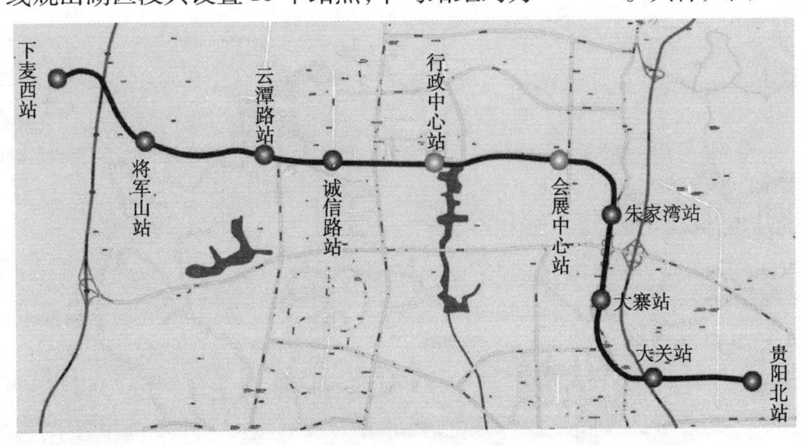

图5-1 观山湖区轨道交通1号线线路走向

5.1.2 老城区

轨道交通1号线老城区段西北起于贵阳北站，南至沙冲路站，线路主要沿安云路、合群路、公园路、遵义路及朝阳洞路布设，线路总长14.42km。轨道交通1号线老城区段共设置9个站点，分别为雅关站、蛮坡站、安云路站、北京路站、延安路站、中山路站、人民广场站、火车站站、沙冲路站，平均站距约为1.6km，站点所处位置大都为交叉口。具体如图5-2所示。

5.1.3 小河区

轨道交通1号线小河区段北起于沙冲路站，南至场坝村站，线路主要沿朝阳洞路、珠江路及浦江路布设，线路总长6.41km。轨道交通1号线小河区段共设置4个站点，平均站距约为1.6km。如图5-3所示。

图5-2 老城区轨道交通1号线线路走向

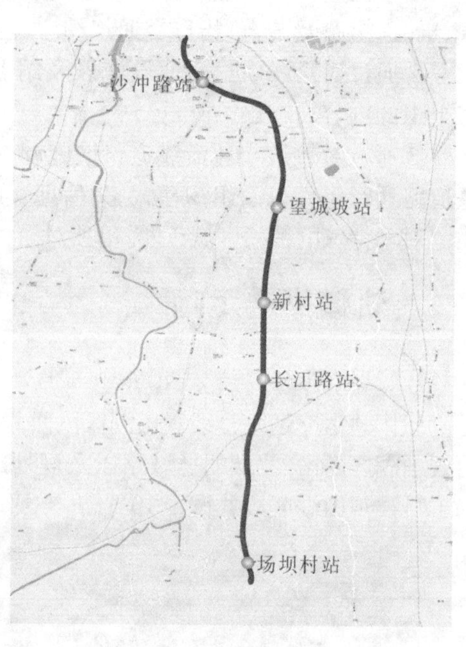

图5-3 小河区轨道交通1号线线路走向

5.2 轨道交通沿线用地分析

5.2.1 观山湖区

(1)云潭路以西路段

云潭路以西路段土地开发强度较低，土地利用形式主要以农田以及村落用地为主，临近云潭路与林城路交叉口一侧有部分开发，但土地开发强度较低且集中于道路北侧。具体如图5-4所示。

图 5-4 云潭路以西沿线用地

(2)云潭路—金阳路路段

云潭路—金阳路路段土地开发强度高于云潭路以西路段,土地利用形式主要以在建用地、村镇用地、汽车 4S 店用地为主,用地主要集中在道路的北侧。具体如图 5-5 所示。

图 5-5 云潭路—金阳路沿线用地

(3)金阳路—长岭路路段

金阳路—长岭路路段用地开发强度一般,受制于地形等因素影响,用地主要集中在道路的北侧,沿线用地主要以市级行政办公、大型居住小区以及展览用地为主,用地主要集中在道路北侧。具体如图 5-6 所示。

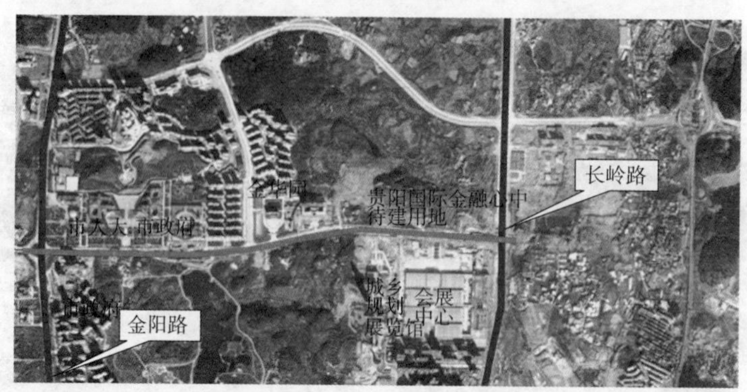

图 5-6 金阳路—长岭路沿线用地

(4)G210 路段

沿线土地利用开发强度以观山路以北路段较高,南段相对较低,整体上土地利用形式以村镇用地为主,观山路交叉口北侧用地正处于开发建设状态,轨道交通线路经过部分路段现状建筑物尚未拆除。具体如图 5-7 所示。

图 5-7 G210 沿线用地

5.2.2 老城区

(1)安云路站—中山路站路段

该路段两侧开发强度一般,用地以居住为主,兼有部分商业、商务办公、体育设施用地。具体如图 5-8 所示。

图 5-8 老城区轨道交通沿线周边用地(安云路站—中山路站)

(2)中山路站—沙冲路站路段

该路段两侧开发强度较高,用地以商业、办公为主,兼有部分居住、教育设施用地。此外,经过贵阳市大型对外交通枢纽站——火车站。具体如图 5-9 所示。

5.2.3 小河区

(1)沙冲路站—新村站路段

该路段两侧开发强度一般,用地以居住为主,兼有部分商业、教育设施用地。具体如图 5-10 所示。

(2)长江路—场坝村站路段

该路段沿线用地以居住为主,兼有部分商业、教育设施用地。具体如图 5-11 所示。

图 5-9　老城区轨道交通沿线周边用地(中山路站—沙冲路站)

图 5-10　小河区轨道交通沿线周边用地(沙冲路站—新村站)

花溪区实验中学

中兴世家

村庄

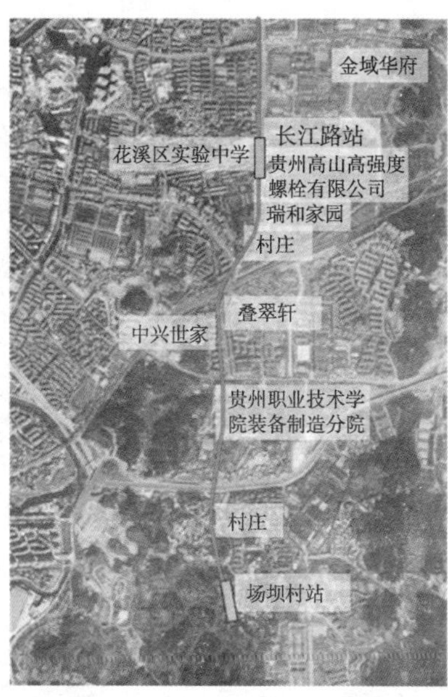

金域华府

瑞和家园

贵阳职业技术学院装备制造分院

图 5-11 小河区轨道交通沿线周边用地(长江路—场坝村站)

5.3 轨道交通沿线交通特征分析

5.3.1 沿线道路及功能分析

5.3.1.1 观山湖区

观山湖区轨道交通沿线道路主要包括东西方向道路和南北方向道路。其中,东西方向道路有金朱路、林城东路、观山路;南北方向道路有云潭路、诚信路、金阳路石标路、长岭路、G210、碧海路、龙潭坝路。具体如图 5-12 所示。

(1)云潭路

云谭路北起于白云北路,南至贵黄高速公路附近,为观山湖区新区南北向主干道,同时也是观山湖区新区与白云区联系的主要通道之一,具有双重交通功能,道路红线 60m,机动车双向六车道,中央绿化隔离,沿线与城市多条主干道以及高速公路相交,目前运行状况良好。

(2)长岭路

长岭路北接金苏大道,南止于北京西路,为观山湖区新区南北向主干道,同时也是观山湖区新区与白云区主要通道之一,具有双重交通功能,研究区域道路红线 60m,机动车双向八车道,中央绿化隔离,沿线与城市多条主干道相交,目前运行状况良好。

(3)金阳路

金阳路北接云峰大道,南接百花大道,为观山湖区新区南北向主干道,也是观山湖区新区与白云区以及老城区联系的主要通道之一,具有双重交通功能,研究区域道路红线60m,机动车双向六车道,中央绿化隔离,沿线与城市多条主干道相交,目前运行状况良好。

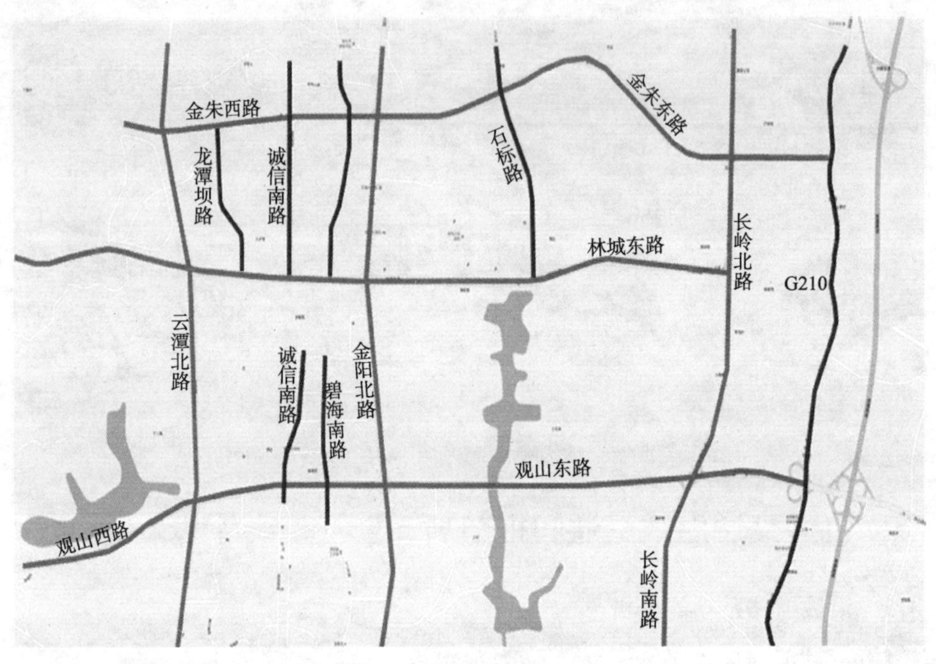

图 5-12 观山湖区路网现状

(4)龙潭坝路

龙潭坝路北起金朱西路,南止于林城路,为观山湖区新区南北向次干道,道路红线30m,目前由于沿线用地处于建设当中,因此标志标线尚未完善,与林城路相交处用围墙隔离,仅有半幅路可通行,且通行的车辆主要为两侧在建用地内部车辆。

(5)诚信路

诚信路为观山湖区新区南北向次干道,规划道路红线32m,研究区域内金朱路—林城路路段已建设完毕,中央绿化隔离,但标志标线尚未完善;林城路—观山路路段,林城路以南路段约100m处尚未建设,属于断头道路,观山路以南路段为观山湖区新区商业步行街,目前该条道路机动车交通量较小。

(6)碧海路

碧海路为观山湖区新区南北向次干道,规划道路红线30m,研究区域内金朱路—林城路路段已建设完毕,但标志标线尚未完善;林城路—观山路路段,林城路以南约100m处尚未建设，属于断头道路，观山路以南路段已建设完毕，目前该条道路交通量较小。

(7)石标路

石标路北起于东林寺路，南止于林城路，为观山湖区新区南北向次干道，规划道路红线40m，中央绿化隔离，机动车双向六车道，该条道路只为沿线用地服务，目前沿线用地开发已基本成熟，该条道路交通状况运行良好，交通量较小。

(8)G210

G210为观山湖区新区南北向城市道路，现状道路路面状况较差，路面较为破损，道路宽度为9m左右，该条道路主要为沿线居民服务，交通功能较弱，不存在未来年，但受制于地形等因素影响，与之相交的现状道路较少，因此该条道路交通功能不可由其他道路替代。

5.3.1.2 老城区

老城区一环内主要道路有一环路、东西向主干道、南北向主干道。其中，一环路包括北京路、宝山路、解放路、市南路、浣纱路、枣山路；东西向主干道包括延安路、中山路—市西商业街、都司路，东西向次干道有沙河街、威清路—黔灵路、观水路；南北向主干道包括瑞金路、中华路；南北向次干道有环城北路—合群路—公园路、陕西路—富水路、友谊路—文昌路。

老城区轨道交通沿线(都司路—八鸽岩路)的主要道路有中华路、瑞金路、北京路、延安路、中山西路、都司路等主干道，以及八鸽岩路、安云路、环城北路—合群路—公园路、城基路、沙河街、永乐路、龙泉巷、嘉禾路、毓秀路、太平路、飞山街、省府西路、飞山横街、市府路等次支道路，如图5-13、图5-14所示。

老城区的沙河街、城基路(黔灵西路以南)、毓秀路、市府路(公园路以西)、嘉禾路采用单向交通组织方式，其余道路交通组织方式为双向交通。

(1)北京路

北京路为一环路北环，东接大营路，西连北京西路，具有双重交通功能，道路红线45m，机动车双向八车道，中央隔离栏隔离，沿线与多条主次干道相交，由东向西依次为北新区路、瑞金北路、安云路、中华北路、盐务街，与枣山路、瑞金北路、中华北路相交处采用主线下穿的工程措施。交通量较大，高峰期交通运行状况较差，服务水平较低，拥堵现象较为显著。沿线行人过街设施大多为地下通道和人行天桥。

(2)宝山路

宝山路北接新添大道，南止油榨街(市南路)，为一环路东环线，具有双重交通功能。中山东路以北为宝山北路，以南为宝山南路，规划道路红线宽60m，其中都司路以北主道双向四车道，外加一条潮汐车道，以南主干道双向五车道，辅道均为双向两车道，主道部分由中央隔离栏隔离，部分画线隔离，主辅路由绿化带隔离。

沿线与多条城市主次干道相交,由北向南依次主要由延安东路、中山东路穿都司路、观水路、市南路。

沿线有多条公交线路运行,行人过街设施主要为人行天桥和地下通道,整条道路交通量较大,高峰期交通运行状况较差,服务水平较低,交通拥堵现象较为严重。

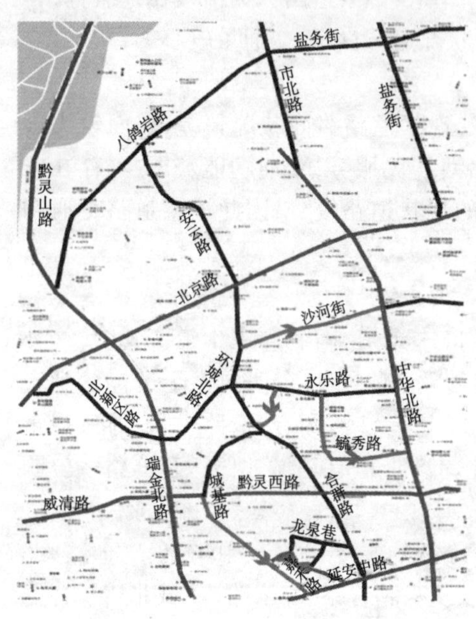

图 5-13　八鸽岩路—延安路路网

图 5-14　延安中路—都司路路网

(3)解放路—市南路

解放路为贵阳一环路南环重要的组成部分,东接市南路,西连浣纱路,具有双重交通功能。大部分路段由地面以及高架层组成,高架部分起于科佳大厦、止于大昌隆商业广场。道路红线 50m,地面段双向八车道,中央绿化隔离。高架与地面段,高架层双向四车道,地面层中央物理隔离。沿线与多条城市主次干道相交,目前解放路交通量较大,服务水平较差,沿线有多条公交线路运行。

市南路西北接瑞金路,东南接油榨街,其中东南段为贵阳市区一环路南环的组成部分,具有双重交通功能。整个路段道路红线宽度不一致,西北段(解放路以北)红线宽度为 35m,双向六车道,中央隔离栏隔离,东南段(解放路以东)红线宽度为 50m,双向八车道,中央隔离栏隔离,与油榨街衔接处主线高架,双向四车道,地面辅道双向四车道。全路段目前交通运行状况良好,沿线有多条公交线路通过。

(4)枣山路—浣纱路

枣山路—浣纱路北起于北京路,南连解放路,为贵阳市一环路西环重要组成部分,具有双重交通功能。道路红线 45m,大部分路段双向八车道,中央部分隔离栏隔离、部分绿化隔离，与解放路衔接处主线高架，双向六车道，整个路段交通量较大、交通运行状况较差，交通拥堵，道路服务水平较差。沿线有多条公交线路运行。沿线过街设施多为天桥或地下通道。沿线与多条主次支路相交，由北至南依次有北京路、延安西路、市西商业街、解放西路、青云街等。

(5)瑞金路

瑞金路北接黔灵山路，南连市南路，为南北向和东西向主干道，具有双重交通功能，道路红线40m，机动车双向六车道，中央绿化隔离，与北京路交叉处采用主线高架，高架层双向四车道，路面层双向六车道。高峰期间部分路段拥堵现象较为显著。沿线与多条城市主次支路相交，由北向南依次为北京路、北新区路—环城北路、威清路—黔灵西路、延安西路—延安中路、市西商业街—中山西路、都司高架、贵惠路—文化路、遵义路、关兴路、新华路等，与北京路相交处采用主线高架的工程措施。沿线行人过街设施大多为地下通道及人行天桥。

(6)中华路

中华路北接市北路，南接新华路，为贵阳市区重要的南北向主干道，具有双重交通功能。整个路段道路红线宽度不一致，中间段(都司路与延安路间)红线宽度为36m，其余路段红线宽度为40m。北京路以北路段为双向四车道，中央双黄线隔离；沙河街至北京路路段为西侧三车道，东侧四车道，中央隔离栏隔离；沙河街至省府路路段为双向八车道，中央隔离栏隔离；省府路至中山路路段为双向六车道，中央隔离栏隔离；中山路至都司路路段为西侧四车道，东侧三车道，中央隔离栏隔离；都司路至新华路路段为双向六车道，其中都司路至遵义路路段为中央隔离栏隔离，遵义路至中华路路段为中央绿化隔离。路段目前平峰时段交通运行状况良好，沿线有多条公交线路通过。

(7)遵义路

遵义路为贵阳老城区南部南北向的一条主干道，北接中华南路，南至贵阳火车站，具有双重交通功能，是连接贵阳火车站的唯一一条通道。道路红线60m，双向八车道，路侧为公交专用道，中央绿化隔离。沿线主要与瑞金南路、解放路相交，目前遵义路交通量不大，服务水平良好，沿线有多条公交线路运行。

(8)新华路

新华路北起大南门，南接南广路，为城市南北向城市主干道，具有双重交通功能，规划道路红线宽40m，双向六车道，中央绿化带隔离。沿线主要与瑞金南路、解放路等相交。平峰期间交通量较小，交通运行状况良好。沿线有多条公交线路运行，行人过街设施以地下通道为主。

(9)延安路

延安路西接头桥路，东止于宝山北路。为贵阳市东西向主干道之一，具有双重交通功能。道路红线40m，大部分路段双向六车道，中央绿化隔离，与浣纱路衔接处主线高架，双向四车道，整个路段交通量较大、交通运行状况较差，交通拥堵，道路服务水平较差。沿线有多条公交线路运行。沿线过街设施多为天桥或地下通道。沿线与多条主次支路相交，由东到西依次有宝山北路、友谊路、文昌北路、三民东路、陕西路、富水路、中华路、瑞金路、山林路、市西路、枣山路、浣纱路等。

(10)市西商业街—中山西路—中山东路

该路段西起浣纱路，东止于宝山北路，为东西向主干道，瑞金北路至浣纱路路段为市西商业街，瑞金路以东段为中山西路，具有双重交通功能，道路红线公园路东侧路段30m、西侧路段35m，中山西路—中山东路机动车双向五车道(东—西向2条、西—东向3条)，中央隔离栏隔离，市西商业街主线高架，地面层为商业步行街，高架段双向四车道，市西商业街高架段交通运行状况良好，服务水平较高，中山西路、中山东路高峰期间拥堵现象较为显著。沿线与多条城市主次支路相交，由东向西依次为宝山路、文昌路、蔡家街—护国路、富水路、中华路、公园路、公园西路、瑞金路、浣纱路，与瑞金北路相交处采用主线高架的工程措施。沿线行人过街设施大多为地下通道及人行天桥。

(11)都司路

都司路西起浣纱路，东止于宝山北路，为城市东西向主干道，具有双重交通功能，整个路段断面变化较为复杂，大部分路段由高架+地面层组成，部分路段具有双重交通功能，地面段双向八车道，高架段双向两车道，外加1条潮汐车道，瑞金路以西路段道路红线50m，瑞金路以东路段道路红线40m，中华路以东路段中央绿化和隔离栏隔离，中华路以西路段中央隔离栏隔离，瑞金南路至浣纱路路段为绿化隔离。路段交通量较大，交通运行状况较差，服务水平较低，高峰期间拥堵现象较为显著。沿线与多条城市主次支路相交，由东向西依次为宝山路、中华路、公园路、瑞金路、浣纱路等，沿线运行公交线路较少，行人过街设施较为多样，有地下通道、人行天桥以及平面。

(12)环城路—合群路—公园路

该路段北起北京路，南止于都司路，为贵阳市区重要的南北向次干道，具有双重交通功能。北京路至永乐路段为环城路；永乐路至延安路段为合群路；延安路至都司路为公园路。整个路段道路红线宽度不一致，北京路—太平路、省府路—中山路段规划红线宽度为30m；太平路—省府路、中山路—都司路路段规划道路红线宽度为25m。环城路路段为西侧两车道、东侧三车道，中央画线隔离(路段两侧车道停车现象较严重)；合群路路段为双向四车道，中央画线隔离；延安路—中山路路段为双向四车道，部分路段为西侧三车道、东侧两车道，中央画线隔离，部分路段西侧的一条车道作为公交车、校车及大型交通车专用道，与其他车道采用隔离栏隔离；

中山路至都司路路段为西侧两车道、东侧三车道，中央画线隔离。全路段南段目前交通运行状况较差，公园路交通拥堵，沿线有多条公交线路通过，沿线行人过街设施主要以平面过街为主。

(13)贵乌路—普陀路—陕西路—富水路

该路段北起于新添大道，南至新华路，沙河街以北为贵乌路、沙河街至永乐路段为普陀路、永乐路至延安路为陕西路、延安路以南为富水路。规划道路红线宽均为30m，贵乌路为双向四车道，普陀路、陕西路、富水路大部分路段为由南向北的四车道单行线，局部路段为单向五车道，与东侧友谊路、文昌路形成配对单行线，四条道路东侧一个车道作为公交车、校车以及大型交通车专用道，与其他车道采用隔离栏隔离，除富水路外，大部分路段单侧设有路边停车泊位，平峰期间交通运行状况良好。沿线有多条公交线路运行，行人过街设施大都为平面，与多条城市主次支路相交，由北向南依次为友谊路、黔灵东路、延安东路、省府北路、省府路、中山东路、都司路、文昌南路等。

(14)友谊路—文昌路

该路段西起于文昌南路，东接红岩路，省委以东为观水路，以西为西湖路，为老城区东西向城市次干道，兼有双重交通功能，以生活性服务为主，规划道路红线宽30m，双向四车道，大部分路段中央隔离栏隔离，小部分路段中央画线隔离。沿线主要与汤巴关路、宝山南路等道路相交。沿线有多条公交线路运行，行人过街设施以平面为主，平峰时段交通量较小，交通运行状况良好。

(15)沙河街

沙河街西起于环城北路，东止于贵乌路，为老城区东西向次干道，中华北路以东路段双向通行，以西段由西向东单向通行，东段具有双重交通功能，西段以生活性服务为主，规划道路红线宽度约为25m，东段双向四车道，中央画线隔离，西段单向两条车道，路侧有严重的路侧停车现象。沿线主要与中华路、贵医街路等道路相交，平峰时段交通量较小，交通运行状况良好，行人过街设施以平面为主。

(16)威清路—黔灵西路—黔灵东路

该路段东起友谊路，西接黄金路，为贵阳市老城区东西向次干道，具有双重交通功能，中华路以东路段为黔灵东路；中华路—瑞金路路段为黔灵西路；瑞金路以西段为威清路，规划道路红线25m，机动车双向四车道，中央画线隔离，整个路段交通量东小西大，平峰期间交通运行状况良好，沿线运行公交线路较少，行人过街设施以平面为主。

(17)西湖路—观水路

该路段西起于文昌南路，东接红岩路，省委以东为观水路、以西为西湖路，为老城区东西向城市次干道，兼有双重交通功能，以生活性服务为主，规划道路红线宽

30m，双向四车道，大部分路段中央隔离栏隔离，小部分路段中央画线隔离。沿线主要与汤巴关路、宝山南路等道路相交。沿线有多条公交线路运行，行人过街设施以平面为主，平峰时段交通量较小，交通运行状况良好。

(18)永乐路

永乐路西起环城北路，东止于中华北路，道路等级为次干路。道路红线宽度约为15m，双向两车道，中央画线隔离，两侧均有严重停车现象；人行道设施较差，宽度约为1.5m，路段平峰时段交通运行状况良好；沿线用地以商业、居住为主。

(19)毓秀路

毓秀路北起永乐路，东止于中华北路，道路等级为支路。道路红线宽度约为10m，由北向南组织单向交通，单向一车道，路侧停车现象较为严重。人行设施较差，部分无人行道，宽度约为1m。交通流量较小；沿线用地以行政办公、居住为主。

(20)八鸽岩路

八鸽岩路东起于北新区路，东接盐务街，为城市南北向次干道，为生活服务性道路，道路红线宽度大部分路段为25m，为双向两车道，中央隔离栏隔离，小部分路段为30m，为双向四车道，中央画线隔离，路一侧有路边停车泊位。行人过街设施以平面为主，平峰时段交通量较小，交通运行情况良好。

(21)安云路

安云路北起于八鸽岩路，南止于北京路，为贵阳老城区内南北向的一条支路，主要为沿线用地服务。道路红线20m，大部分路段双向四车道，中央画线隔离，部分路段设置路边停车。整个路段交通量不大、交通运行状况良好，道路服务水平较高。沿线仅设有1个公交站点“安云路口”，有22路、30路两条公交线路运行。

(22)市北路

市北路北接黔灵西路，南接中华北路，为城市南北向次干道，兼有双重交通功能，以生活性服务为主，道路红线宽度为40m，双向四车道，中央画线隔离，道路一侧有隔离栏对行人进行隔离，沿线相交道路主要有南垭路和盐务街—八鸽岩路，行人过街设施以平面为主，平峰时段交通量较小，交通运行情况良好。

(23)盐务街

盐务街西起于市北路，南止于北京路，为老城区南北向次干道，兼有双重交通功能，以生活性服务为主，道路红线宽度为30m，双向四车道，中央画线隔离。路侧有严重的停车和占道经营现象，沿线主要与宅吉路相交，平峰时段交通量较小，交通运行状况良好，行人过街设施以平面为主。

(24)城基路

城基路(永乐路—合群路)北起永乐路，南止于合群路，道路等级为支路。道路红线宽度约为10m，由北向南单向交通组织，单向一车道，路面破损，人行道宽度

为0～1.5m,两侧均有停车现象,交通流量较小;沿线用地以居住为主,兼有部分商业用地。

城基路(合群路以南)北起合群路,南止于延安中路,道路等级为支路。整个路段道路红线宽度不一致,合群路—黔灵西路路段道路红线宽度20m,黔灵西路—延安中路路段道路红线宽度15m。道路与合群路及黔灵西路衔接处坡度较大,双向两车道,中央画线隔离,两侧有停车现象,人行道宽度1～2m,人机混行,交通复杂;沿线用地以居住为主,兼有部分商业用地。

(25)龙泉巷

龙泉巷东起于合群路,西止于嘉禾路,道路等级为城市支路,交通组织形式为双向交通,现状道路红线为8～10m,路侧停车及违章摆摊现象较为严重,机动车双向两车道,沿线建设设施类别为居住。

(26)嘉禾路

嘉禾路南起于延安路,北止于城基路,道路等级为城市支路,交通组织形式为由南向北的单向交通,现状道路红线宽度约为8～10m,路侧有停车现象,车道数为1;无人行道,人机混行,沿线建筑功能设施类别为居住。

(27)太平路

太平路西起公园北路,东止于中华中路,道路等级为支路。道路红线宽度12m,双向两车道,中央画线隔离。两侧停车现象严重,路段交通流量较小;沿线用地以居住为主,兼有部分商业用地。

(28)飞山街

飞山街西起瑞金中路,东止于公园北路,道路等级为次干路。道路红线宽度25m,由东向西组织单向交通,单向两车道,两侧均设有机动车停车泊位;沿线用地以居住为主,兼有部分商业、医疗用地。

(29)河东路—河西路

河东路西起公园路,东止于大十字广场北侧断头,道路等级为支路。规划道路红线宽12m,双向两车道,两侧停车现象严重,路段交通流量较小。

河西路北起河东路,南止于中华中路,道路等级为支路。规划道路红线宽16m,双向两车道,两侧停车现象严重,路段交通流量较小;沿线用地以公园、商业为主。

(30)市府路

市府路北接中山西路,东止于中华中路,道路等级为支路。整个路段道路红线宽度不一致,中山西路—公园路路段红线宽度为20m,公园路—中华中路路段红线宽度为25m。中山西路—公园路路段由东向西组织单向交通,单向两车道,两侧停车现象严重,公园路—中华中路路段双向两车道,中央画线隔离;沿线用地以居住、商业为主。

5.3.1.3 小河区

轨道交通1号线小河段主要途经朝阳洞路、珠江路、浦江路。现状与珠江路平行的道路仅有一条黔江路，但两条平行道路间相互联系的通道较少，仅有长江路、盘江路两条道路。轨道交通沿线带状区域的通道有朝阳洞路、黔江路 、珠江路、浦江路、长江路、盘江路、清水江路、西南环路。具体如图5-15所示。

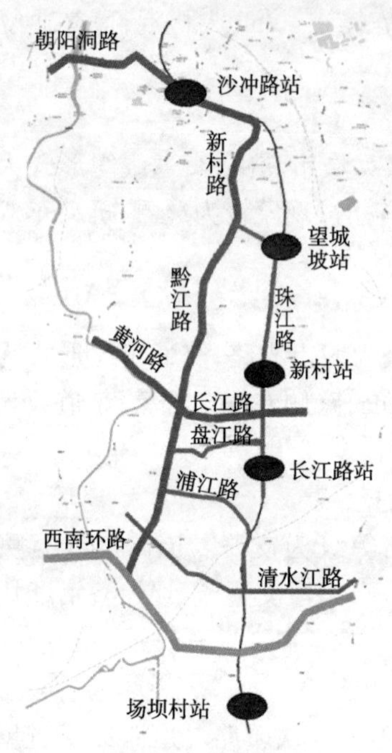

图5-15 小河区轨道交通沿线道路现状

(1)朝阳洞路

朝阳洞路西接玉厂路，东连新村路，道路等级为城市东西向主干道，是小河区与老城区、观山湖区之间互相联系的一条主要通道之一。规划道路红线宽度40m，机动车双向六车道，目前路段交通流量较大，沙冲路东段交通量大于西段。沿线用地以居住为主，兼有部分商业用地。

(2)浦江路

浦江路西起黄河路，南止于清水江路，道路等级为次干路。规划道路红线宽度40m，实际道路红线宽度约为28m。路段双向四车道，中央绿化隔离，两侧均划有停车位，实际可通车的仅为双向两车道，交通流量不大，沿线用地以居住为主，兼有部分商业用地。

(3)珠江路

珠江路北接新村路，南止于瑞和家园附近，道路等级为次干道，与该条道路平行的道路仅有新村路，但片区东西向联系道路缺乏，因此该条道路是沿线居民出入的唯一通道。整个道路规划红线宽度为30m。新村路—长江路段双向四车道，中央画线隔离，两侧停车现象严重；长江路—瑞和家园路段双向六道，中央绿化隔离，交通量较小；沿线用地以居住为主，兼有部分商业、工厂、教育设施。

(4)长江路

长江路西接黄河北路，东为断头路，止于金域华府附近，道路等级为主干道，是小河区东西向的主要通道，连接了小河区南北向四条主要通道，目前东段沿线用地开发尚未成熟，因此珠江路路段附近交通量较小。规划道路红线宽度25m，机动车双向六车道，两侧停车现象较为严重。

(5)盘江路

盘江路西起于黄河路，东止于珠江路，道路等级为城市支路，规划道路红线宽度25m，但现状道路尚未按规划道路红线宽度实施，道路宽度约为15m，机动车双向两车道，交通流量较小。

(6)清水江路

清水江路西起于黄河路,东止于东南环路,为城市东西向次干道,规划道路红线宽度为20m,现状机动车双向四车道,中央画线隔离,浦江路附近机动车流量较小。

(7)西南环路

西南环路为贵阳市二环路南环,西起于金竹立交桥,东止于小碧立交桥,具有双重交通功能。规划道路红线宽度为36m,机动车双向六车道,中央绿化隔离,交通流量较大。

5.3.2 沿线公共交通现状

5.3.2.1 观山湖区

观山湖区轨道交通沿线公交线路主要服务于新区与老城区的通勤出行,6条公交线路经过观山湖区路与林城路交叉口,1条线路经过G210。详细情况如表5-1、图5-16所示。

观山湖区轨道交通沿线公共交通线路情况　　表5-1

道路名称	路　段	站点数(个)	公交线路数(条)
林城路	云潭路—金阳路	2	1
	金阳路—石标路	2	6
	石标路—长岭路	1	5
G210	林城路—阳关大道	6	1

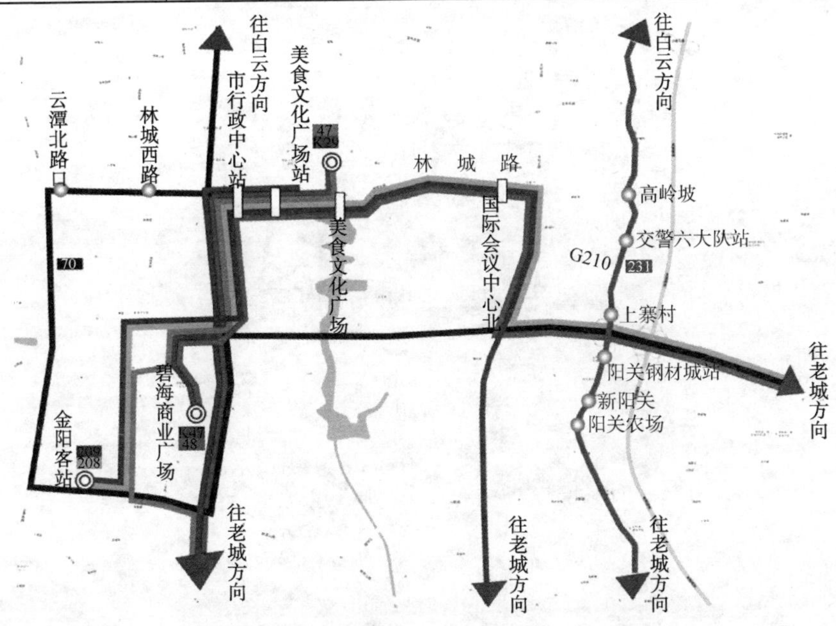

图5-16　观山湖区轨道交通沿线公共交通线路

5.3.2.2 老城区

(1)安云路、环城北路、合群路、公园路

安云路、环城北路、合群路、公园路沿线共设置8对公交站点,8条公交线路运行,其中安云路路段上运行的公交线路最少,仅有2条,公园路(飞山街—中山路)路段上运行的公交线路最多,多达5条。详细情况如表5-2、图5-17所示。

安云路、环城北路、合群路、公园路沿线公交线路情况 表5-2

道路名称	路段	站点	运行线路
安云路	八鸽岩路—北京路	安云路口	22路、30路
环城北路、合群路	北京路—黔灵路	环城北路	20路、30路、66路、248路
		上合群路	20、30、66
		黔灵西路口	20、30、66
合群路	黔灵路—延安路	下合群路	20路、32路、34路、66路
公园北路	延安路—省府西路	公园北路	20路、32路、34路、66路
公园路	省府西路—都司路	公园路	11路、20路、34路、39路、66路
		市府路口	14路、20路、66路
		公园南路	14路、20路、66路

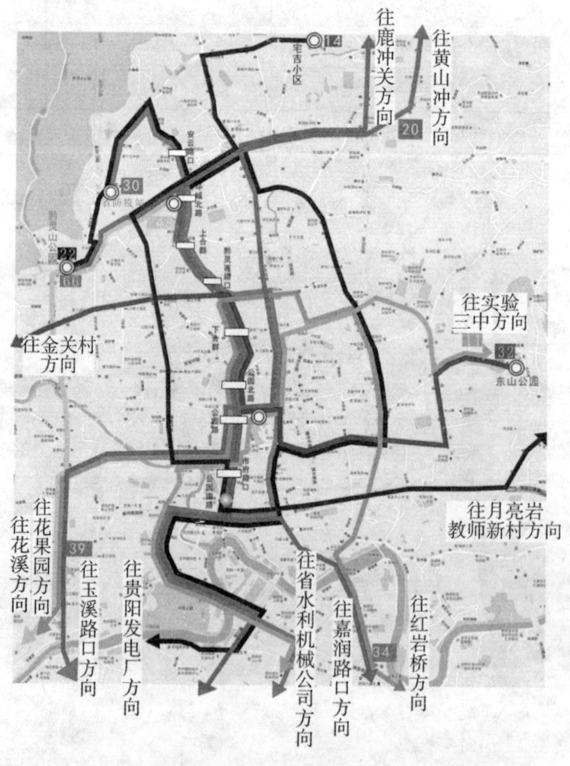

图5-17 安云路、环城北路、合群路、公园路沿线公交线路

(2)遵义路

遵义路是通往贵阳市大型交通枢纽站——贵阳火车站的唯一通道,同时也是联系老城区与小河区、花溪区的重要通道之一,沿线设有3对公交站点,有多条公交线路运行,运行线路多达26条,其中解放路—火车站段运行的公交线路最多,达19条。具体情况如表5-3、图5-18所示。

遵义路沿线公交线路情况　　表5-3

路　段	站点	运 行 线 路
中华南路—瑞金路	邮电大楼	1路、2路、15路、21路、24路、52路、218路、253路、306路、208路
瑞金路—解放路	展览馆	1路、2路、6路、17路、20路、24路、28路、65路、253路、308路、K29路、219路
解放路—火车站	火车站	1路、2路、17路、20路、24路、29路、43路、60路、61路、63路、65路、74路、216路、219路、224路、240路、241路、253路、K29路

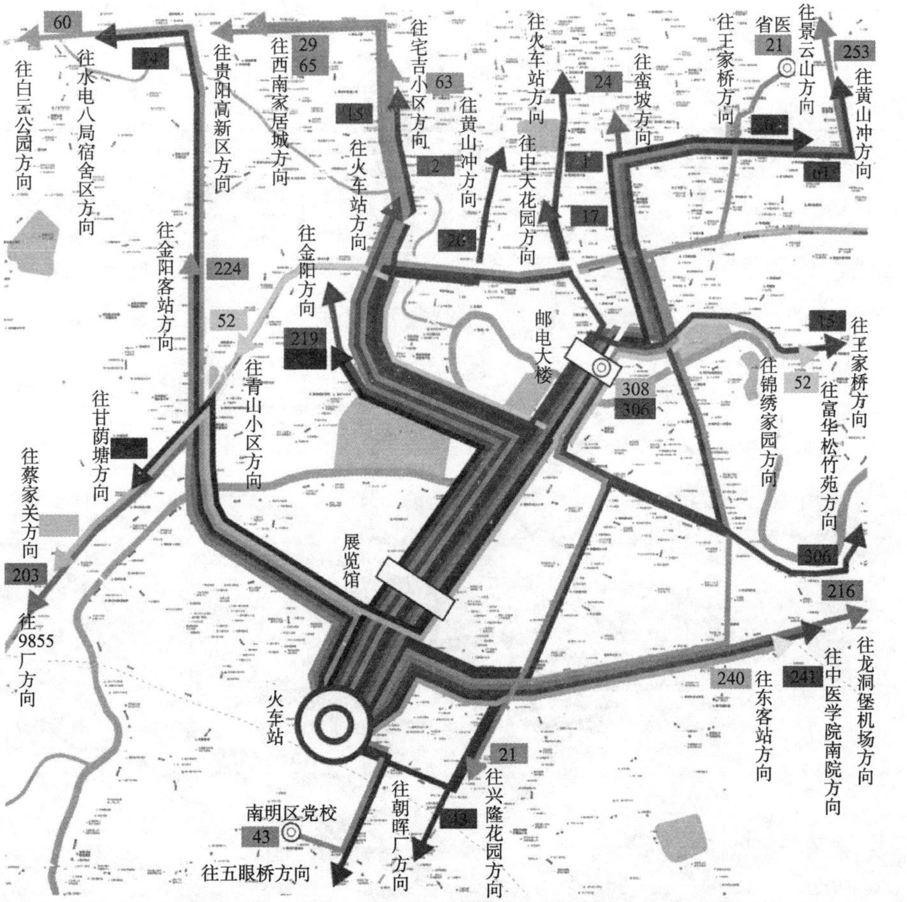

图5-18　遵义路沿线公交线路

5.3.2.3　小河区

珠江路及浦江路为小河区轨道交通沿线的城市次干道，均为城市生活服务性通道。因此，整体来看轨道交通沿线（小河段）上运行的公交线路较少，仅有 4 条，线路大都通往老城区。其中，珠江路北段仅有 1 条公线路运行，珠江路南段及浦江路上有 3 条公交线路运行。具体见表 5-4、图 5-19。

珠江路、浦江路沿线公交线路情况　　表 5-4

道路	站点	线路	道路	站点	线路
珠江路	洛解村	13 路	浦江路	中兴世家会所	13 路、41 路、42 路
	兴隆珠江湾畔	13 路		中兴世家	13 路、41 路、42 路
	珠江路	11 路、13 路、315 路			
	珠江路（南）	13 路、315 路			

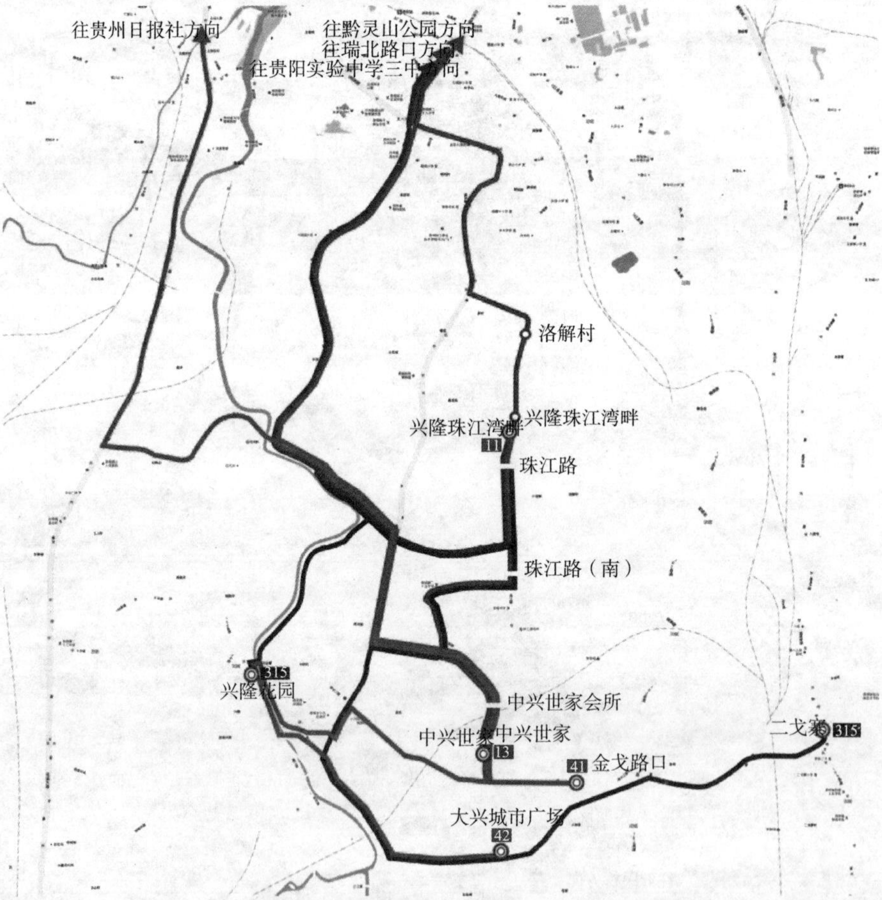

图 5-19　珠江路、浦江路轨道交通沿线公交线路

5.3.3 行人过街设施及流量

轨道交通沿线重要节点人行过街设施及流量是轨道交通施工期间交通组织方案中人行交通组织方案的基础数据。轨道交通施工期间人行设施的宽度和行人过街方案的制定都必须在现有的行人过街设施和行人流量分析基础上进行,应在不同的施工围挡方案和行人流量下,制定不同的行人交通组织方案。

通过对现场调研,老城区行人过街需求量较大,而观山湖区以及小河区行人过街需求较小,因此行人过街设施及流量分析主要针对老城区。

5.3.3.1 行人过街设施

(1)都司路—八鸽岩路段

轨道交通线路经过7个交叉口,交叉口行人过街设施形式较为多样。其中,4个交叉口行人过街设施为平面过街,2个交叉口行人过街设施为地下通道,1个交叉口行人过街设施为天桥。具体如图5-20所示。

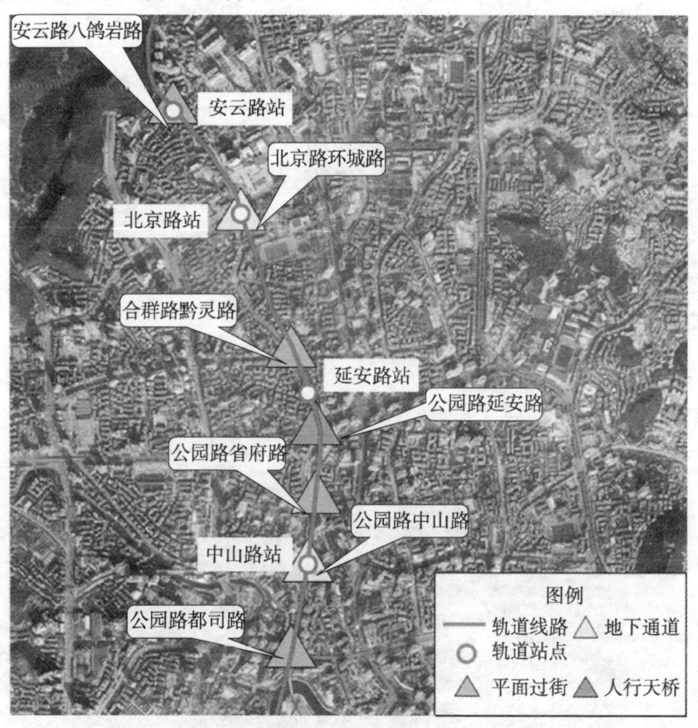

图5-20 都司路—八鸽岩路轨道交通沿线行人过街设施现状

(2)人民广场站—沙冲路站路段

轨道交通线路经过3个交叉口,交叉口行人过街设施形式较为多样。其中,2个交叉口行人过街设施为地下通道,1个交叉口行人过街设施为天桥。具体如图5-21所示。

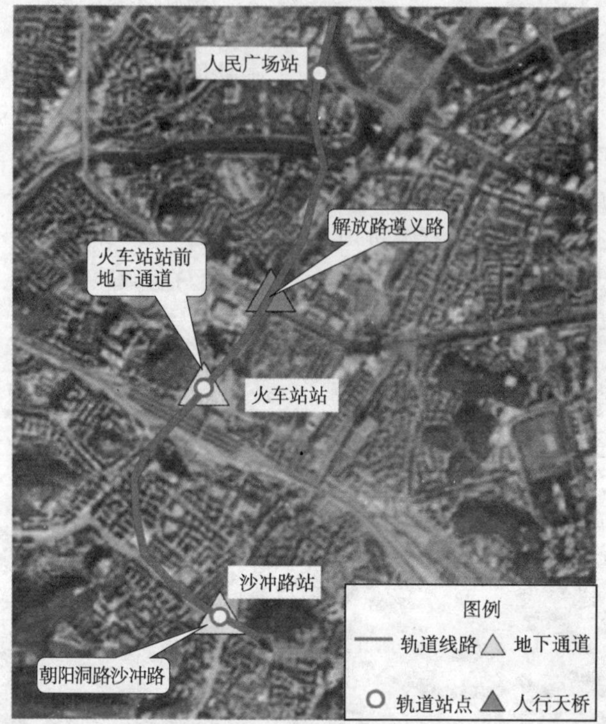

图 5-21　人民广场站—沙冲路站轨道交通沿线行人过街设施现状

5.3.3.2　行人过街流量

根据节点的重要性,分析了 4 个节点的行人过街流量。

(1)北京路与环城路节点

北京路与环城路节点行人过街流量情况统计如图 5-22 所示,不同情景假设下行人过街通道宽度及所需时间如表 5-5 所示。

图 5-22　北京路与环城路节点行人过街流量情况统计

北京路与环城路节点不同情景假设下行人过街通道宽度及所需时间　表 5-5

节点/方向		高峰行人流量（人/h）	情景 1：无障碍及信号灯影响，行人过街通道宽度要求（m）	情景 2：南北向行人过街采用平面设施，行人全部通过所需时间（min）	北京路通行能力下降程度
北京路、环城路节点	北口（东西向）	840	0.75	无	—
	南口（东西向）	1080	0.75	无	—
	南北向	1560	—	9.36	北京路东西向通行能力下降 16%

（2）延安路与合群路节点

延安路与合群路节点行人过街流量情况统计如图 5-23 所示，不同情景假设下行人过街通道宽度及所需时间如表 5-6 所示。

图 5-23　延安路与合群路节点行人过街流量情况统计

延安路与合群路节点不同情景假设下行人过街通道宽度及所需时间　表 5-6

节点/方向		高峰行人流量（人/h）	情景 1：无障碍及信号灯影响，行人过街通道宽度要求（m）	情景 2：行人过街采用平面设施，行人全部通过所需时间（min）	情景 3：东口或西口架设钢便桥，东西向单侧可通行，钢便桥及行人过街通道宽度要求（m）
延安路、合群路节点	东西向	3744	1.6	11	人行通道：1.6

续上表

节点/方向		高峰行人流量（人/h）	情景1：无障碍及信号灯影响，行人过街通道宽度要求（m）	情景2：行人过街采用平面设施，行人全部通过所需时间（min）	情景3：东口或西口架设钢便桥，东西向单侧可通行，钢便桥及行人过街通道宽度要求（m）
延安路、合群路节点	东口（南北向断面最大量）	2508	1.5	15	钢便桥：2.7
	西口（南北向断面最大量）	3060	1.5	19	

（3）中山路与公园路节点

中山路与公园路节点行人过街流量情况统计如图5-24所示，不同情景下行人过街通道宽度及所需时间如表5-7所示。

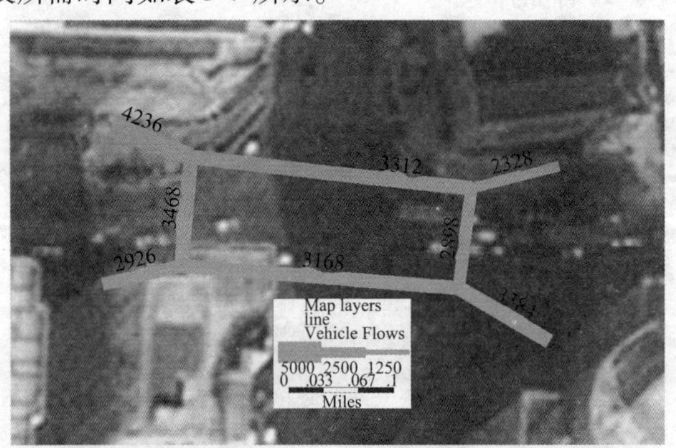

图5-24　中山路与公园路节点行人过街流量情况统计

中山路与公园路节点不同情景假设下行人过街通道宽度及所需时间　表5-7

节点/方向		高峰行人流量（人/h）	情景1：无障碍及信号灯影响，行人过街通道宽度要求（m）	情景2：行人过街采用平面设施，行人全部通过所需时间（min）	情景3：东口或西口架设钢便桥，东西仅单侧可通行，钢便桥及单侧通道宽度要求（m）
中山路、公园路节点	东口（南北向）	2898	—	17.4	钢便桥：3
	南口（东西向）	3168	1.5	19	人行通道：3m

续上表

节点/方向		高峰行人流量(人/h)	情景1:无障碍及信号灯影响,行人过街通道宽度要求(m)	情景2:行人过街采用平面设施,行人全部通过所需时间(min)	情景3:东口或西口架设钢便桥,东西仅单侧可通行,钢便桥及单侧通道宽度要求(m)
中山路、公园路节点	西口(南北向)	3468	—	21	钢便桥:3
	北口(东西向)	3312	1.5	20	人行通道:3m

(4)贵阳火车站节点

目前,贵阳市火车站是贵阳市对外大型交通客运枢纽站之一,人行交通量较大,因此施工期间火车站节点交通组织重要内容之一为行人交通组织。根据施工方案,施工期间火车站节点行人交通组织分为两类:一类为进站行人交通组织,另一类为出站行人交通组织。在交通组织中,预留足够行人通道宽度是行人交通组织的重中之重。行人通道宽度预留主要依据客流量大小进行设置,本次设计方案中以高峰日高峰小时客流作为基础参数,通过规范反推高峰日高峰小时行人交通对通道宽度的需求。

根据贵阳市2012年高峰日及平日客运发送量,同时根据班次运营时间表,可得出高峰期小时客运发送量,通过计算得知贵阳市高峰日及平日高峰小时客运发送量。经计算得知,贵阳市高峰日高峰小时客运发送量为4500人次/h,同时考虑到送客等客流因素影响,在此基础上应适当增加客运量。经过计算,高峰日高峰小时进站行人通道宽度不得小于6m。考虑到出站客流具有短时聚集特性,在入站通道宽度基础上适当加大出站通道宽度。经过计算,出站通道宽度不得小于7m。

5.3.4 重要节点机动车交通流及服务水平分析

重要节点的机动车交通流及服务水平分析的目的是为后续微观交通组织方案中交叉口渠化以及行人过街方案提供定量支撑。

重点分析贵阳老城区关键节点的机动车交通流和服务水平。总体来看,东西向北京路、延安路、中山路交通量相对较大,服务水平等级较低,交通运行状况较差;公园路(延安路—中山路)路段交通量较大,服务水平等级较低;环城北路及安云路交通流量较小,服务水平良好。

(1)北京路与环城路节点

东西向北京路进出口交通流量较大,服务等级均在D级以上,交通流接近或处于不稳定流,服务水平较差;南北向安云路、环城路交通流量相对较小,服务等级大都为 A 或 B 级,交通流处于自由流,服务水平良好。具体如表 5-8、图 5-25 所示。

北京路与环城路节点流量及服务水平情况　　表 5-8

进　出　口		通行能力	流量	V/C	服务等级
东口	进口	4935	3142	0.64	B
	出口	4569	3775	0.83	D
南口	进口	800	500	0.63	B
	出口	800	1013	1.27	F
西口	进口	4569	4288	0.94	E
	出口	4935	3112	0.63	B
北口	进口	800	212	0.26	A
	出口	800	242	0.3	A

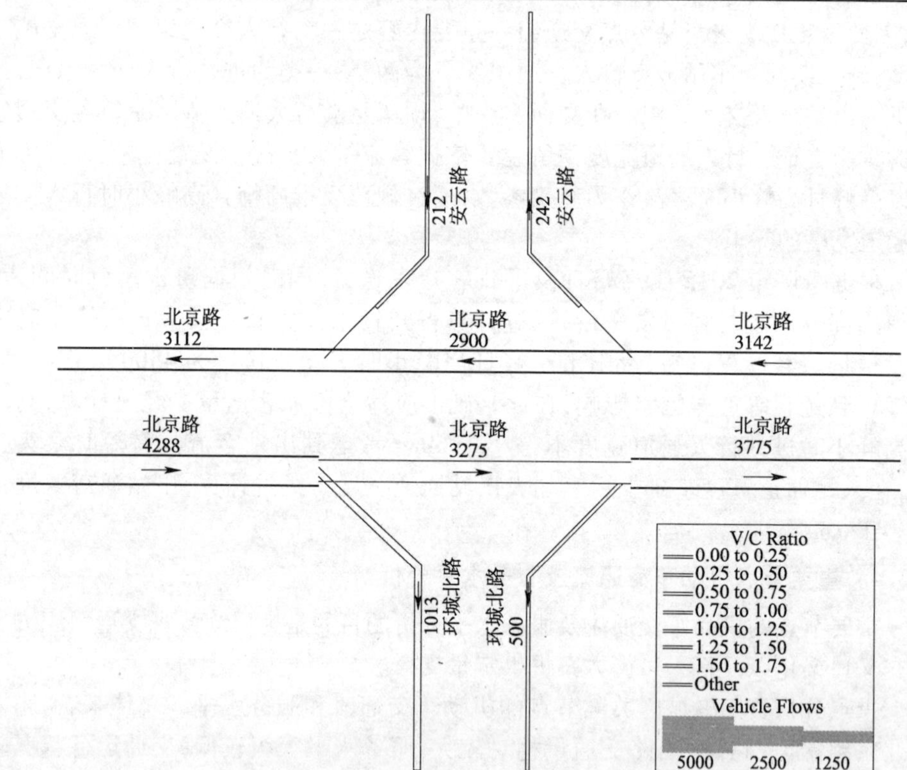

图 5-25　北京路与环城路节点流量及服务水平情况

(2)延安路与公园路节点

东西向延安路进出口交通流量较大,服务等级大多为 D 或 E 级,交通流接近或处于不稳定流,服务水平较差;南北向公园路交通流量相对较小,服务等级大多为 B ~ E 级,服务水平相对良好。具体如表 5-9、图 5-26 所示。

延安路与公园路节点流量及服务水平情况　　表 5-9

进　出　口		通行能力	流量	V/C	服务等级
东口	进口	1763	1560	0.88	D
	出口	2526	1572	0.62	B
南口	进口	1763	1008	0.57	B
	出口	1112	936	0.84	D
西口	进口	1763	1434	0.81	D
	出口	1291	1278	0.99	E
北口	进口	1763	834	0.47	B

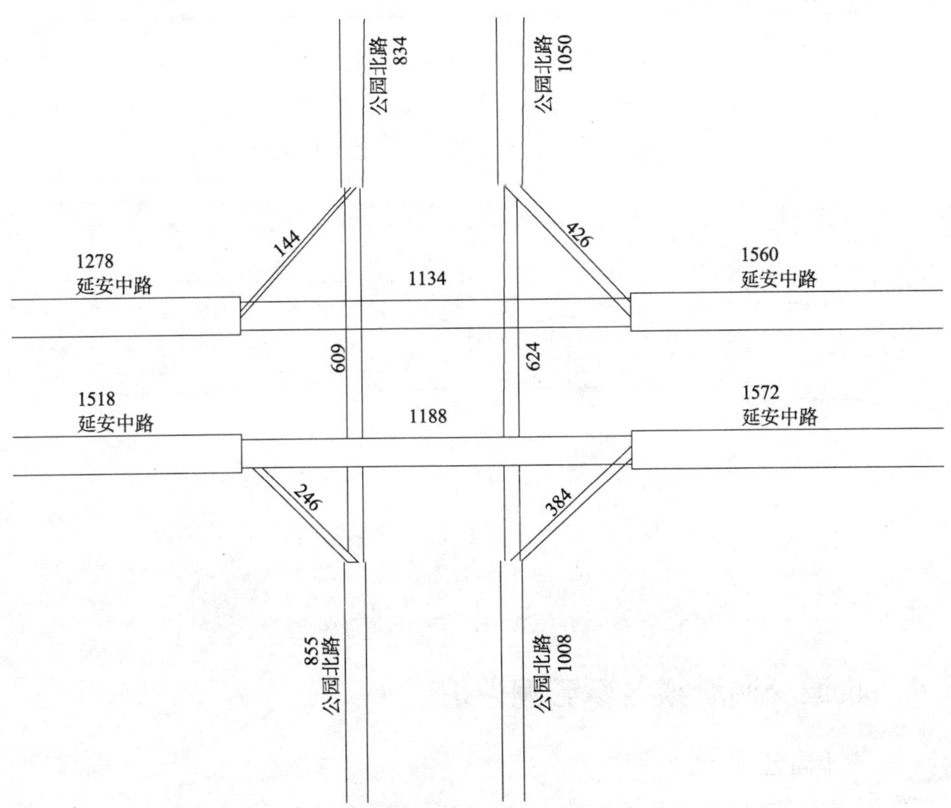

图 5-26　延安路与公园路节点流量及服务水平情况

(3)中山路与公园路节点

西口、北口交通流量较大,服务等级大都在 D 级以上,交通流接近或处于不稳定流,服务水平较差;东口、南口交通流量相对较小,服务等级大多为 B ~ E 级。具体如表 5-10、图 5-27 所示。

中山路与公园路节点流量及服务水平情况　　表5-10

进出口		通行能力	流量	V/C	服务等级
东口	进口	1219	666	0.55	B
	出口	1182	630	0.53	B
南口	进口	1408	978	0.69	C
	出口	2272	780	0.34	A
西口	进口	1711	1358	0.79	D
	出口	1517	1400	0.92	E
北口	进口	1088	1242	1.14	F
	出口	1539	1280	0.83	D

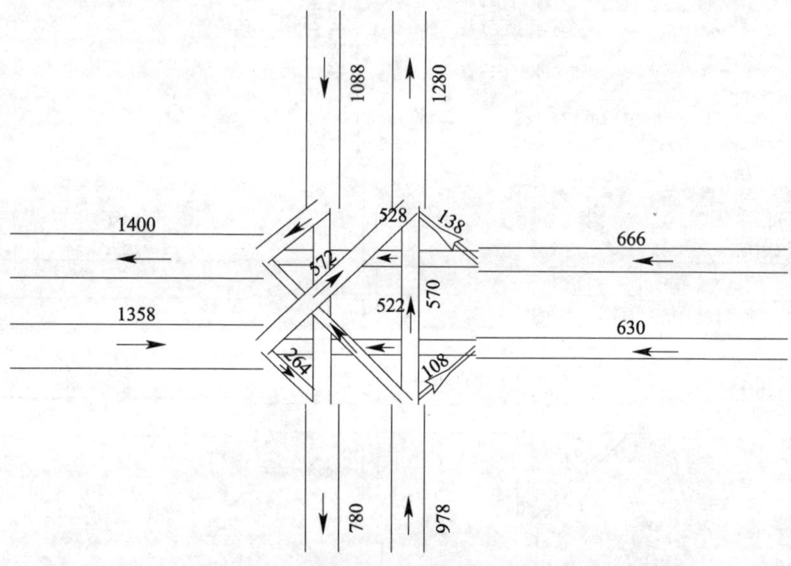

图5-27　中山路与公园路节点流量及服务水平情况

5.4　轨道交通沿线区域影响评价

5.4.1　观山湖区

①轨道交通1号线观山湖区段沿线区域路网功能完善，道路设施良好，通行能力富裕，服务水平较高。

②受用地开发进度和配套设施完善程度的影响，短期内交通出行需求不高，但增长趋势将日渐加强。

③观山湖区片区交通流量比较大的方向为南北向，其中白云—观山湖区—三桥—二桥—客车站—延安路—宝山路走廊为城市重要客运走廊；林城路施工对南

北向交通有较大影响。

④林城路沿线用地西弱东强、北高南低，北侧道路网络发达。

⑤现状 G210 路况较差，同时也是片区唯一对外通道，轨道交通施工对片区交通影响有限，但给居民出行造成不便。

5.4.2 老城区

①沿线用地以居住、商业为主，都司路—中山路路段为贵阳市公共服务商业开发密集区域，此外途经贵阳市大型对外交通枢纽站——火车站。

②沿线与城市多条主次干道相交，东西向北京路、延安路、中山路道路交通功能极为重要。

③轨道交通途经道路具有双重交通功能，环城路、合群路、公园路成为沿线商业设施的唯一出入口。

④沿线道路至少有 3 条以上公交线路运行，但大部分线路仅停靠 1 个公交站点。

5.4.3 小河区

①小河区沿线用地形态呈“带状”，南北向道路为该区域的主要交通通道。

②沿线用地以居住为主，且分布有多个大型居住社区。

③与珠江路平行的道路仅有黔江路及沙冲路，但东西向的通道缺乏，因此珠江路成为沿线用地出入的唯一通道。

6 轨道交通施工对交通的影响分析

轨道交通施工对交通的影响分析主要采取从中观到微观的思路。中观层面主要是对轨道交通施工沿线的交通影响进行分析，微观层面主要是对站点施工和区间施工的交通影响进行分析。首先，根据轨道交通途经区域的功能定位和交通运行状况，结合轨道交通施工方案特点，对轨道交通施工沿线的交通影响情况进行判断，明确对沿线哪些路段影响较大，对哪些路段影响较小。其次，对轨道交通站点施工的交通影响进行分析，包括对站点周边机动车、行人通行条件的影响和对周边设施出入条件的影响。最后，对轨道区间施工的交通影响分析，主要是判断暗挖竖井位置对交通是否有影响。由于各个片区的重要性和对交通影响的程度差异，采用的交通影响分析方法也不完全相同。

6.1 轨道交通施工方案

轨道交通施工方案包括站点和区间的施工方法（明挖、暗挖、高架等）、施工周期、施工围挡位置、竖井的位置等。下面以贵阳轨道交通 1 号线施工方案为例进行说明。

贵阳轨道交通 1 号线途经观山湖区、老城区和小河区，各区域轨道交通施工方案如图 6-1 ~ 图 6-3、表 6-1 ~ 表 6-3 所示。

6.1.1 观山湖区（图 6-1、表 6-1）

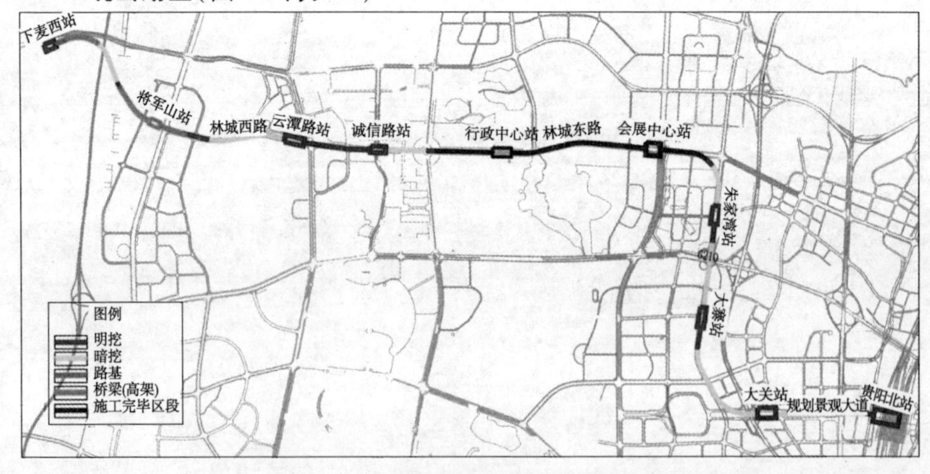

图 6-1 观山湖区轨道交通施工方案示意图

观山湖区区间及站点施工方案 表 6-1

站点或区间	施工方法	交通影响分析
下麦西站	明挖	基本无影响
下麦西站—将军山站	高架+明挖+暗挖	
将军山站—云潭路站	明挖+暗挖	有影响
云潭路站	明挖	影响较大
云潭路站—诚信路站	明挖	
诚信路站	明挖	
诚信路站—行政中心站(部分)	暗挖+明挖	
朱家湾站	明挖	
朱家湾站—大寨站	明挖+暗挖	
大寨站	明挖	基本无影响
大寨站—大关站	明挖+暗挖	
大关站	暗挖	
大关站—贵阳北站	明挖	
贵阳北站	明挖	

6.1.2 老城区(图 6-2、表 6-2)

老城区区间及站点施工方案 表 6-2

车站或区间	施工方法	施工周期(月)	交通影响程度
贵阳北站—雅关站	高架+暗挖+路基	—	无
雅关站	高架	26	无
雅关站—蛮坡站	路基+高架+暗挖	—	无
蛮坡站	明+暗挖		较小
蛮坡站—安云路站	暗挖	—	无
安云路站	明+暗挖	27	有影响
安云路站—北京路站	暗挖	—	无
北京路站	明挖	26	影响较大
北京路站—延安路站	暗挖	—	无
延安路站	明挖	26	影响较大
延安路站—中山路站	暗挖	—	无
中山路站	明挖	27	影响较大
中山路站—人民广场站	暗挖	—	无

续上表

车站或区间	施工方法	施工周期(月)	交通影响程度
人民广场站	明＋暗	27	有影响
人民广场站—火车站站	暗挖	—	无
火车站站	明挖	29	影响较大
火车站站—沙冲路站	暗挖	—	无
沙冲路站	明挖	27	有影响

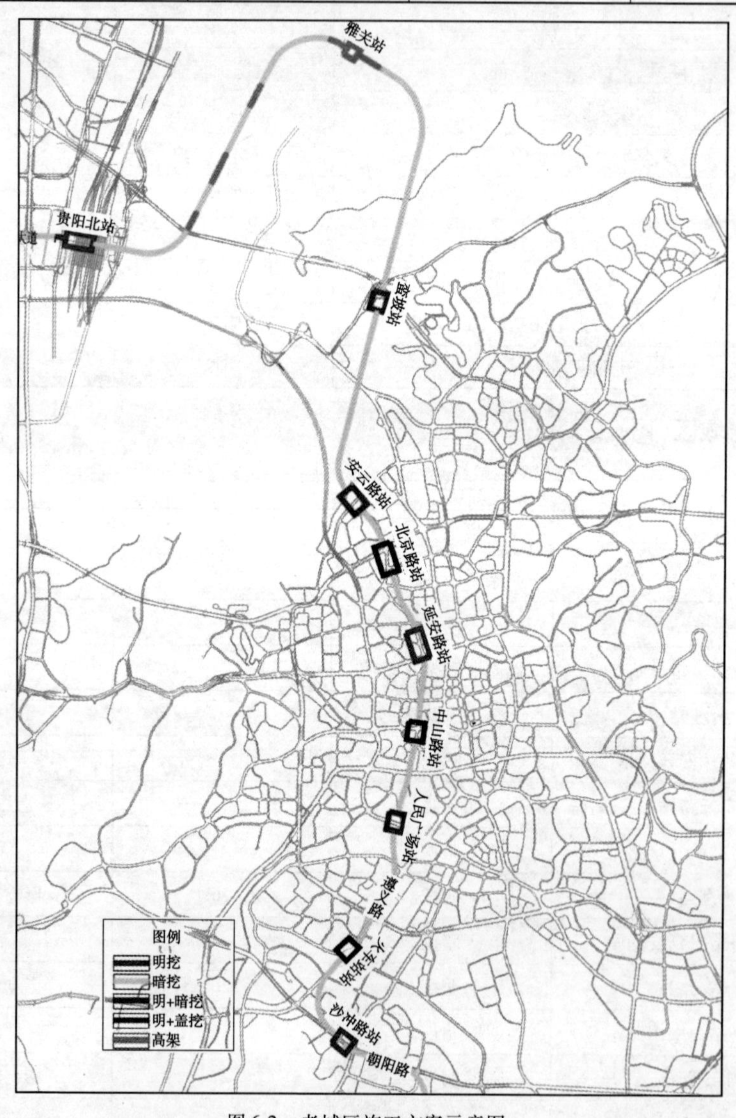

图6-2　老城区施工方案示意图

6.1.3　小河区（图6-3、表6-3）

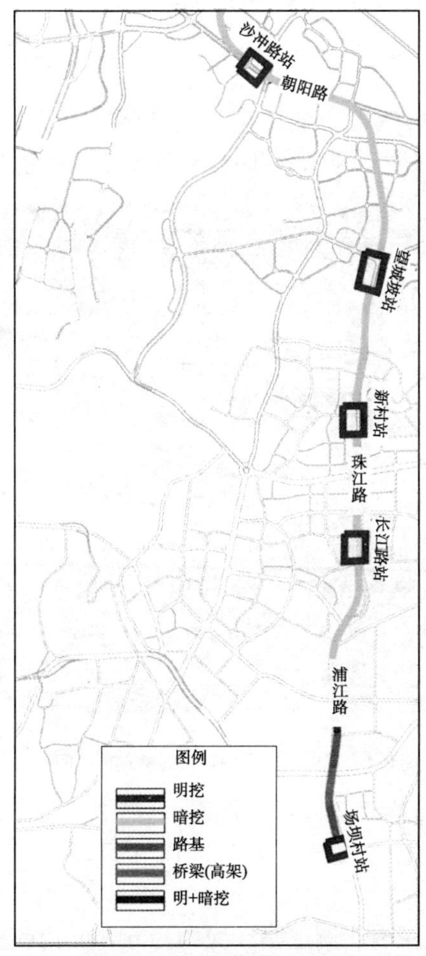

图6-3　小河区施工方案示意图

小河区区间及站点施工方案　　表6-3

车站或区间	施工方法	施工周期（月）	交通影响程度
沙冲路站—望城坡站	暗挖	—	无影响
望城坡站	明挖	36	有影响
望城坡站—新村站	暗挖	—	无影响
新村站	明挖	17	有影响
新村站—长江路站	暗挖	—	无
长江路站	明挖	17	有影响
长江路站—场坝村站	暗挖＋明挖＋高架＋路基	—	有影响
场坝村站	明挖	26	无影响

6.2 轨道交通施工沿线交通影响分析

6.2.1 观山湖区

观山湖区整体来看,轨道交通施工对交通影响较大的区域主要集中在云潭路—诚信路站、绿色未来附近80m的明挖区间以及朱家湾站,如图6-4所示。

图6-4 观山湖区影响较大的站点及区间位置

6.2.1.1 云潭路—诚信路站交通影响分析

该段施工方法为明挖,总的施工周期为18个月。

(1)0~3个月

施工期间围挡边线距离北侧道路红线约为6.6m,南侧路幅全部被围挡,6.6m的空间基本能保证双向两车道通行。交叉口处仅有云潭路南北双向四车道通行条件,但道路线形较差。具体如图6-5、图6-6所示。

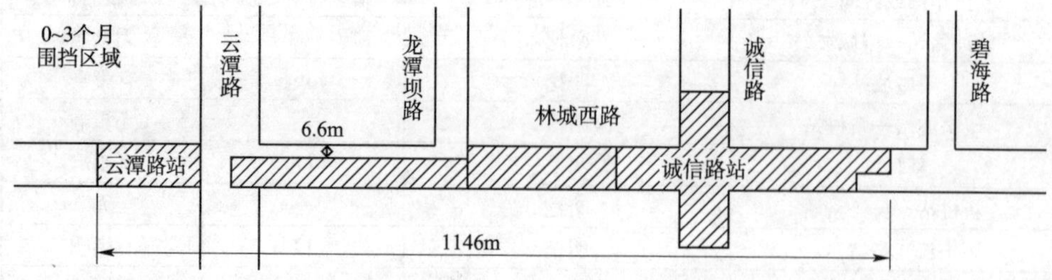

图6-5 云潭路站—诚信路站0~3个月围挡区域

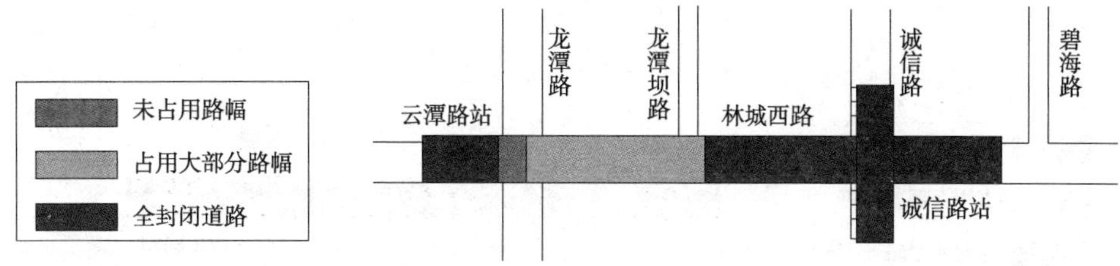

图 6-6 云潭路站—诚信路站 0～3 个月交通影响状况

(2)3～6 个月

与 0～3 个月相比,云潭路交叉口处由于倒边施工,云潭路方向通行由原来的左侧改为了右侧。具体如图 6-7、图 6-8 所示。

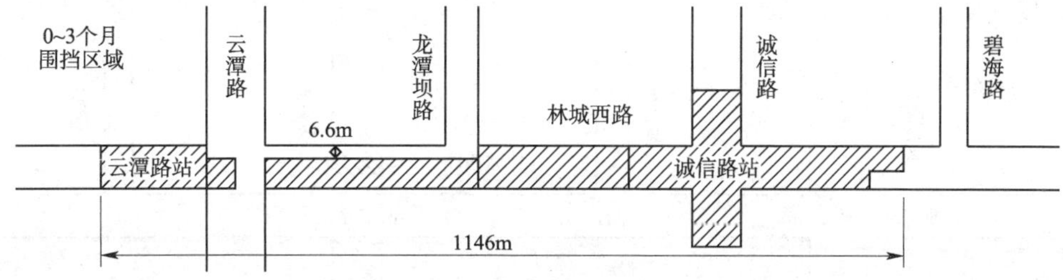

图 6-7 云潭路站—诚信路站 3～6 个月围挡区域

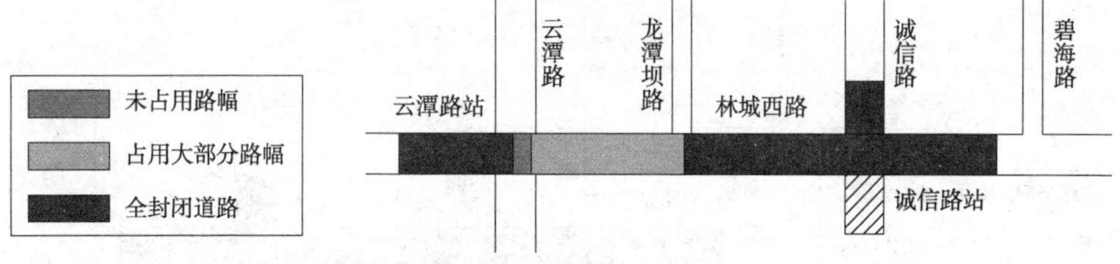

图 6-8 云潭路站—诚信路站 3～6 个月交通状况

(3)6～15 个月

云潭路方向恢复了原来的交通条件,其余未发生变化。具体如图 6-9、图 6-10 所示。

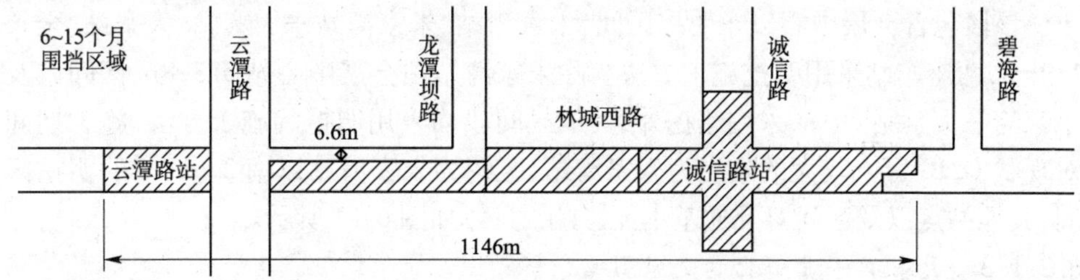

图 6-9 云潭路站—诚信路站 6～15 个月围挡区域

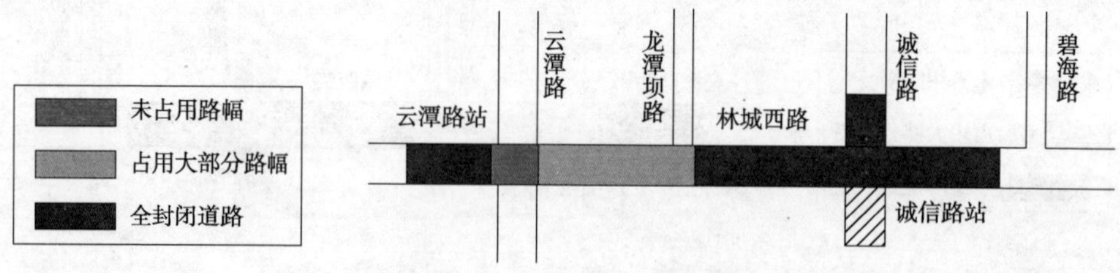

图 6-10 云潭路站—诚信路站 6 ~ 15 个月交通状况

(4)15 ~ 18 个月

林城西路恢复了原来的交通条件,仅诚信路还不能通行。具体如图 6-11、图 6-12所示。

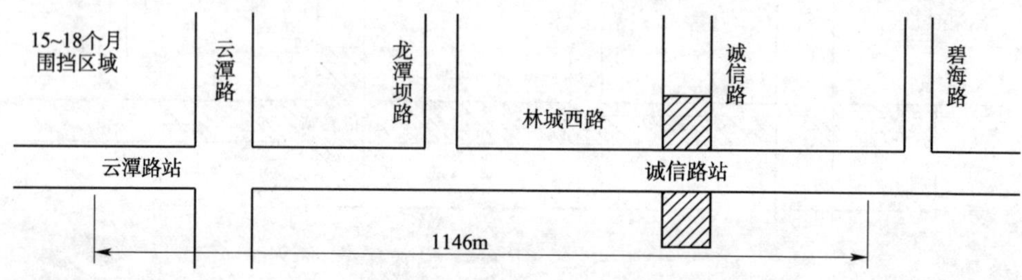

图 6-11 云潭路站—诚信路站 15 ~ 18 个月围挡区域

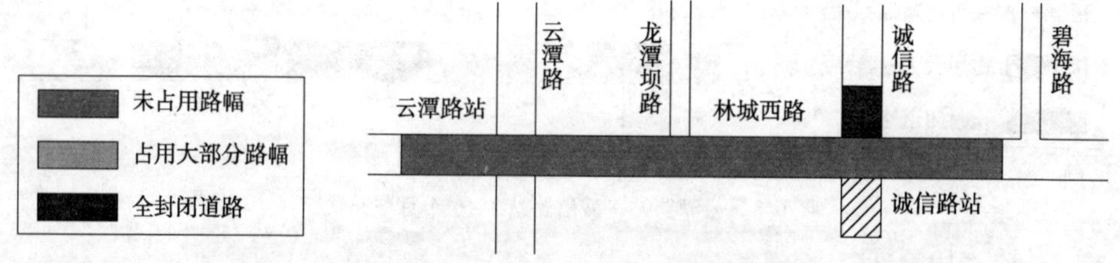

图 6-12 云潭路站—诚信路站 15 ~ 18 个月交通状况

6.2.1.2 会展中心站以东明挖区间—大寨站交通影响分析

该段包含会展中心以东明挖区间、朱家湾站、朱家湾站—大寨站、大寨站,全长 1.9km,两座车站采用明挖施工方法。除朱家湾站往会展中心站 523.8m 区间以及朱家湾—大寨站 601m 采用暗挖外,其他区间段均采用明挖的施工方法,施工期间对现状 G210 影响较大的站点为朱家湾站、区间为朱家湾站以南 246.2m 的明挖区间,其他站点以及区间对交通基本无影响。具体如图 6-13 所示。

6.2.1.3 大寨站—贵阳北站交通影响分析

该段除两个站点以及大寨站以南 242.35m 的区间采用明挖外,其他区间段均采用暗挖的施工方法,对现状 G210 交通无任何干扰。具体如图 6-14 所示。

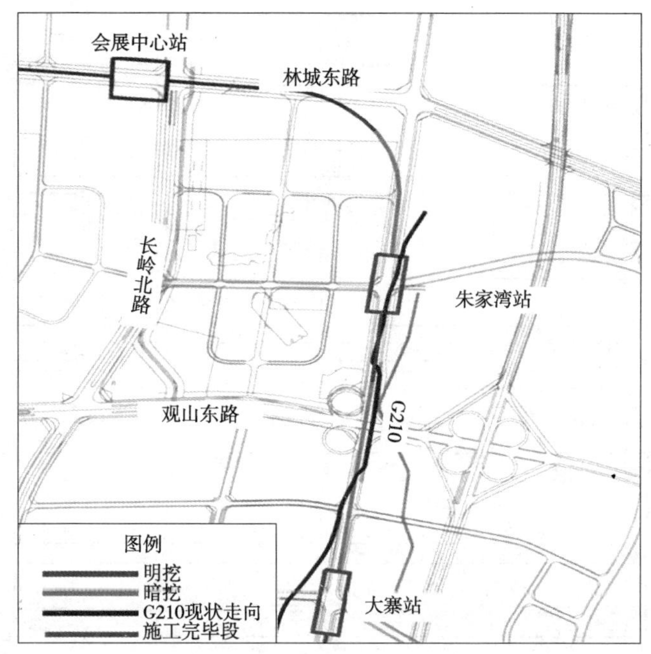

图 6-13 会展中心站—大寨站施工方案以及交通影响分析

图 6-14 大寨站—贵阳北站施工方案以及交通影响分析

6.2.2 老城区

老城区不仅集中了大量的人口和岗位，而且有医院、学校、军事单位、政府部门等重要设施，轨道交通施工的影响波及范围大，持续时间长，因此除了定性的分析外，还需要定量的分析。贵阳老城区轨道交通沿线老城区段主要为八鸽岩路到都司路。老城区轨道交通的施工周期总共为 27 个月，可以划分为 6 个时间段。各时间段公园路沿线道路通行情况如图 6-15、图 6-16 所示。

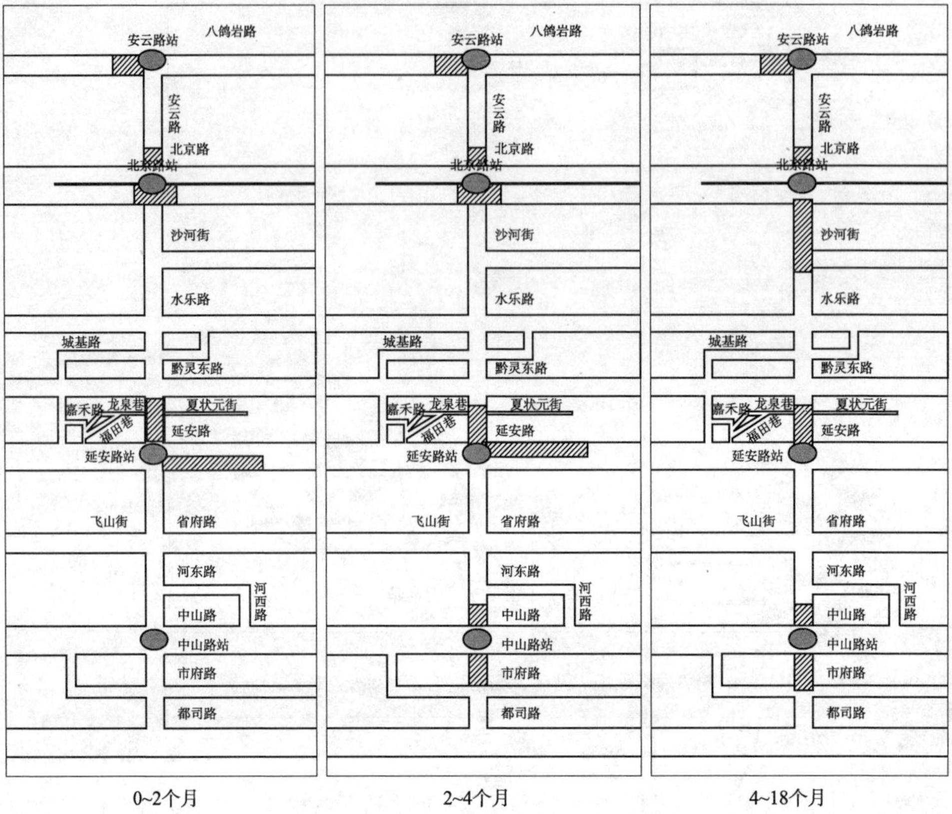

0~2个月　　2~4个月　　4~18个月

图 6-15　老城区段施工前三个时间段公园路沿线道路通行情况

6.2.2.1　不同阶段施工对路网服务水平的影响

1)0 ~2 个月施工期交通影响分析

在最初 2 个月施工期,八鸽岩路和合群路部分路段(黔灵东路和延安路之间)完全断交,路网的交通状况如图 6-17 所示。D 级及以上路段的比例由 49.2% 增加至 52.4%,老城区交通状况明显恶化,如图 6-18 所示。

2)2 ~4 个月施工期交通影响分析

在第 2 ~4 个月施工期,新增合群路的省府路至中山路以及中山路至都司路段断交,路网的交通状况如图 6-19 所示。D 级及以上路段的比例由现状的 49.2% 增加至 53.2%,老城区交通状况进一步恶化,如图 6-20 所示。

3)4 ~18 个月施工期交通影响分析

在第 4 ~18 个月施工期,合群路的北京路至沙河街路段完全断交,其他和前一个施工期大体相同。由于安云路和黔灵东路以南的合群路在前一施工期已经断交,新增加的断交路段对整个路网的交通状况不会有大的影响。所以 D 级及以上路段的比例为 53.6%,变化不大,如图 6-21 所示。

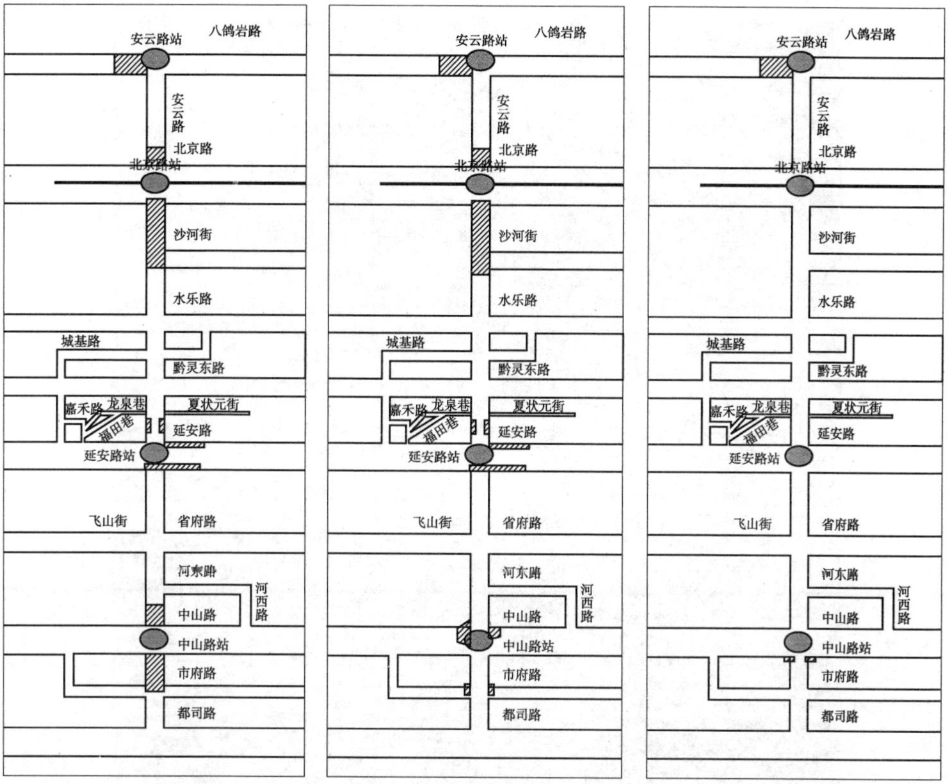

18~20个月　　20~26个月　　26~27个月

图 6-16　老城区段施工后三个时间段公园路沿线道路通行情况

4)18 ~20 个月施工期交通影响分析

在第 18 ~20 个月施工期,黔灵东路和延安路之间的合群路恢复通车,其他与前一个施工期大体相同。由于合群路部分路段已经恢复通车,所以路网交通状况有一定的改善。D 级及以上路段的比例由上一阶段的 53.6% 降低为 50.4%,如图 6-22 所示。

5)20 ~26 个月施工期交通影响分析

在第 20 ~26 个月施工期,位于省府路与都司路之间的合群路基本恢复通行。由于省府路与都司路之间的合群路恢复通车,路网整体的交通状况有所改善。所以,D 级及以上路段的比例由上一阶段的 50.4% 降低为 50.0%,如图 6-23 所示。

6)26 ~27 个月施工期交通影响分析

在第 26 ~27 个月施工期,除八鸽岩路仍然处于断交状态外,其余路段都恢复至施工前的状态。路网的整体状况相对于施工前变化不大,D 级及以上路段的比例由施工前的 49.2% 增加为 49.6%,如图 6-24 所示。

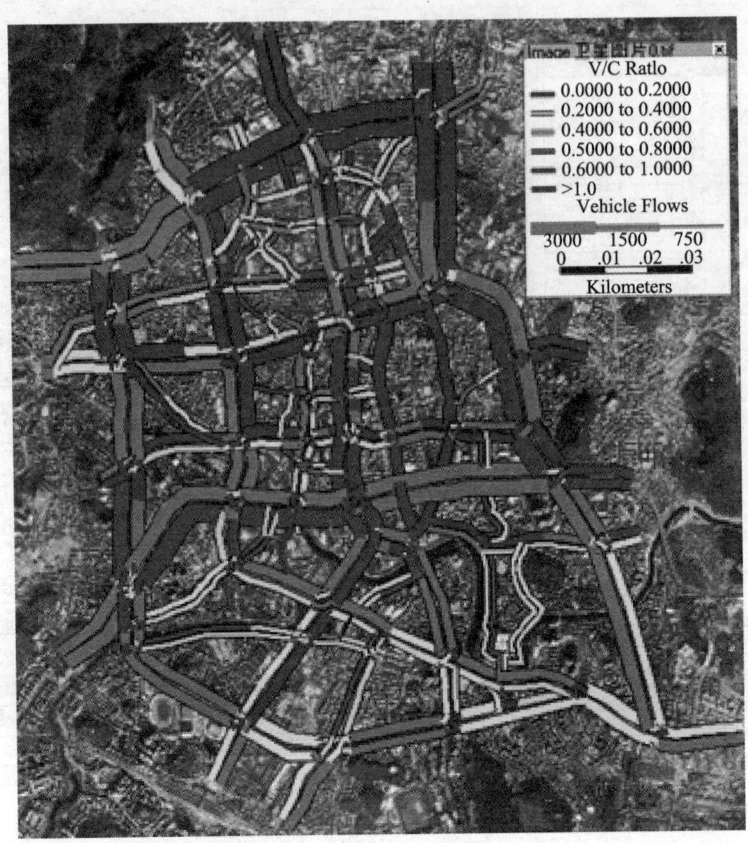

图 6-17　0～2 个月老城区路网交通状况

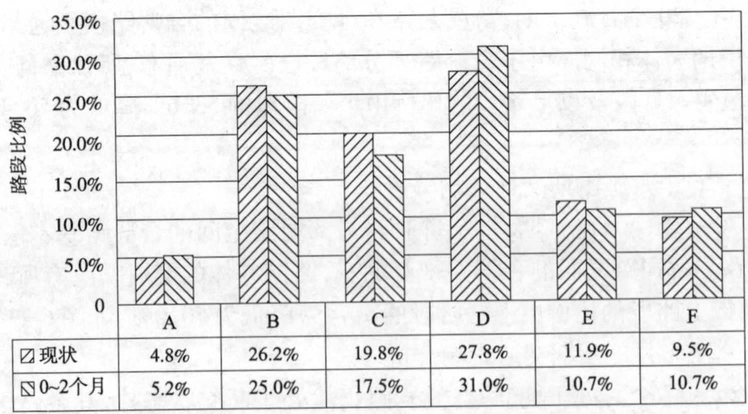

	A	B	C	D	E	F
▨ 现状	4.8%	26.2%	19.8%	27.8%	11.9%	9.5%
▧ 0~2个月	5.2%	25.0%	17.5%	31.0%	10.7%	10.7%

图 6-18　0～2 个月不同服务水平路段比例变化

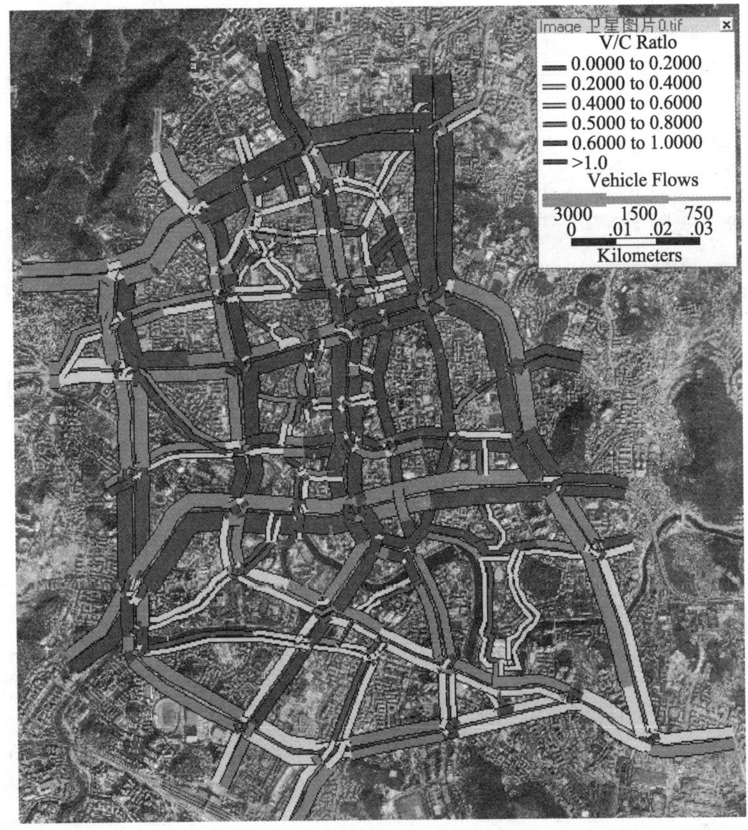

图 6-19 2～4 个月施工期老城区路网交通状况

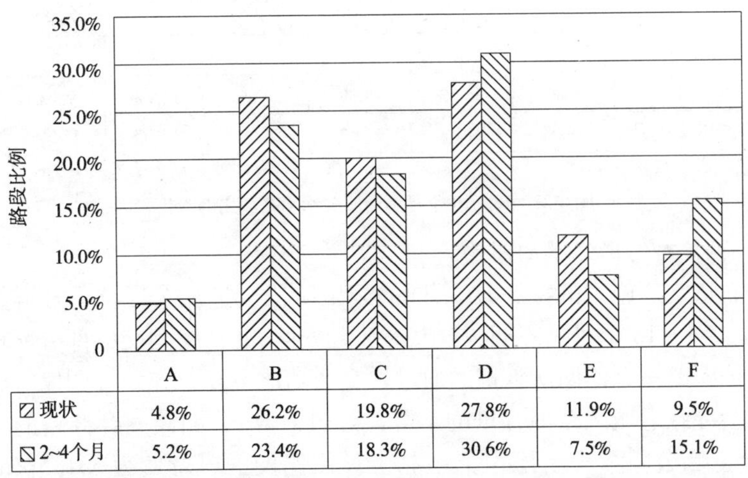

	A	B	C	D	E	F
现状	4.8%	26.2%	19.8%	27.8%	11.9%	9.5%
2~4个月	5.2%	23.4%	18.3%	30.6%	7.5%	15.1%

图 6-20 2～4 个月施工期不同服务水平路段比例变化

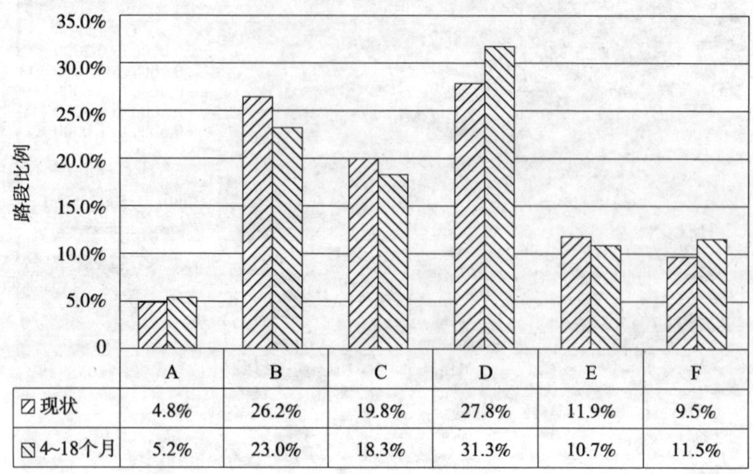

	A	B	C	D	E	F
现状	4.8%	26.2%	19.8%	27.8%	11.9%	9.5%
4~18个月	5.2%	23.0%	18.3%	31.3%	10.7%	11.5%

图 6-21　4 ~ 18 个月不同服务水平路段比例变化

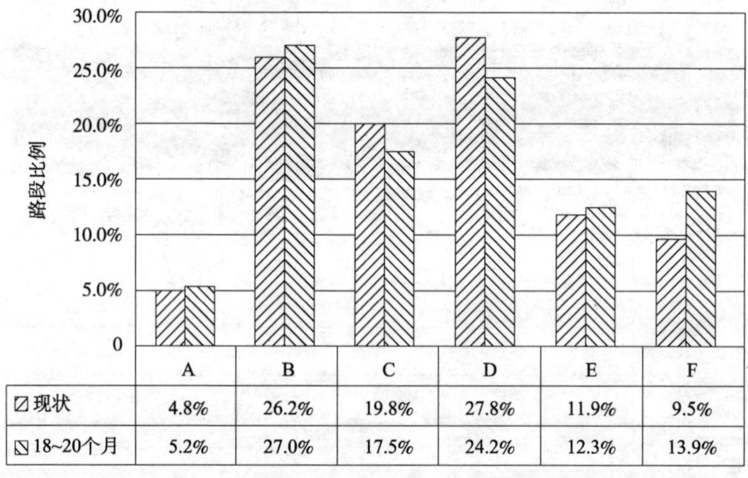

	A	B	C	D	E	F
现状	4.8%	26.2%	19.8%	27.8%	11.9%	9.5%
18~20个月	5.2%	27.0%	17.5%	24.2%	12.3%	13.9%

图 6-22　18 ~ 20 个月不同服务水平路段比例变化

6.2.2.2　施工对路网容量的影响

根据轨道交通施工的特点，在不同的施工阶段会造成公园路—合群路部分路段断交，如在 4 ~ 18 个月施工期，与中山路、延安路、北京路相交的部分路段完全断交，因此，公园路—合群路所承担的通过性交通功能不复存在。公园路—合群路的断交必然会导致老城区路网容量的下降。经过测算，公园路—合群路的车道长度为 16768m。当公园路—合群路断交时，老城区路网的容量变为 33135pcu/h，下降了 5.3%。

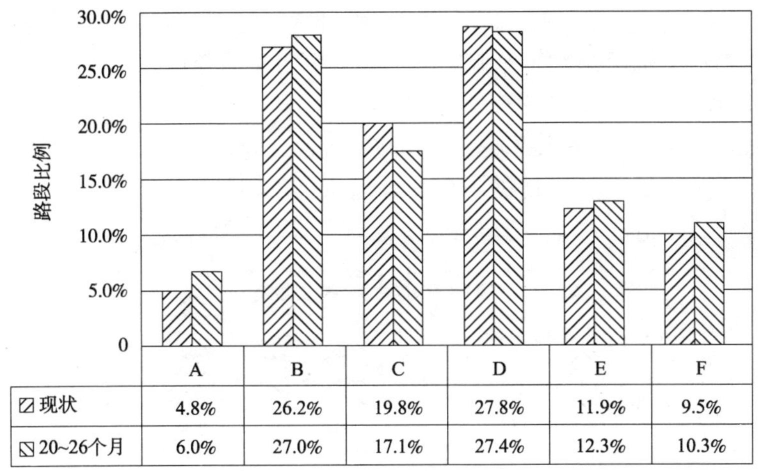

图 6-23　20 ~ 26 个月不同服务水平路段比例变化

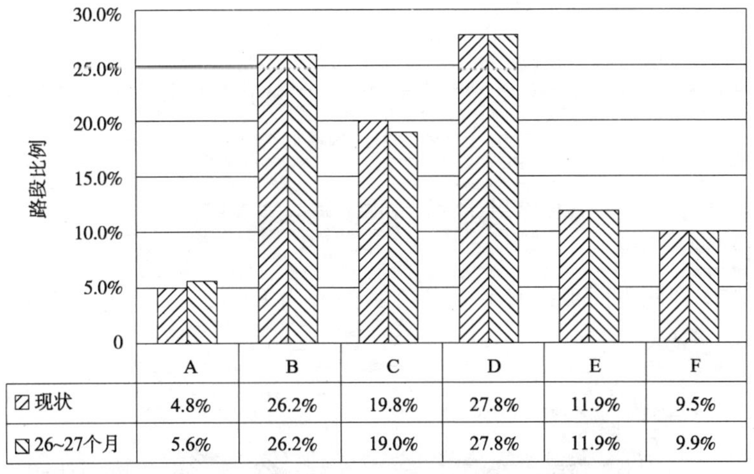

图 6-24　26 ~ 27 个月不同服务水平路段比例变化

轨道交通施工除导致公园路—合群路断交外，东西向的北京路、延安路、中山路，由于车道数的减少或者道路线形变差，导致通过能力降低。综合考虑各施工站点围挡情况，这些道路的通行能力整体会降低约 20%，在此情况下，路网容量会进一步降低。经过测算，在公园路—合群路断交，与之相交的北京路、延安路、中山路通行能力降低 20% 的情况下，路网容量变为 32978 pcu/h，与施工前相比下降了 5.8%。

6.2.2.3　施工对路网主干道的影响

瑞金路和中华路是与公园路—合群路平行的两条重要城市主干道，当公园路—合群路由于轨道建设施工的影响断交或通行能力锐减后，这两条道路将分担主要的交通流。在不同的施工阶段，瑞金路（北京路至都司路）和中华路（八角岩路至都司路）的交通流量和道路服务水平会发生明显的变化。

1）中华路

中华路双向平均服务水平在不同的施工阶段变化不相同，总体看在2～4个月变化最为明显，由施工前的D级变为E级，如图6-25所示。

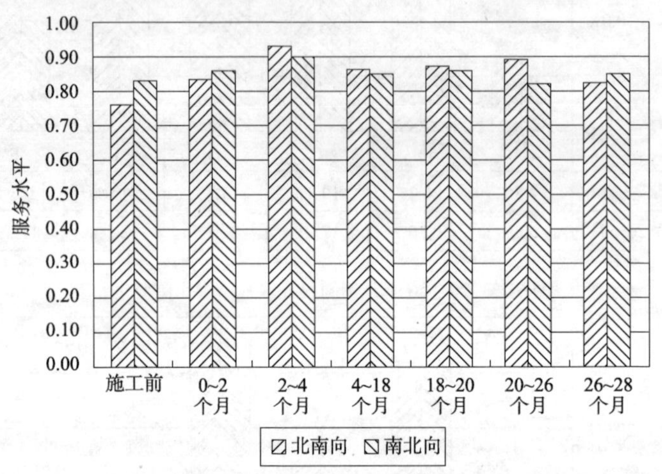

图6-25　中华路在不同施工阶段服务水平变化

2）瑞金路

瑞金路南到北方向平均服务水平由D级变为E级，北到南方向由C级变为D级，如图6-26所示。

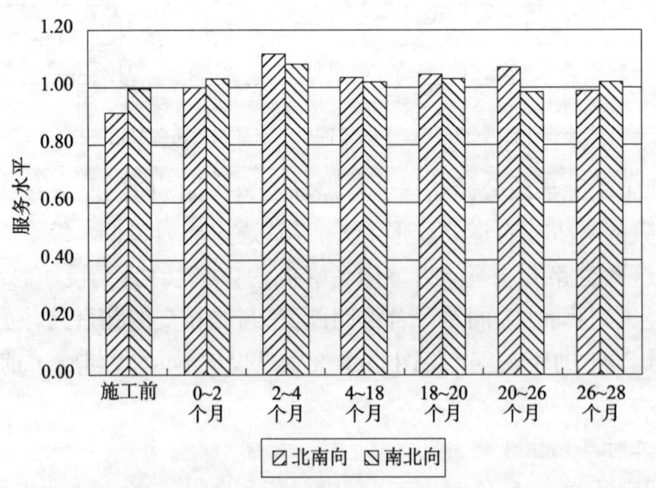

图6-26　瑞金路在不同施工阶段服务水平变化

6.3 单个站点施工交通影响分析

6.3.1 云潭路站

该站施工期间将占用全部路幅，围挡时间约为15个月。轨道站点以西的施工车辆以及村民无法通行，受影响较大。同时，该站施工期间，将占用云潭路与林城路交叉口半幅空间。东口仅剩6.6m道路空间，对东口的通行能力影响较大。一期先施工段围挡区域至路缘石边线距离约为28.31m，二期围挡区域至路缘石边线距离约为24.8m，施工期间基本能保证南北方向通行，但交通组织流线较差，东西口基本不具备通行条件。具体如图6-27、图6-28所示。

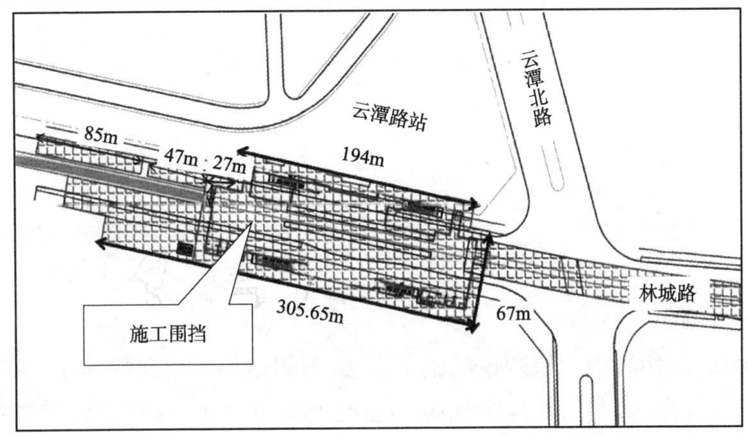

图6-27 云潭路站施工围挡区域

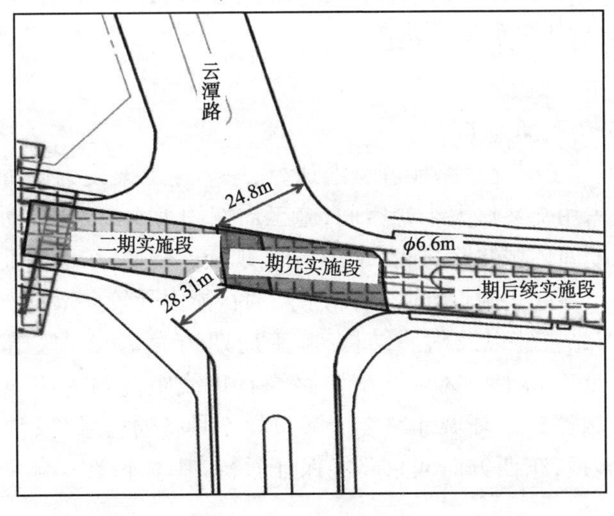

图6-28 施工对云潭路与林城路交叉口的影响

6.3.2 蛮坡站

本站施工方法采用明挖暗挖相结合,施工期间周边建筑物需被拆除,交通影响只涉及1条现状5m左右的入村道路,对外围交通无影响。具体如图6-29所示。

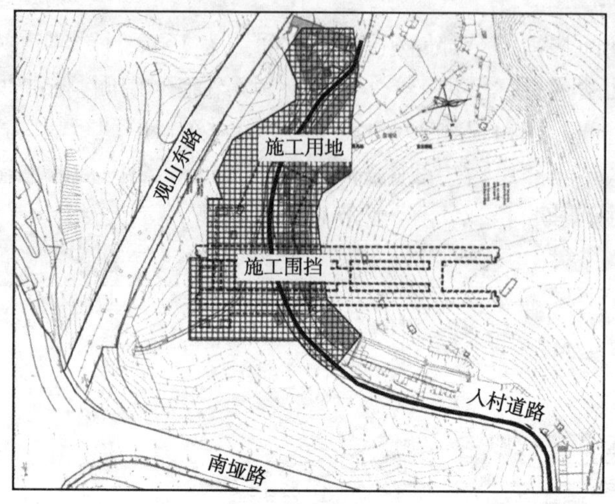

图6-29 蛮坡站施工方案及交通影响分析

6.3.3 安云路站

该站主体结构采用明挖暗挖的施工方法,附属结构采用明挖施工,施工周期约为27个月。在施工期间,主体结构施工场地主要布置在八鸽岩路,附属结构主要布置在八鸽岩路两侧。该站点施工期间八鸽岩路及安云路断交,同时交叉口部分用地出入口被占用,居民无法出入,八鸽岩路单边临时公交站点被拆除。安云路站施工交通影响分析如图6-30所示。

6.3.4 北京路站

该站点共分为两期施工。

为保证后期施工时北京路能够交通通行,一期施工架设钢便桥范围内围护结构,施工期间将占用交叉口大半幅空间,施工周期约为4个月,机动车可通行空间剩余9m。施工期间环城北路与北京路无法实现交通转换,东西向北京路能保证通行,施工点位于下穿起止附近,施工期北京路通行能力受较大影响。

二期施工车站主体以及附属结构,施工周期约为22个月,施工期间南口和北口全部封闭,北京路围挡区域至南侧路缘石边线距离约为30m。二期施工期间,南北向的安云路以及环城北路在交叉口处不具备通行条件;沙河街与环城路无法实现交通转换,东西方向北京路能保证通行,基本不受影响。具体如图6-31所示。

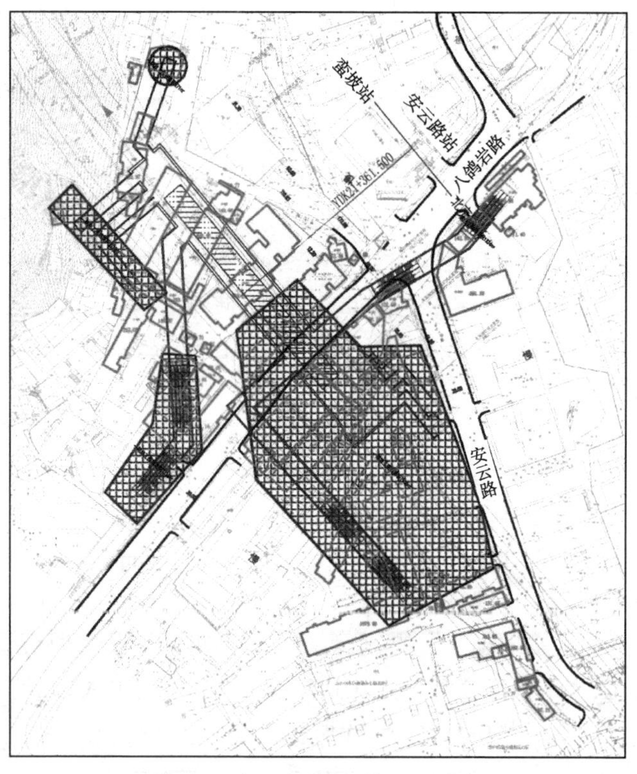

图 6-30 安云路站施工交通影响分析

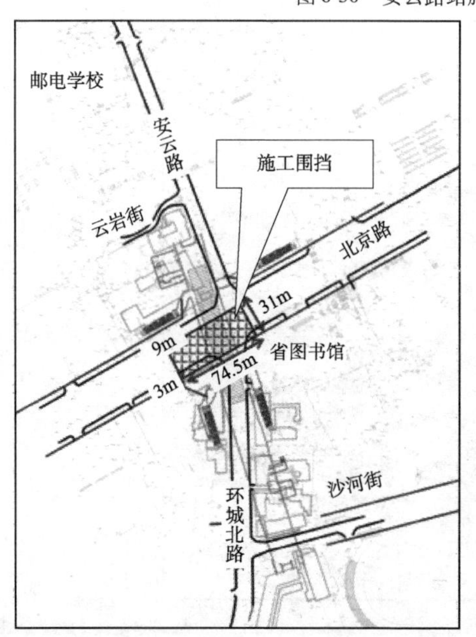

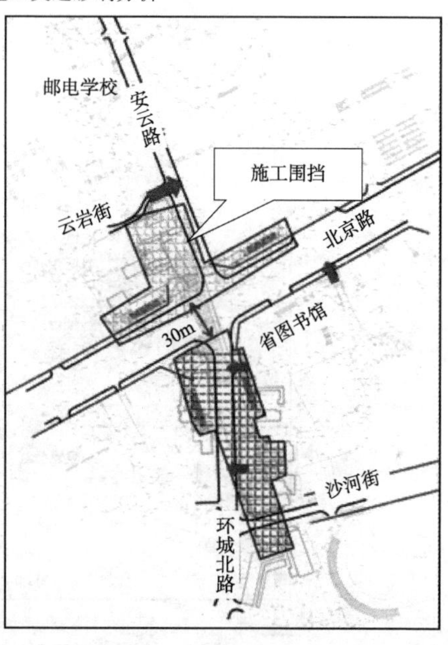

图 6-31 北京路站施工交通影响分析

6.3.5 延安路站

一期施工期间 1 号线、2 号线车站同时施工，一期施工车站主体结构，1 号线车站采用明挖施工方法，2 号线车站采用分幅盖挖施工方法，施工周期约为 18 个月。施工期间车站范围内合群路全部围挡，合群路断交。延安路剩余道路空间为 13m，在交叉口西口施工方法为铺盖施工。施工期间东西方向延安路上能保证交通通行，但通行能力受一定影响；南北向合群路交通完全中断，公园路在交叉口只能实现左右转向功能，对交通影响很大。此外，施工时该交叉口处的行人天桥将被拆除，行人跨过延安路受阻；部分支路龙泉巷与合群路无法实现交通转换；沿线用地多个出入口无法出入。

二期施工车站附属结构，1 号线车站施工点零星地分布于合群路两侧，2 号线车站施工点分布于延安路两侧，施工周期约为 8 个月；1 号线施工期间合群路路面交通恢复，施工期主要占用部分行人空间；2 号线施工期间占用延安路部分行人以及车行空间，同时交叉口南口剩余车道宽度仅为 2.66m，延安路行车道宽度为 15.3m。二期施工期间，可保证南北向合群路机动车正常交通通行，但部分支路如龙泉巷与合群路无法实现交通转换；东西向延安路可保证基本通行，但对通行能力有一定影响；公园北路进口处基本无法通行，对交通影响很大，此外沿线用地仍有部分无法出入。具体如图 6-32、图 6-33 所示。

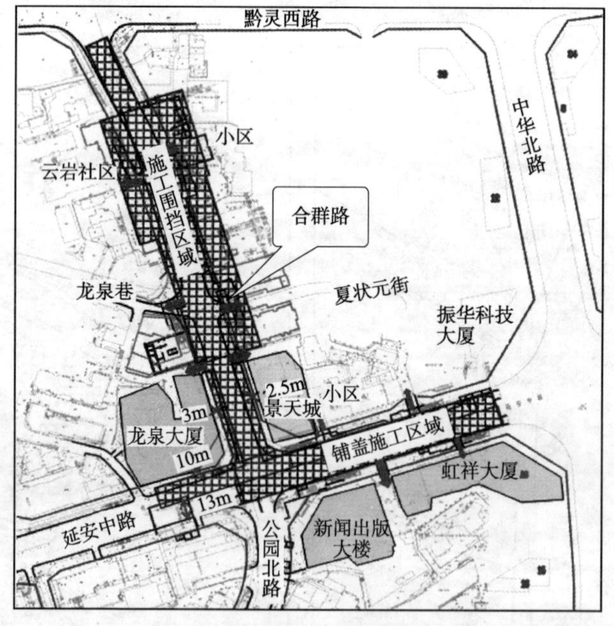

图 6-32 延安路站一期施工交通影响分析

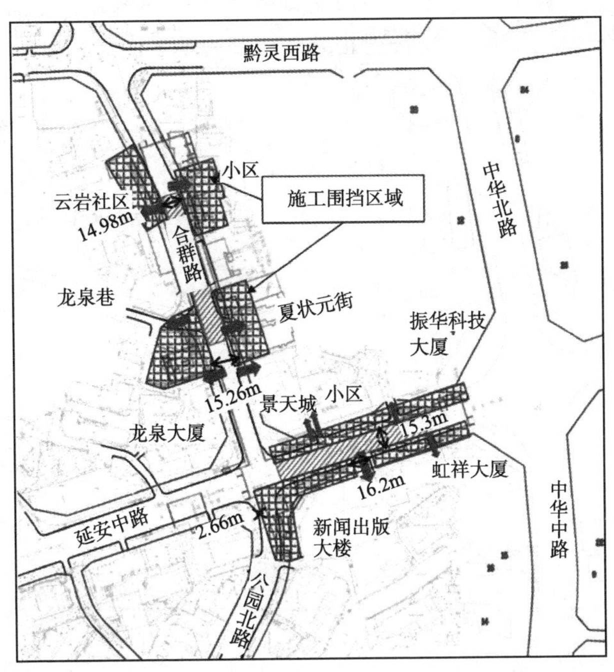

图 6-33 延安路站二期施工交通影响分析

6.3.6 中山路站

中山路站分为四期进行施工。一期为保证后期施工中山路通行，先在交叉口处小范围施工盖挖部分军便梁。一期施工设有两个方案，方案一基本完全占用交叉口空间，施工周期约为 2 个月；方案二采用分幅搭设军便梁，共分三期进行，方案二施工期间能保证中山路双向五车道通行空间，施工周期约为 2 个月。方案一围挡区域边缘距离交叉口东北侧路缘石 5.16m，距离东南侧路缘石 3.62m，距离西南侧路缘石 9.55m。施工期间，该交叉口机动车交通受到很大影响，东西向、南北向直行交通不能通行，转向交通受到不同程度影响。东、南、西进口仅能实现右转转向；北进口无法实现转向。

二期主要为车站主体结构施工，施工方法主要为明挖施工，施工周期约为 18 个月，二期施工期间，南、北进口交通完全中断，公园路丧失交通功能，同时沿线部分用地无法出入，东西向中山路通过一期实施的军用梁钢便桥保证直行交通通行。二期施工期间，能保证东西向中山西路直行交通通行，但南北向的公园路交通将被中断，同时恒力贵印大厦无法出入。

三期为大部分附属结构施工，施工周期约为 6 个月，围挡分为 4 个区域，其中西北角围挡区域基本占用西进口全部道路空间，距离路缘石仅 2.57m。东北角围

挡区域位于东进口，距离路缘石之间最窄处 8. 35m。西南角以及东南角围挡区域位于路缘石之外。围挡施工期间，南北向直行交通基本能够正常通行，但东西向交通中断，此外沿线部分用地将无法出入。

四期为剩余附属结构施工，将占用交叉口部分空间，施工周期约为 4 个月，两部分围挡区域间隔 13. 89m。施工期间，东西向和南北向直行交通不受影响，西进口右转、南进口左转和右转以及东进口左转流线线形不畅，同时部分行人空间被占用，行人无法通行。

具体如图 6-34 ~ 图 6-37 所示。

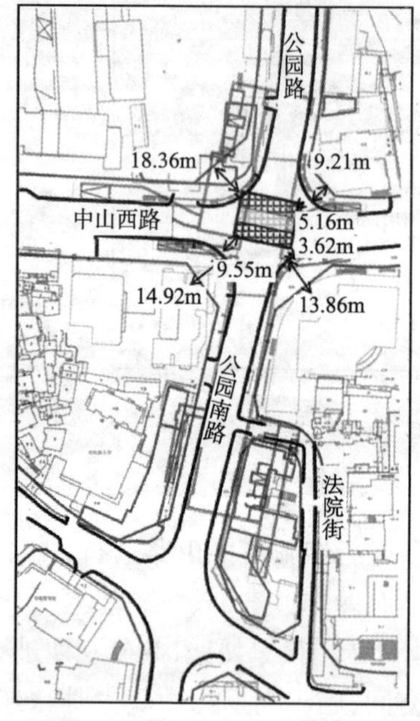

图 6-34　中山路站一期施工交通影响分析

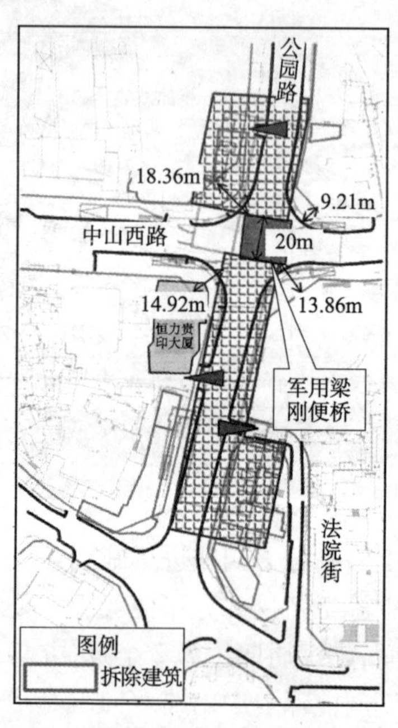

图 6-35　中山路站二期施工交通影响分析

6.3.7　人民广场站

该站主体结构施工方法采用明挖暗挖相结合的施工方法，瑞金路以南采用暗挖施工，以北采用明挖施工，一期施工车站主体结构施工周期约为 25 个月。一期施工期间瑞金南路上机动车交通基本不受影响，北侧部分行人空间被占用，该侧行人将无法通行。此外雪涯路无法连接瑞金南路，对雪涯路交通有一定影响，但可绕行至文化路。

二期为附属结构施工，施工周期约为 9 个月，施工期间，雪涯路在车站范围内完全被阻断。施工期间瑞金南路交通不受影响。雪涯路无法连接至瑞金南路，对雪涯路交通有一定影响。

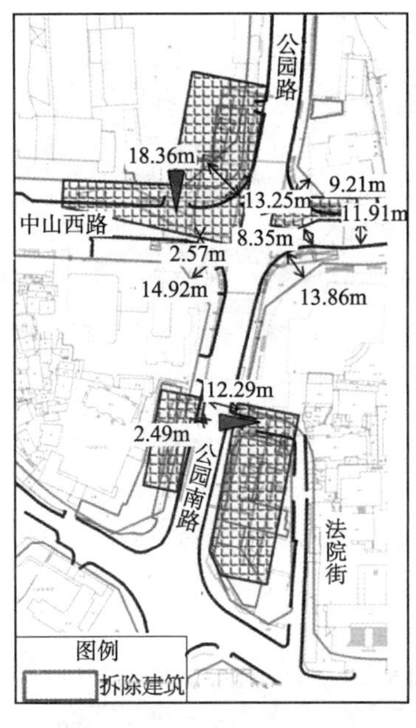

图 6-36 中山路站三期施工交通影响分析

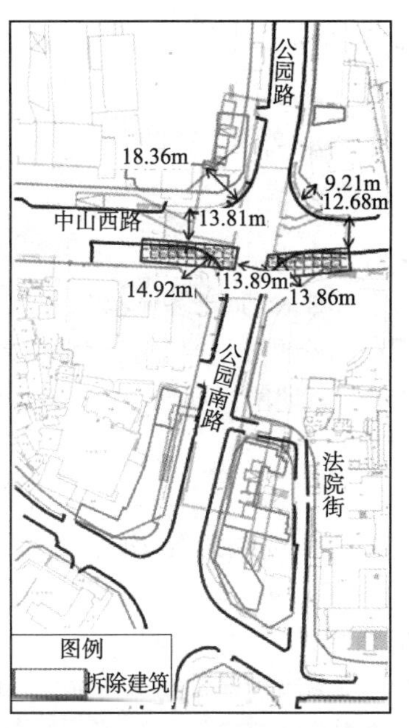

图 6-37 中山路站四期施工交通影响分析

具体如图 6-38、图 6-39 所示。

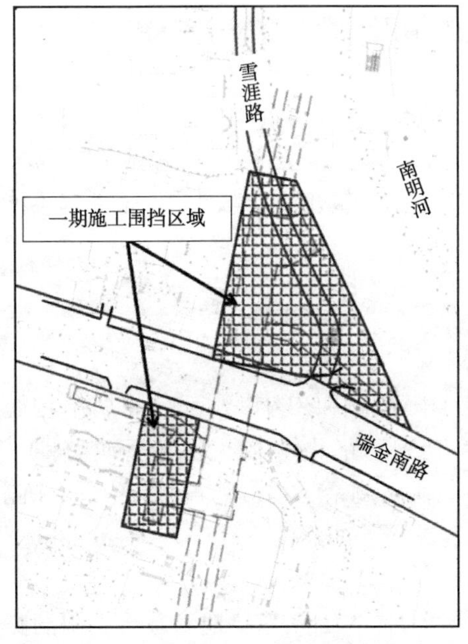

图 6-38 人民广场站一期施工交通影响分析

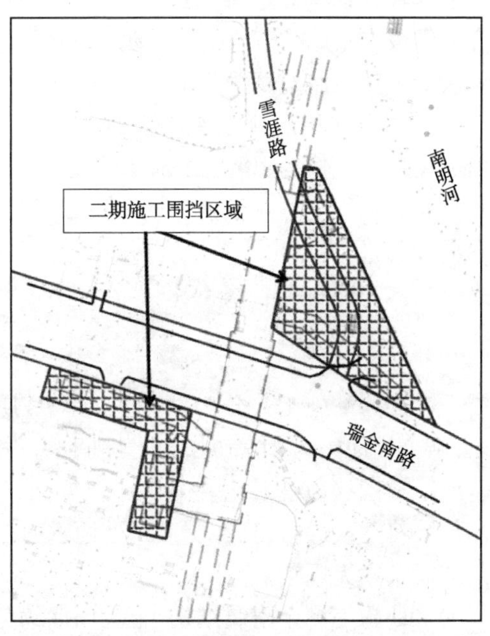

图 6-39 人民广场站二期施工交通影响分析

6.3.8 火车站站

该站点施工分为四期,一期主要为车站主体结构临时铺盖系统部分,施工周期约为20个月,施工场地将占用遵义路部分空间,围挡边界最远点至遵义路东侧路缘石距离约为22m。一期施工期间,遵义路南北方向可以通行,但该处汇集了贵阳市最大对外交通枢纽站——贵阳火车站以及公交枢纽站,现状火车站以及公交枢纽受制于场地因素,加之客流较大,交通较为混乱,施工期间施工场地占用出租车下客停靠区、部分停车场空间、遵义路部分路幅,但能保证铁运巷通行,原本混乱的交通状况在施工期间无疑雪上加霜,因此施工期在站点单点的交通组织上火车站站是重中之重。

二期施工车站主体结构,采用明挖、盖挖相结合的施工方法,二期施工场地加大围挡面积,施工周期约为20个月。二期施工将继续占用遵义路部分空间、出租车下客区、火车站站前广场部分空间,同时铁运巷不能通行,售票厅出入口至进站口间的通道将被占用。

三期主要为附属结构施工,施工周期约为6个月,施工场地零星地分布于车站主体结构的4个角,施工围挡区域加大对遵义路的空间占用,东北角的围挡线至遵义路两侧路缘石线距剩余最窄处道路宽度分别为2m、7m。施工期间遵义路通行能力下降较大,需拆除步行道,否则仅能保证双向两车道的通行空间,现有出租车下客区仍被占用、火车站站前广场大部分区域被占用,人流集散将受到影响。铁运巷剩余最窄处道路宽度为3m。

四期仍对车站附属结构进行施工,施工周期约为3个月,围挡边线距离遵义路西侧路缘石线仅为10m。整体来看施工围挡面积最小,但围挡形状为长条“L”形,对交通影响程度不亚于前三期,施工期间公交场站车辆出入口被占用,公交车不能驶出,同时仍占用出租车下客区空间。

具体如图6-40~图6-43所示。

6.3.9 沙冲路站

沙冲路站施工共分为两期进行。一期为车站主体结构以及部分附属结构施工,施工周期约为21个月,施工期间,将占用朝阳洞路北侧半幅路,南侧道路路缘石线距离围挡边线12m左右。施工期间,朝阳洞路剩余半幅机动车通行空间,北侧的行人将无法通行,且在交叉口处西进口左转进入沙冲路的流线较差,对沙冲路上的交通基本无影响。

二期施工剩余附属结构,施工周期约为6个月,施工点零星地分布于朝阳洞路南侧路幅以及红线外的北侧,可用道路约为16.5m。施工期间,朝阳洞路剩余半幅通行空间,南侧行人无法通行,对南北向沙冲路基本无影响。

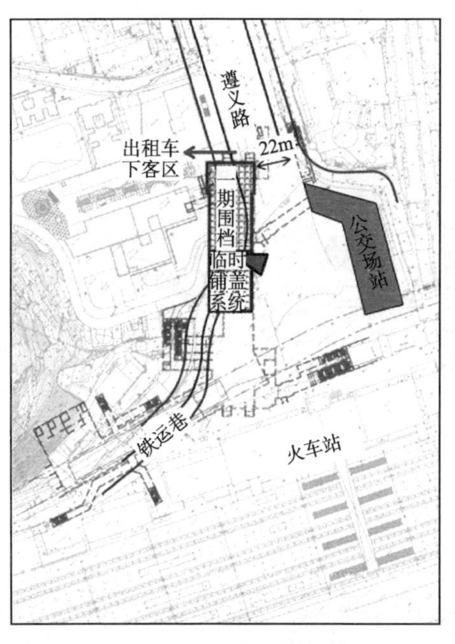

图6-40 火车站站一期施工期间交通影响分析

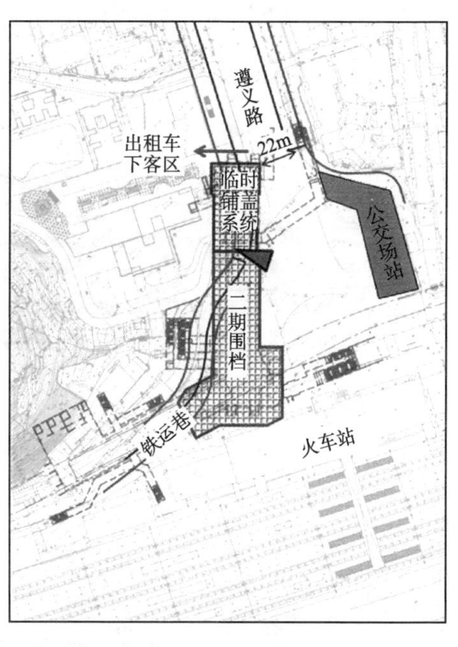

图6-41 火车站站二期施工期间交通影响分析

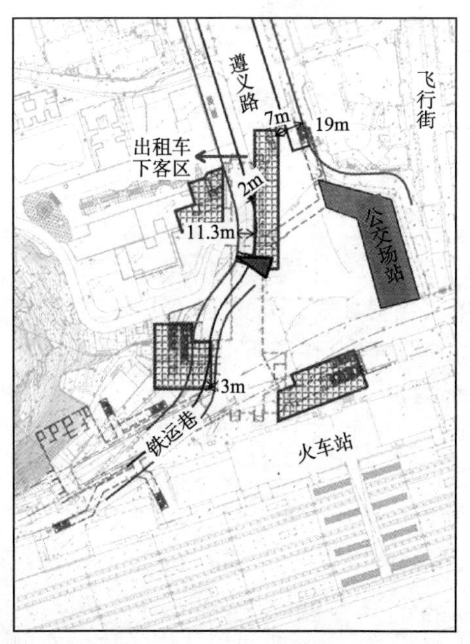

图6-42 火车站站三期施工期间交通影响分析

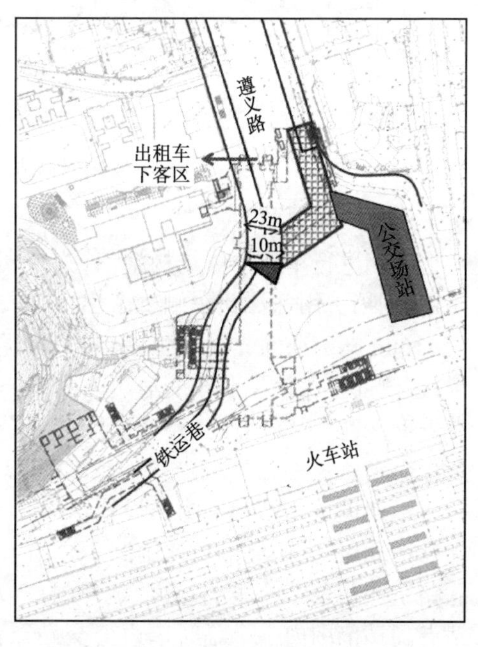

图6-43 火车站站四期施工期间交通影响分析

具体如图 6-44、图 6-45 所示。

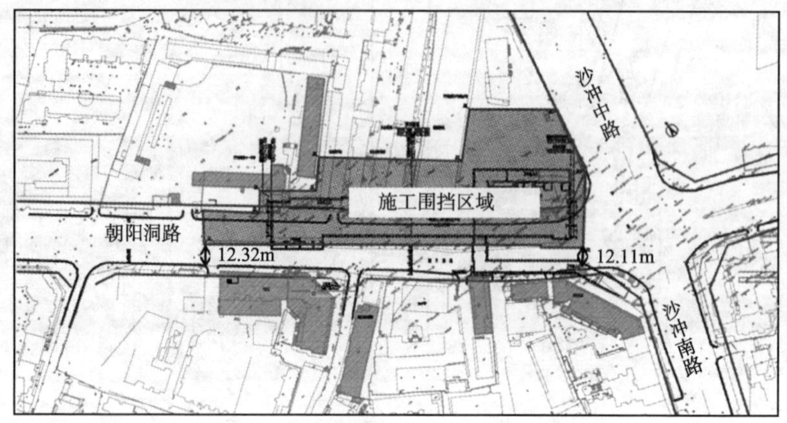

图 6-44　沙冲路站一期施工交通影响分析

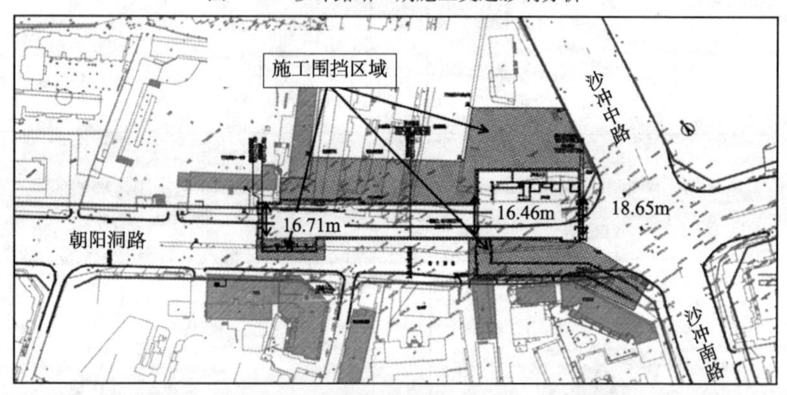

图 6-45　沙冲路站二期施工交通影响分析

6.3.10　望城坡站

一期进行车站主体结构施工，施工周期约为 18 个月，施工期间占用全幅珠江北路，围挡占用珠江路东侧 2 个出入口，占用北侧村庄道路出入口，围挡之间宽度为 11m。施工期间，珠江北路剩余 11m 通行空间，北侧村庄的行人及机动车无法通行，东侧安置房使机动车交通出入受到一定影响，站点围挡区域内 1 个单边公交站点需拆除，施工期间珠江路通行能力下降 50% 左右，但现状交通流量较小，基本能满足需求。

二期进行车站相关附属设施结构施工，施工周期约为 6 个月，施工期间占用全幅珠江北路，占用北侧村庄道路 2 个出入口，东侧可用宽度为 12m。施工期间，珠江北路东侧剩余 12m 通行空间，北侧村庄以及美威汽车行的行人及机动车无法通行，站点围挡范围内一个临时单边公交站点仍需被拆除，施工期间可从围挡区域东侧剩余空间组织交通，施工期间珠江路通行能力下降 50% 左右，但现状交通流量较

小，基本能满足需求。

三期进行轨道铺设及路面还原施工，施工周期约为 12 个月，施工期间占用全幅珠江北路，但没有出入口被占用，东侧可用宽度为 12m。施工期间，珠江北路东侧剩余 12m 通行空间，施工围挡范围内单边临时公交站点仍需拆除，珠江路通行能力下降 50% 左右，但现状珠江路交通流量较小，预留空间基本能满足通行需求。

具体如图 6-46 ~ 图 6-48 所示。

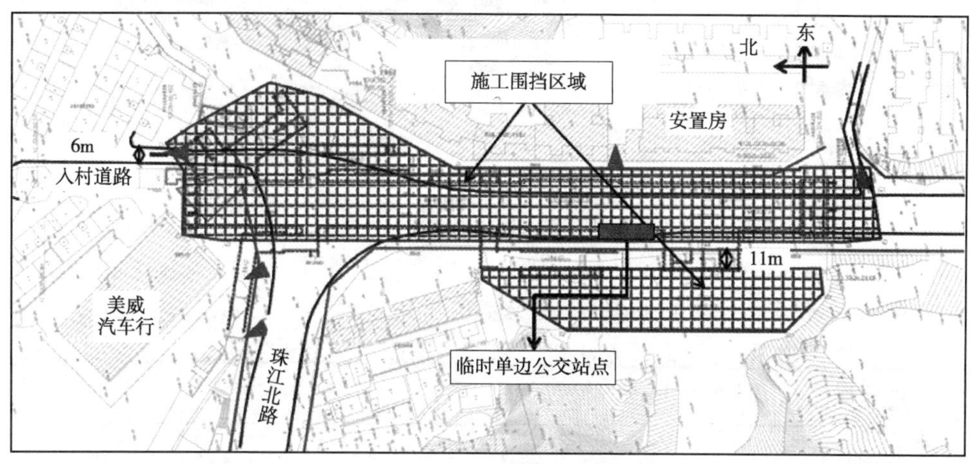

图 6-46 望城坡站一期施工交通影响分析

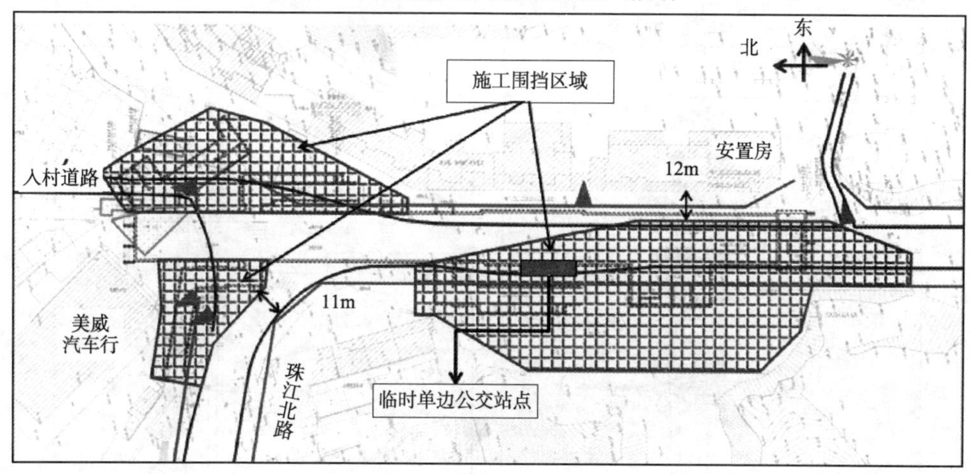

图 6-47 望城坡站二期施工交通影响分析

6.3.11 新村站

新村站施工共分两期进行。一期施工车站主体结构和部分通道，施工周期约为 12 个月。一期施工将占用全幅珠江路，珠江路南北向断交，行人及机动车交通将无法通行，此外围挡范围两侧用地居民将无法出入，施工期间对交通影响较大。

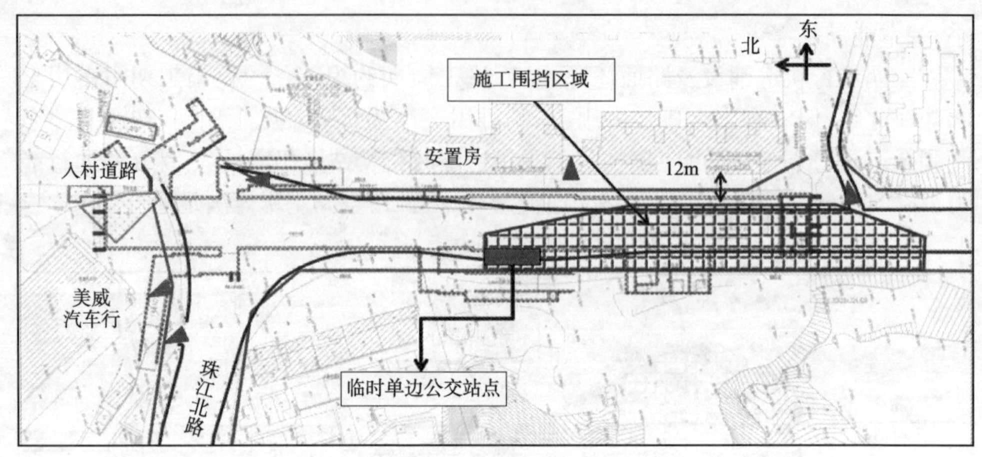

图 6-48　望城坡站三期施工交通影响分析

二期施工车站剩余附属设施结构，施工周期约为 5 个月。二期施工将占用珠江路东侧空间，东侧出入口被占用，剩余道路可用宽度为 15.5m，总体上对南北向机动车出行影响不大，但在施工期间东侧施工场地车辆将无法进出。

具体如图 6-49、图 6-50 所示。

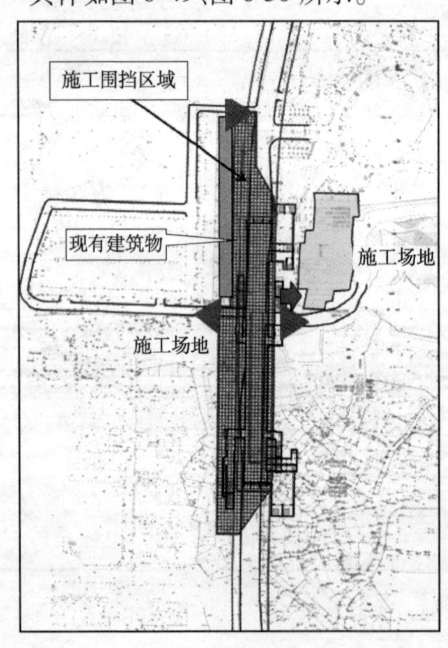

图 6-49　新村站一期施工期间交通影响分析

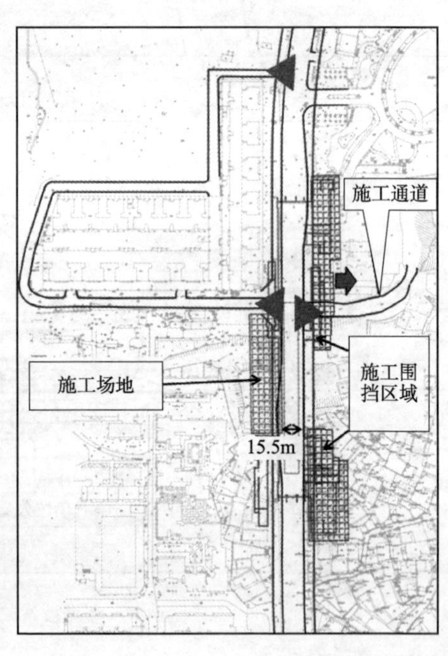

图 6-50　新村站二期施工期间交通影响分析

6.3.12　长江路站

长江路站施工共分两期进行。一期施工车站主体结构，施工周期约为 13 个

月，施工期间围挡区域及施工场地占用了珠江路（盘江路以东）路段大部分空间。其中围挡区域距离珠江路北侧道路红线仅3.6m，距离南侧道路红线仅7.25m。一期施工期间，珠江路（盘江路以东）路段通行受到极大影响。贵州高山高强度螺栓有限公司和瑞和家园基本无法进出。花溪区实验小区进出受到影响。南侧通向村庄的道路无法通行，由于站点位于珠江路断头处，因此基本无过境交通，站点施工期间主要影响沿线单位出入。

二期主要为车站附属结构施工，施工周期约为4个月，珠江路最窄路段剩余四车道道路空间，能够保证通行但通行受到一定影响。二期施工期间花溪区实验小学进出基本不受影响。贵州高山高强度螺栓有限公司进出口完全被封闭，无法进出。瑞和家园进出口打开，但进出受到一定影响。南侧入村道路开通，可以实现进出。

具体如图6-51、图6-52所示。

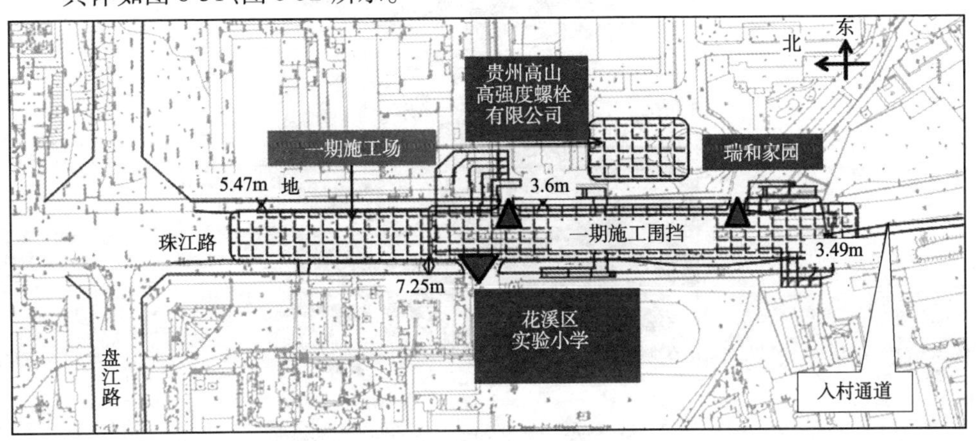

图6-51 长江路站一期施工期间交通影响分析

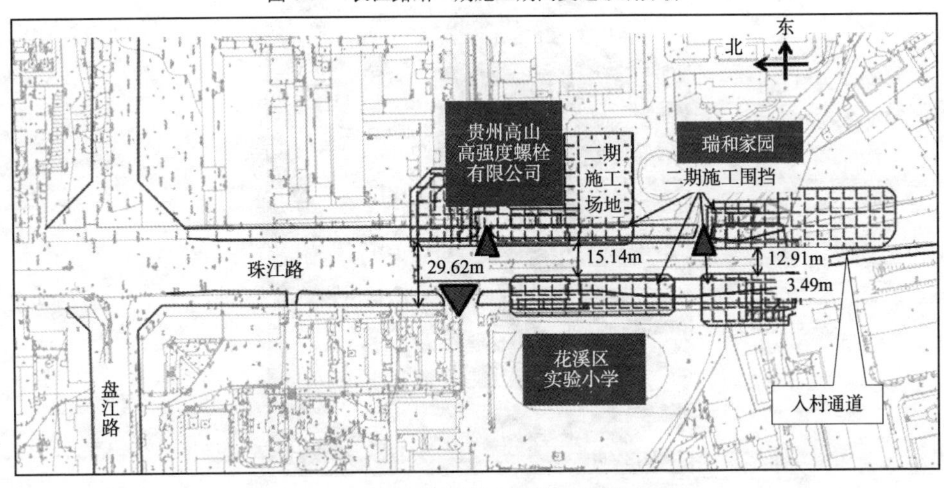

图6-52 长江路站二期施工期间交通影响分析

6.4 轨道交通施工区间交通影响分析

轨道交通沿线暗挖区间及竖井位置如图6-53～图6-55所示。可以看出,暗挖竖井均位于道路范围之外,暗挖区间对沿线交通基本无影响。其中,长江路站至场坝村站区间采用三种施工方法,暗挖、明挖、高架,其中明挖区段对浦江路及清水江路上的交通影响较大,该明挖区段施工周期约为10个月。

图6-53 贵阳北站—北京路站暗挖区间位置示意图

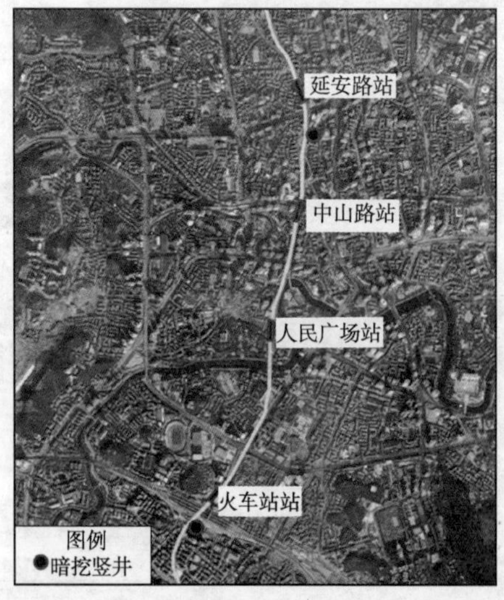

图6-54 延安路站—沙冲路站暗挖区间位置示意图

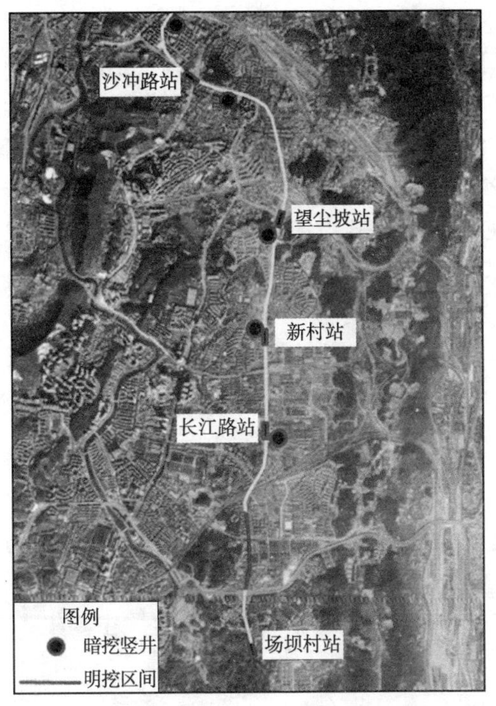

图 6-55 沙冲路站—场坝村站区间施工方案示意图

6.5 轨道交通施工交通影响分析总结

6.5.1 观山湖区

①轨道交通施工造成林城路沿线 4 处路段和交叉口全封闭,造成(K3 + 179 ~ K4 + 326)大约 1100m 范围内东西向交通中断,公交线路 70 路、231 路需改线。

②云谭路和观山湖区大道等南北向道路通行能力降低 1/3 ~ 1/2,南北向交通受到一定影响。

③林城路沿线用地单位出入受到影响,但至少有 1 个以上的出入口可以保证通行。

④结合林城路周边路网以及用地开发现状,重点影响区域集中在东西向的云潭路—金阳路之间,影响范围有限。

⑤现状 G210 路况较差,同时也是片区唯一对外通道,轨道交通施工对周边路网交通影响不大,主要是给沿线居民生活带来不便。

6.5.2 老城区

①轨道交通 1 号线在施工期间对贵阳老城区的交通会造成严重的干扰,施工期间路网容量下降约 5.3% ,受影响车辆数占总数的 30% ,D 级及以上路段服务水

平较现状增加3%~5%，特别是施工期前四个月，D级及以上路段服务水平较现状增加5%，在原本路网容量趋于饱和的状态下，施工期如不进行有效疏解，会造成大面积交通瘫痪，即使进行有效的交通疏解，老城区交通短时拥堵不可避免。

②老城区交通流构成较为复杂，对交通不仅是点、线上的影响，还是市域范围的影响，因此交通组织需从宏观、中观、微观层面进行。

③通过流量 V/C 分析，轨道交通1号线施工期交通组织需采用多种组合策略，在采用各种有效交通组织方案基础上需采用交通需求管理措施，削减交通总量，方可保证老城区交通基本运转。

④轨道交通1号线施工对老城区交通冲击巨大、影响面广、持续时间较长，此外无论轨道交通施工本身还是外界条件，均存在一定的不确定性，因此需要进行科学研究、优化方案、加强协调、精心组织、稳妥实施、统筹考虑。

6.5.3 小河区

小河区轨道交通途经道路主要承担生活性交通功能，但为沿线用地出入的唯一通道，施工期主要影响沿线居民出入。

综上所述，轨道交通施工对交通影响最大的区段主要集中在老城区。

7 轨道交通施工期间的交通组织方案

7.1 交通疏解方案设计

轨道交通施工期间交通疏解方案的最终形成涉及多个因素，必须从系统角度出发，提出科学合理、完整系统的交通疏解方案措施，以便对错综复杂的疏解手段进行梳理，形成清晰的体系。

从施工期间的居民出行行为特性来看，无论是通勤还是非通勤，除了取消出行和不做改变之外，最容易选择的依次是改变出行路径、改变出发时间、改变出行方式（非通勤改变出行目的地）。所以，在施工期间需要结合城市的功能布局、路网结构体系、路网交通运行状态和施工点的交通影响分析，采取科学合理的交通诱导分流、交通管理控制措施；需要从城市范围、区域层面和站点沿线交通三个层面进行交通疏解分流，均衡路网交通流，保障施工站点周边居民正常出行。

从施工期间居民的出行特性可知，尽管市民不轻易改变出行方式，但在出行方式选择中依旧存在小汽车向其他交通方式转移的趋势，同时公共交通出行量基本保持稳定。所以，在交通疏解时需要结合城市交通出行结构、出行时间及空间分布、现有需求管理措施等数据，加强对小汽车的限制，同时采取一系列措施保证并提高施工期间公交系统的服务水平，优化城市交通出行结构；同时结合城市路网容量分析结论，从需求管理方面进行交通总量控制，缓解施工导致的路网通行能力下降，平衡供需矛盾。

从施工期间居民获取轨道交通施工详细信息和交通组织方案的特性来看，在进行交通疏解时，需要通过调查施工期间城市居民对轨道交通施工和交通疏解信息的最主要获取途径，并在保障机制中加强这些渠道的宣传，并在出行导则中增加地图等详细信息可以提高其有效性，施工期间结合其他的媒体渠道加强宣传，可以增加市民对交通疏解方案的知晓程度，也间接增强疏解方案的实施有效性。

轨道交通施工期间，对路网熟悉程度较好的居民更容易改变出行习惯。可以在广泛宣传交通疏解方案的基础上，完善施工期间交通疏解的相关标志标牌、诱导设施、交通控制信号、实时交通出行信息等，让市民可以更加有效地在不熟悉的路网上绕行，也可以配合各个层面的交通分流措施的实施。

从施工期间居民的出行行为改变（响应）特性来看，市民对轨道交通建设项目比较支持，如果市民对绕行方案比较信任，施工数周后路网交通流会呈现新的平衡。所以，轨道交通施工组织方案刚开始实施阶段，会存在一部分市民不知晓交通疏解方案而不能遵守绕行方案的情况，会对交通秩序造成一定干扰，但几周之后会稳定下来，在疏解方案中保障机制部分需要加强宣传，争取广大市民的支持理解。

当然，从交通疏解的角度来看，还需要保证施工期间良好的交通秩序，以保证施工期间交通疏解方案实施的有效性，如停车管理、行人过街、货运交通、设施整改施工等。

综上所述，疏解方案设计的主要内容归纳起来有：城市范围交通分流诱导措施、区域层面交通分流措施、站点交通疏解、交通需求管理措施、交通需求管理措施、公共交通调整方案、行人过街交通组织、货运交通组织7项内容。各项措施的具体分析如下。

（1）城市范围交通分流诱导措施

基于对城市路网功能结构、交通主要的吸发点、交通流构成特征的深入分析之后，结合轨道交通施工期间对城市范围交通的影响分析，通过设置诱导标志牌引导车辆大范围进行分流，从城市范围层面对交通总量进行控制和对交通流进行诱导分流。特别是组团式布局的城市，组团间交通出行偏向穿越中心区，应在各组团主要干道与中心组团交汇处提前设置分流诱导标志牌，以减少中心区的交通压力。

（2）区域层面交通分流措施

在轨道交通站点施工区域，需依托周边主次干道进行诱导分流，结合施工区域道路空间等交通设施情况，对施工区域内的道路的路权重新分配，并根据施工期间实际情况对车道宽度进行优化设置；依据施工期间交通流量大小和转向的变化，优化调整既有道路的交通组织模式。优化设置单行道、限时可逆行单行道、可变车道、专用线路等方式来改善交通运行状况，减少交通延误，进一步挖掘交通系统交通供给的能力；优化城市区域的交通控制系统。加强交通信号组织，优化信号配时，提高交叉口通行能力，均衡路网交通压力，减少路网上交通瓶颈数量。交通信号组织是路网交通流量控制的基本单元。通过信号控制，控制高峰期的路网交通量，来提高市区交通运行效率。平峰期间，可以采用自适应协调控制形式。高峰期间，信号控制以能根据路网组织情况使控制信号实现智能化为佳。

（3）站点交通疏解

轨道交通站点施工周边不可避免地需要占用一些道路等公共设施。在施工期间需要根据周边建筑单位和市民的出行需要做出必要的组织方案，必须保障施工站点周边市民的刚性出行需要。可以对施工围挡进行优化，留有一定的出行空间，对周边建筑区域现有的出行通道进行挖掘使用，拆除新建部分设施来创造出行条件。

施工区域内道路、交叉口等处重新设置各类交通标志、分隔带、分隔护栏，对不同交通流向的车辆进行引导、组织和控制。保证行车安全组织方案中，应充分利用

及挖掘施工围挡处剩余空间以满足各类交通需求，同时重新渠化后的方案应尽量保持线性平滑，确保各类交通流顺畅。

由于施工区域环境情况受到破坏和改变，施工区域周边必须设置完善的交通围挡、交通标志牌、诱导设施、警示灯等设施来对交通进行疏解，保障行车安全和维护交通出行环境。另外，需要制定科学的施工进度计划，在保障质量的前提下，尽快恢复交通，从而减小占道施工给城市交通带来的影响。还需要规划设计合理的施工车辆运输路线，减少对交通的影响。

(4)交通需求管理措施

在组织方案中无论采取何种疏解方案都无法从根本上改善交通运行环境，必须采取在交通组织方案中加强交通需求管理。需求管理主要是通过停车管控、尾号限行、价格调控、错峰出行以及重点路段限行等，在时间上对交通流进行分离，引导车辆合理使用，减小路网压力。

交通总量控制就是在满足市民刚性出行的基础上，最大限度地减少交通参与者的数量，缩短交通参与者的出行时间，减少交通参与者占用道路资源的面积。通过城市范围交通诱导分流来限制过境交通和入境交通、对车辆进行车牌号限行、允许多人共乘和合乘制、限制停车范围、采取拥堵收费和停车收费等措施来对城市范围内交通总量进行控制，在满足刚性需求的同时最大限度地降低总交通需求。

(5)公共交通调整方案

在解决轨道交通施工期间产生的一系列交通问题时，从战略上和技术上都需要优先确保公交系统正常运行，保障公交出行也成为轨道交通施工期间交通疏解方案设计中的一项必不可少的内容。发展公交就是增加公共交通的分担率，抑制其他交通，这就相当于减小交通需求，提高交通供给能力，从而使路网的容量增加。轨道交通施工期间因占道施工等不可避免地要对现有公交系统造成破坏和影响，交通疏解时需要对公交线路和公交站点进行重新优化和调整。在沿线公交调整中应尽量保持现有乘客出行习惯，减少原有乘客绕行距离。一般情况下，线路调整至与施工路段平行的最近道路。另一方面，因轨道交通施工城市交通运行环境恶化，应提倡载客效率更高的公交出行，从公交服务品质以及通行设施上进行保证，如开设组团间公交快线，如有可能，可在重点区域路段及路口设置公交专用道。

线路调整方案依赖区域交通组织方案原则，线路调整方案必须依据区域交通组织方案，在线路调整时需考虑区域路段以及节点的交通组织方案，否则线路调整方案将难以实施。调整的前提条件为：①与平行道路间间距；②现有站点位置与平行道路站点位置对比；③与平行道路联系通道发达程度。

(6)行人过街交通组织

行人交通组织对城市交通秩序有较大的影响，是轨道交通施工期间交通疏解的重要内容。行人交通疏解时，可以根据行人交通设施和流量的调查，结合交叉口服务水平分析结果，科学合理地对行人过街形式（行人过街天桥、行人地下通道和人行横道等）、设施设置位置及数量等进行规划设计，确保行人交通顺畅，减小其对城市交通流运行的影响。

（7）货运交通组织

在交通组织方案中，还涉及因轨道交通建设项目施工而产生货运物资交通组织，结合城市现有交通管理办法，对施工期间货运交通进行优化组织，以保证城市交通运行效率和交通安全。

7.2 区域交通分流方案

施工围挡占用道路资源导致施工点所在路段和交叉口通行能力下降，当该区域交通需求大于剩余通行能力时，车辆排队延误就难以避免。为了整个路网的畅通，需要通过重新选择路径的方法分流这些交通流。交通分流就是将原有施工道路上的交通量分配到临近及平行道路上。区域交通分流主要针对起点和目的地都不在该区域的过境交通。

贵阳老城区道路网络承担了多类型交通功能，在没有轨道交通施工的情况下，交通运行状况就已经不容乐观。为了使老城区的交通不因轨道交通施工而瘫痪，需要设计区域交通分流方案。

过境交通分流的目的是要控制老城区交通总量。通过交通现状及施工影响分析可知：受地形等因素影响，贵阳市环路系统跨度过大，距离过远，组团与组团间交通出行者路径选择仍偏向于穿越老城区。因此，施工期间应在各组团主要干道与二环路交汇处提前设置分流诱导标志牌，使组团与组团间过境交通尽量避免穿越老城区。贵阳老城区过境交通分流如图7-1所示。

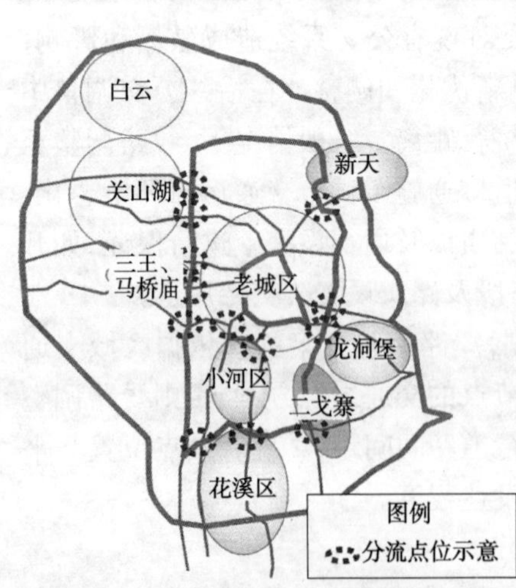

图7-1 贵阳老城区过境交通分流

此外，施工期间，为保证东西方向主干道通行以及在交叉口处不因轨道施工而通行能力大幅下降，在交叉口组织方案中，应限制某些进口的转向功能，特别是站点施工围挡处（北京路与环城路交叉口、合群路与延安路交叉口、公园路与中山路交叉口），原先通过公园路—合群路—环城路的交通流需通过周边的主次支干道分流。因此，施工期间轨道交通分流方案应分为两个层面。

第一层面，控制老城区交通总量，城市范围内交通分流。受地形等因素影响，贵阳市环路系统跨度过大，距离过远，组团与组团间交通出行者路径选择仍偏向于穿越老城区。施工期间应在各组团主要干道与二环路交汇处提前设置分流诱导标志牌，组团与组团间过境交通应尽量避免穿越老城区。

第二层面，引导沿线用地出行，老城区内交通分流。施工期间，原先通过公园路—合群路—环城路过境交通以及到离交通，需依托周边主次支路进行分流，因一环内城市跨度较小，因此一环内均可能成为施工期间分流的主要通道，特别是带状围合区域内道路，沿线交通出行需依托南北向中华路、瑞金路以及围合区域内道路来组织交通。具体如图 7-2 所示。

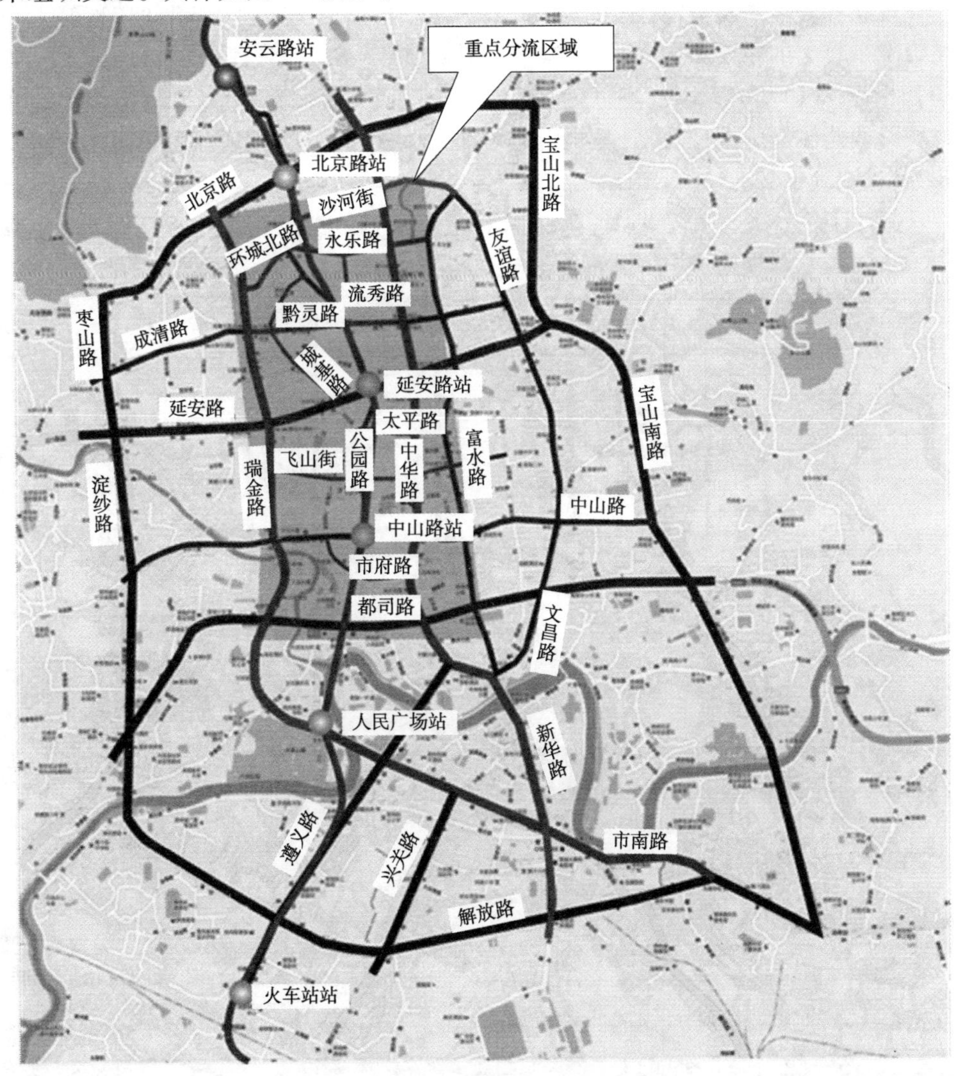

图 7-2 一环区域交通分流

7.3 施工沿线交通分流方案

轨道交通施工沿线道路承担交通可分为两类:起讫点都不在道路沿线附近区域内的通过性交通和以道路沿线附近区域为起讫点的到离交通。当轨道交通施工围挡占用部分道路资源时,原有的通过性交通和到离交通都会受到影响。为了保障轨道交通施工沿线道路的通畅,需要在沿线附近区域进行分流。

7.3.1 观山湖区

现状林城路主要为沿线交通服务,基本不承担过境交通功能,沿线用地开发交通吸发量较大的主要集中在林城路(金阳路以东路段),而该段轨道交通施工已完毕,因此对交通基本无影响。对交通影响较大区段为云潭路—金阳路,沿线用地在林城路两侧体现为南低北高,南侧用地大都为村落或待开发用地,林城路北侧路网较为发达,利于交通分流。

施工期主要分流的道路有:东西向的金朱路、观山路;南北向的云潭路、金阳路、长岭路、龙潭坝路、诚信路、碧海路、石标路。具体如图 7-3 所示。

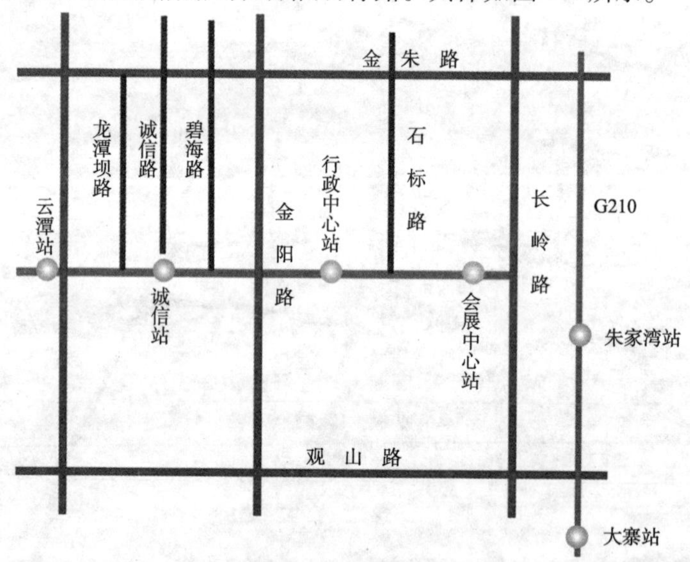

图 7-3 观山湖区分流道路网

7.3.2 老城区

贵阳轨道交通 1 号线经过老城区的公园路—合群路—环城路,按照轨道交通站点施工位置分别设计沿线交通分流方案。

(1)安云路站—北京路站

该区间主要受影响的路段是安云路沿线,安云路北起于八鸽岩路,南止于北京

路，通过现场调研无任何通道与其他道路联通，因此施工期间，该条道路与北京路及八鸽岩路形成的两个节点，应至少保证一个节点通行。

(2)北京路站—延安路站

该区间主要有如下几条道路：南北向的城基路、嘉禾路，东西向的沙河街、永乐路、环城路、威清路—黔灵西路、龙泉巷、夏状元街。

对于北京路至黔灵西路路段，轨道交通施工期间环城路以及黔灵西路沿线交通可通过永乐路、威清路—黔灵西路进行疏散。沙河街现状交通组织模式为单向交通，北京路二期施工期间，该条道路仅能与中华路实现单向联系。为了方便沙河街沿线众多单位的出行，在施工期间该条道路单向交通组织模式必需改变。

对于黔灵西路—延安路路段，施工期间该路段交通组织较为困难。延安路站是轨道交通 1 号线、2 号线换乘车站，施工范围较大，加之沿线的通道仅能通过龙泉巷与城基路进行联系，夏状元街基本无打通的条件，因此该区段轨道交通施工期间城基路、龙泉巷、嘉禾路成为沿线交通组织的主要通道。但现状城基路交通组织模式为单向交通，与威清路及延安路节点处仅能实现右转向，不利于交通疏解，因此在某个施工阶段，城基路交通组织模式必需改变。

(3)延安路站—中山路站

该区间主要的通道有飞山街—省府路、河东路以及河西路，在轨道交通施工期间这几条道路成为该区间施工期沿线交通组织的主要通道，但从联通性来看，除飞山街—省府路外，其余几条道路与周边道路连通性较差，加之道路通行条件较差，因此该区间在轨道交通施工期间主要疏散道路为飞山街—省府路，但飞山街交通组织模式为单向交通，在一定程度上不利于交通疏解，因此单向交通组织模式需改变。

轨道交通施工沿线不同施工阶段需改变交通组织模式的道路及节点如表 7-1 所示。

轨道交通施工沿线不同施工阶段需改变交通组织模式的道路及节点　　表 7-1

道路及节点	0~2 个月	2~4 个月	4~18 个月	18~20 个月	20~26 个月	26~28 个月
沙河街	保持现状组织模式		单向变双向			恢复现状组织方式
沙河街与中华北路节点	保持现状组织模式		右进右出			恢复现状组织方式
城基路(黔灵西路以南)	单向变双向			恢复现状组织方式		
嘉禾路(嘉禾巷以北)	单向变双向			恢复现状组织方式		
嘉禾巷	双向变单向、南—北组织方式			恢复现状组织方式		
福田巷	双向变单向、北—南组织模式			恢复现状组织方式		
飞山街	单向变双向					恢复现状组织方式
市府路(公园路以西)	由现状南—北改为由北—南					
黔灵西路与城基路节点	打开黔灵西路中央隔离栏，交叉口实现全转向			恢复现状组织方式		

安云路站到中山路站在 0 ~ 2 个月施工期的沿线交通组织方案如图 7-4 所示。

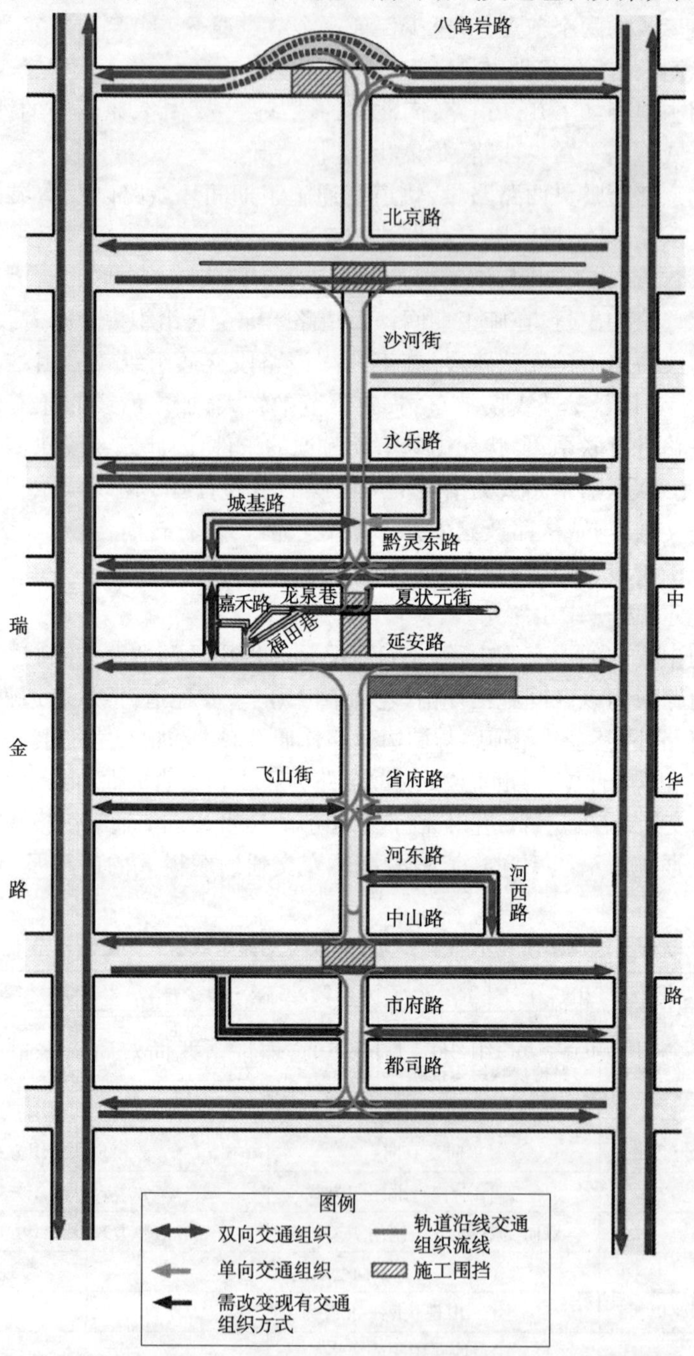

图 7-4　安云路站到中山路站在 0 ~ 2 个月施工期的沿线交通组织方案

7.4 单个站点交通组织方案

单个站点交通组织方案包括站点周边行人交通组织、交叉口渠化、周边设施到离交通组织。

7.4.1 云潭路站施工期间交通组织方案

(1)云潭路站西侧交通组织方案

为满足站点西侧村民以及货运车辆出入需求,采用以下两种交通组织方案。方案一是利用站点的西侧现有4#、2#路以及6#路进行交通组织。其优点是利用原有道路,无须另外征地,成本较低;缺点是需观山湖区管委会协调拆除道路上的原有建筑物。方案二是在站点北侧新建一条约7m宽的便道来组织交通。其优点是线路较短,车辆出入方便;缺点是需临时征地,新建道路,成本较高,对交叉口干扰较大。具体如图7-5所示。综合考虑,推荐方案一。

图7-5 云潭路站西侧交通组织方案

(2)云潭北路与林城路交叉口交通组织方案

一期施工利用剩余空间,组织南北向交通,保证南北向双向六车道通行空间,同时对东口的直行、左转以及北口的左转交通进行限制。具体如图7-6所示。

二期施工利用剩余空间,组织南北向交通,保证南北向双向六车道通行空间,同时对东口的直行、南进口左转以及北口的右转交通进行限制。具体如图7-7所示。

(3)云潭路—碧海路区间施工期间交通组织方案

到离交通组织方案采用区域绕行组织方式。通过东西向的金朱路、观山路以及南北向的云潭路、龙潭坝路、诚信路、碧海路以及观山湖区路绕行;保障行人的通行空间。

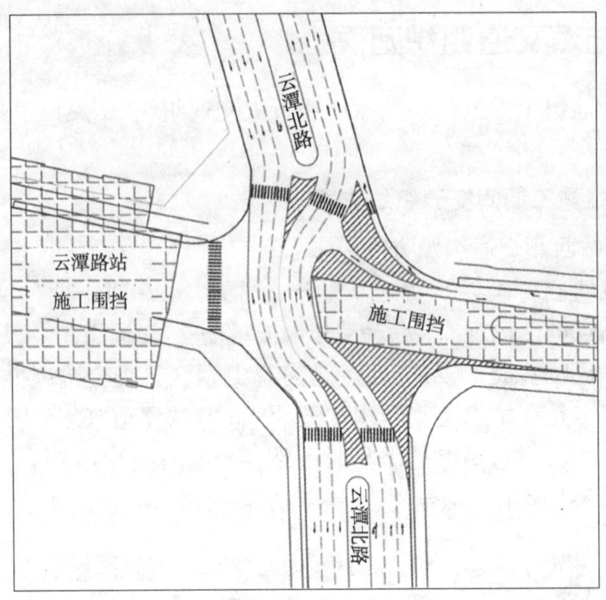

图 7-6　云潭北路与林城路交叉口一期施工交通组织方案

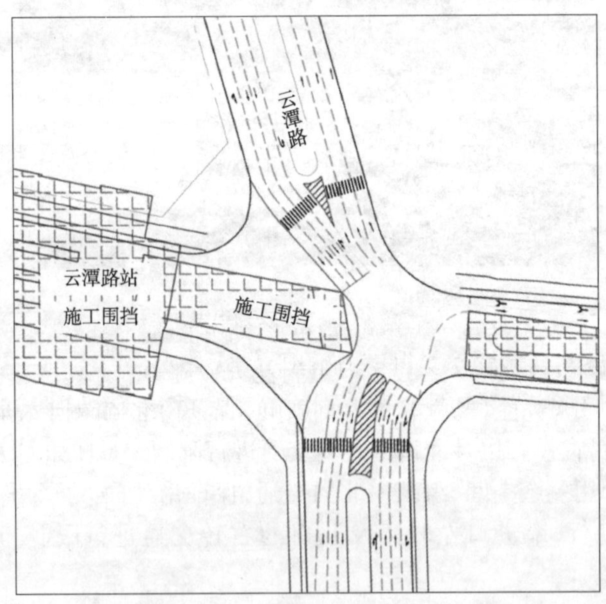

图 7-7　云潭北路与林城路交叉口二期施工交通组织方案

（4）绿色未来交通组织方案

方案一是利用环岛西侧剩余空间、切除环岛部分以及西侧人行横道部分空间，整理出双向六车道通行空间，中央采用物理隔离，主要保证南北方向直行交通，对南口的左转交通、西口、东口的直行以及左转交通进行限制。该方案的优点是无须增加信号设施，南北方向直行交通通行能力大。其缺点是不能保证林城路左转至观山湖区路的公交通行需求，需通过石标路绕行。货运交通要求在夜间进行组织。具体如图 7-8 所示。

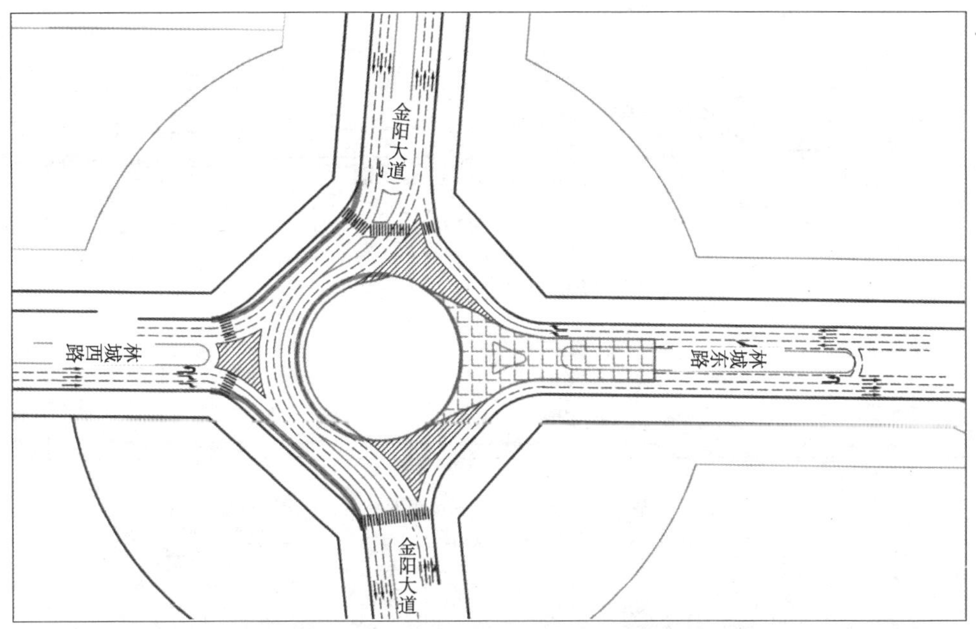

图 7-8　绿色未来交通组织方案一

方案二是利用环岛西侧剩余空间、切除环岛部分以及西侧人行横道部分空间，整理出双向六车道通行空间，主要保证南北方向直行交通，对南口的左转交通、西口的直行以及左转交通进行限制，同时在东口增设信号灯，保证东口左转公交车辆的通行。该方案的优点是能实现东进口的左转功能，保证公交车辆通行。其缺点是南进口直行方向交通受信号灯控制，通行能力受到影响，同时东进口由于受到信号灯控制，排队长度较长，影响市政府车辆出入。货运交通要求在夜间进行组织。具体如图 7-9 所示。

综合考虑，推荐方案一。林城路由东向西的公交车辆建议通过石标路—金朱路—观山湖区路绕行；施工方案建议采用斜井方案，但斜井方案需市政府协调国税局待建用地作为施工工作面，周期约为 12 个月，需增加约 300 万元投资费用。

7.4.2　安云路站施工期间交通组织方案

该站点施工期间需拆除八鸽岩路北侧的建筑物，交通组织利用八鸽岩路北侧拆除空间以及步行空间来组织交通，具体如图 7-10 所示。施工期间采取如下疏解措施：

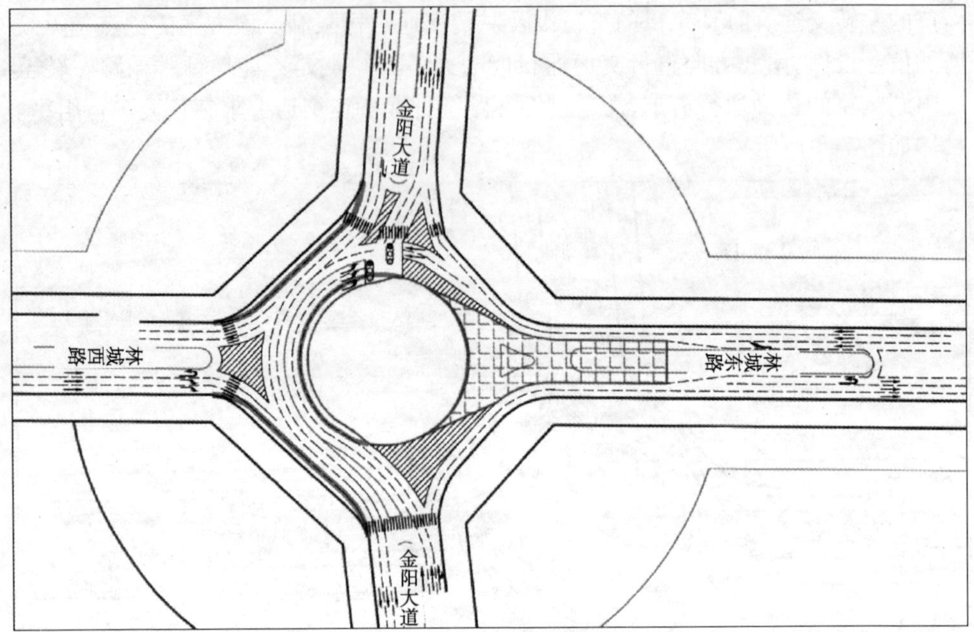

图 7-9　绿色未来交通组织方案二

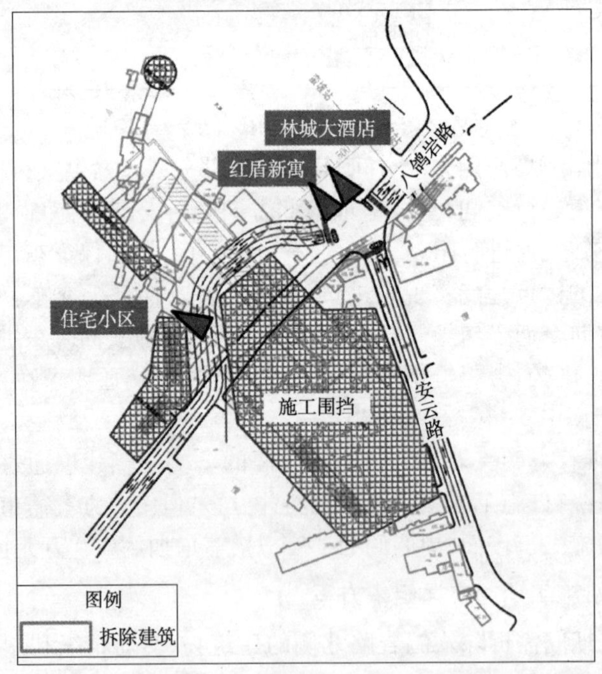

图 7-10　安云路站施工期间交通组织

①保证八鸽岩路双向四车道的通行空间；

②保证安云路双向两车道的通行空间；

③八鸽岩路与安云路交叉口设置红绿灯，实现交叉口全转向。

7.4.3 北京路站施工期间交通组织方案

北京路站施工交通组织分为两期。一期方案确保北京路双向四车道通车，安云路与北京路实现右进右出；利用拆除空间及拆除小部分绿化空间保证环城北路与北京路交叉口实现右进右出；施工期间人行地下通道将被拆除，为保北京路通行能力不受过大影响，不建议在北京路设置平面行人过街，建议采用以下两种方案解决。方案一是将行人过街推移至瑞金北路或交际处实现过街，但绕行距离过远；方案二是在北京路合适位置设置钢便桥，钢便桥宽度为3m。具体如图7-11所示。

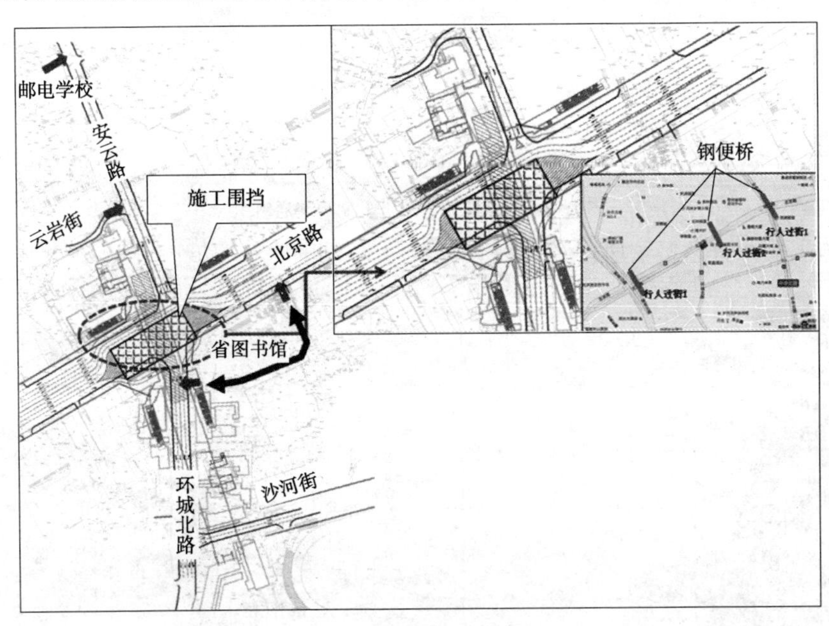

图7-11 北京路站一期施工期间交通组织

二期方案将确保北京路双向八车道通车；沙河街断交，单向交通组织方式变为双向，保证沙河街沿线居民出入；省图书馆与环城北路的出入口将无法通行，仅能通过北京路进出；缩减西北角的部分围挡区域，保证云岩街通行；在围挡区域西侧预留3m左右的步行空间，保证安云路到北京路的出入需求；人行过街沿用一期方案。具体如图7-12所示。

7.4.4 延安路站施工期间交通组织方案

交通疏解方案分为两期。

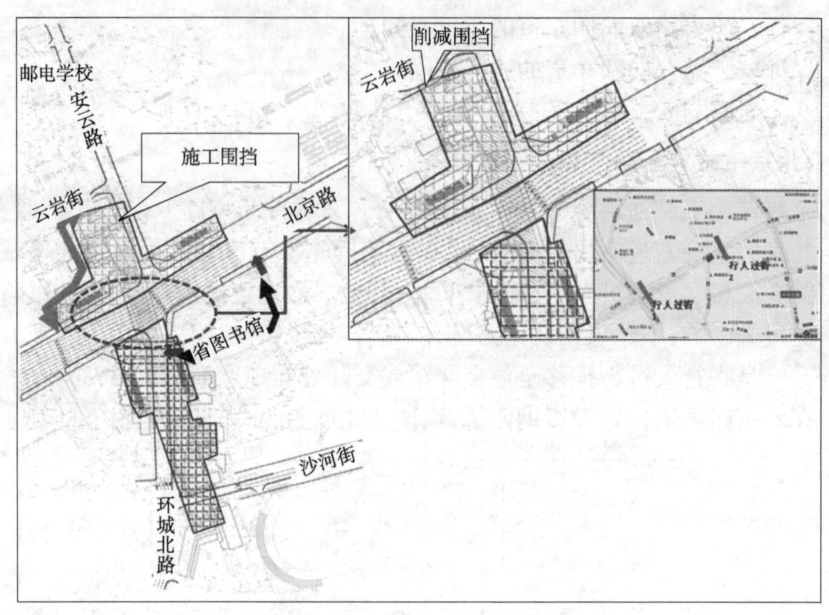

图 7-12　北京路站二期施工期间交通组织

施工期间一期第一阶段交通疏解方案如下（如图 7-13 所示）。

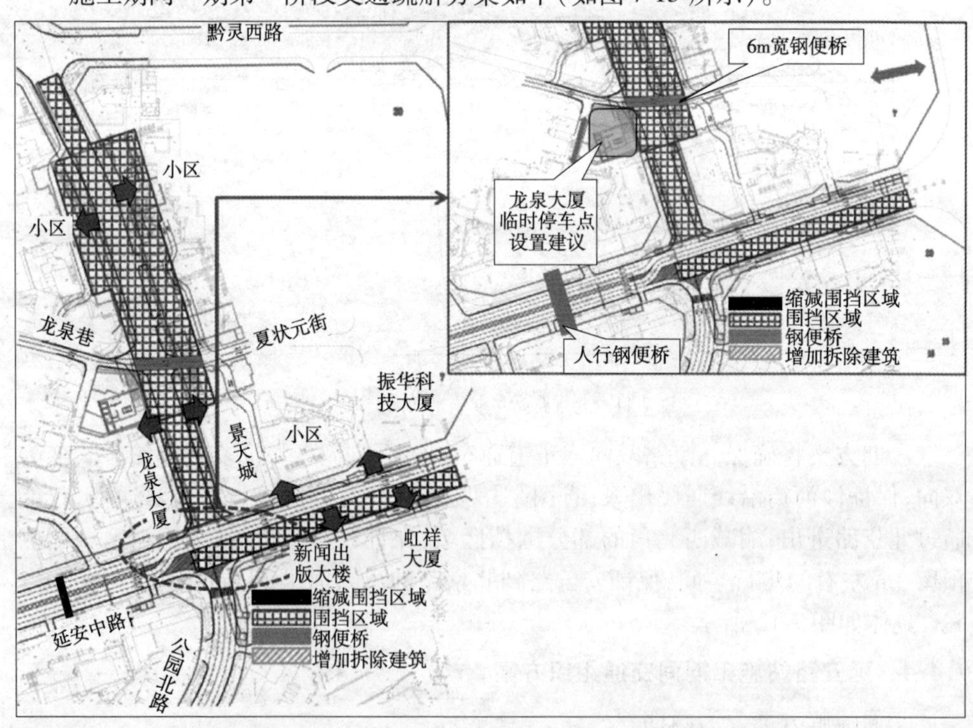

图 7-13　延安路站一期第一阶段施工交通疏解方案

①一期施工期间2号线车站施工建议分为三个阶段进行，一期先施工延安路南侧铺盖系统，此时北侧预留双向四车道通行空间，交叉口处主要保证东西向交通通行，南口右进右出，在交叉口西口搭建人行钢便桥，解决南北向行人过街需求。

②延安路南侧拆除部分步行空间，设置一条车道的机动车通行空间，保证沿线单位出入。

③合群路利用建筑物拆除空间以及缩减部分围挡区域，保证围挡西侧4m宽、东侧6m宽的通行空间，在合群路搭建6m宽便桥连通夏状元街，满足沿线居民出入及紧急情况下车辆通行。

④在交叉口西口延安路上搭设人行钢便桥满足行人过街需求，根据行人流量分析，宽度为3m；暂停龙泉大厦地下车库使用，在图7-13所示位置设置地面停车位。

施工期间第一期第二阶段交通疏解方案如下（如图7-14所示）。

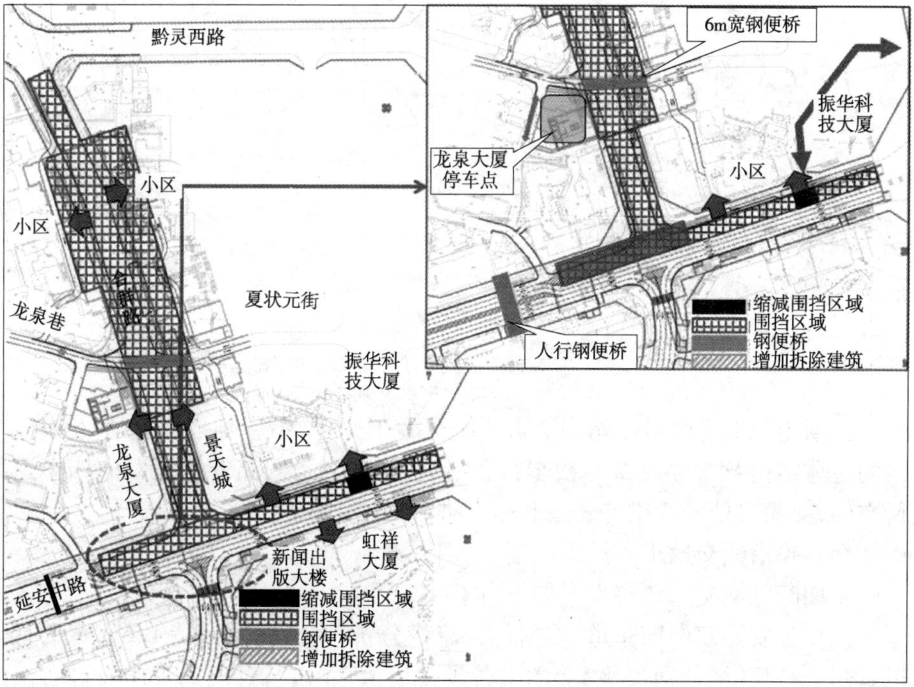

图7-14 延安路站一期第二阶段施工交通疏解方案

①二期施工1号线车站的主体结构，1号线、2号线人行联络通道以及2号线北侧铺盖系统，施工期间保证延安路双向四车道通行空间，主要保证东西向交通通行，公园北路右进右出。

②围挡区域北侧拆除部分步行空间及绿化，设置一条3.5m左右的车行道，保证小区车辆出入，在振华科技大厦延安路处缩减部分围挡实现振华科技大厦的

出入。

③振华科技大厦东侧小区仅有一个出入口通过延安路进出，施工期间只能进无法出，建议打开景天城与小区间的分隔墙，利用北侧设置的临时便道进出。

④合群路沿线居民出入沿用一期解决方案。

施工期间第一期第三阶段交通疏解方案如下(如图7-15所示)。

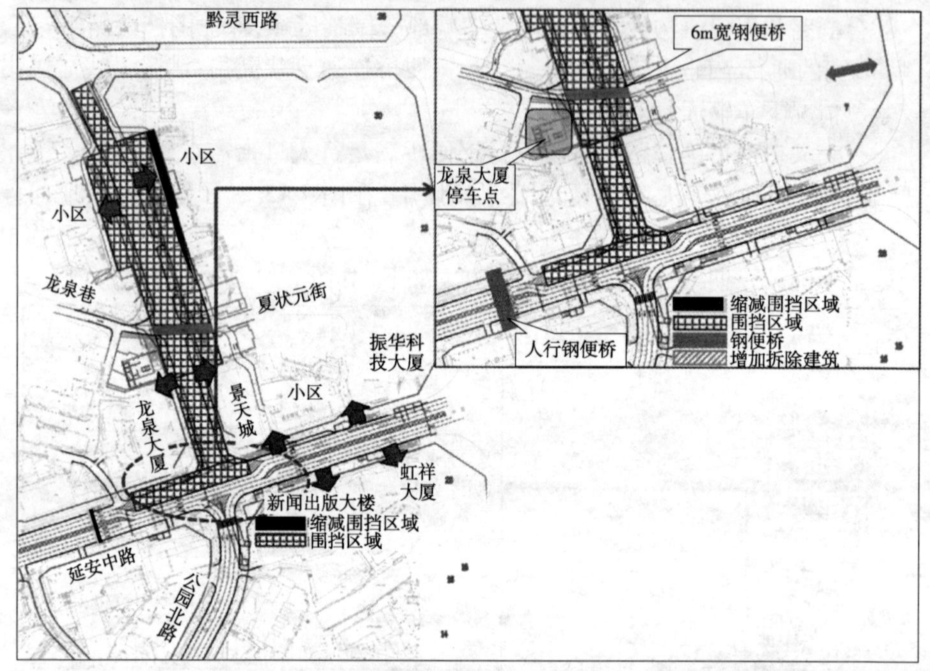

图7-15　延安路站一期第三阶段施工交通疏解方案

①三期施工期间2号车站的铺盖系统已施工完毕，不影响地面交通，但施工1号线的主体结构及1号线、2号线步行联络通道，此时延安路能保证双向四车道的通行空间，交叉口处继续维持公园北路右进右出的组织模式。

②合群路沿线交通出入沿用一期、二期方案。

施工期间二期交通疏解方案如下(图7-16)。

①确保延安路双向四车道，根据行人流量分析，东西向需保持1.6m宽的行人通道，在延安路两侧分别预留1m的人行步行通道，北口与延安路采用右进右出的交通组织方式。

②行人南北向过街沿用一期方案。

③利用拆除建筑物剩余空间设置便道保证合群路两侧出入需求。

④虹祥大厦出入需与相关负责人进行协商，从其他出入口进出；振华科技大厦延安路处的出入口需缩减部分围挡，通过连通延安路实现出入。

⑤振华科技大厦西侧小区出入沿用一期交通疏解第二阶段中的方案。

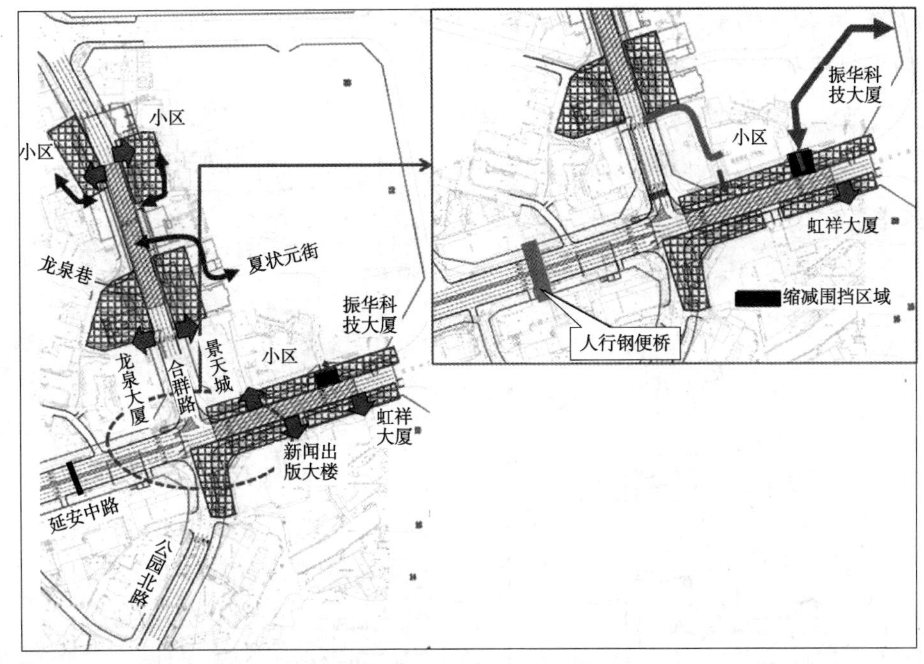

图 7-16 延安路站二期施工交通疏解方案

7.4.5 中山路站施工期间交通组织方案

(1)中山路站一期施工期间交通组织方案(图 7-17)

①拆除部分行人步行道,保证中山路双向五车道的通行空间,人行步行空间需保证 3m 及以上。

②因考虑到延安路站同步施工,因此南北向交通保通意义不大,主要保证东西向的交通通行,公园路与中山路采用右进右出的组织方式。

③对于行人过街方式,南北进口东西向采取平面过街,东西进口南北向采用人行天桥。可单侧设置也可双侧设置,单侧设置宽度不得小于 3m,双侧设置宽度不得小于 1.5m,但考虑到该交叉口距离东西两侧交叉口较近,可不设置人行天桥,通过东西两侧人行过街设施通行即可。

(2)中山路站二期施工期间交通组织方案 (图 7-18)

保证中山路双向五车道通行空间, 交叉口东西向车行道两侧预留 2.5m 以上的步行空间。对于行人过街方式与上述一致。中山路站二期围挡施工期间,利用拆除空间设置 6m 左右的通道,保证恒力贵印大厦出入。

(3)中山路站三期施工期间交通组织方案(图 7-19)

拆除部分步行空间保证中山路双向四车道通行空间;因考虑到延安路站施工,南北向交通保通意义不大,交叉口组织方式采用右进右出;交叉口东西向行车道两侧预留 2m 以上的步行空间；围绕西北侧围挡区域外围设置 2m 以上步行空间；对于行人过街方式与上述一致。

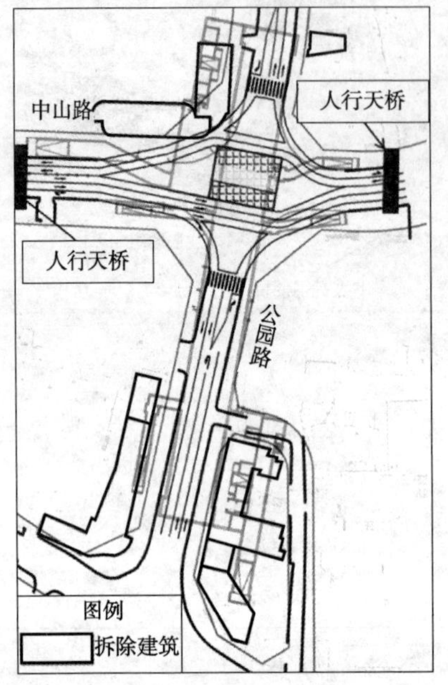

图 7-17　中山路站一期施工期间交通疏解方案

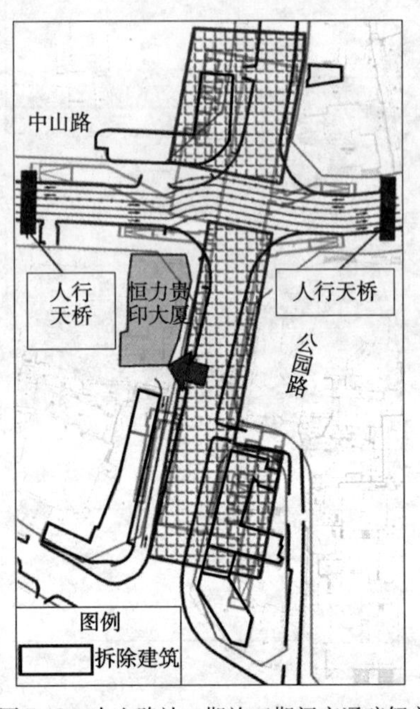

图 7-18　中山路站二期施工期间交通疏解方案

(4)中山路站四期施工期间交通组织方案(图 7-20)

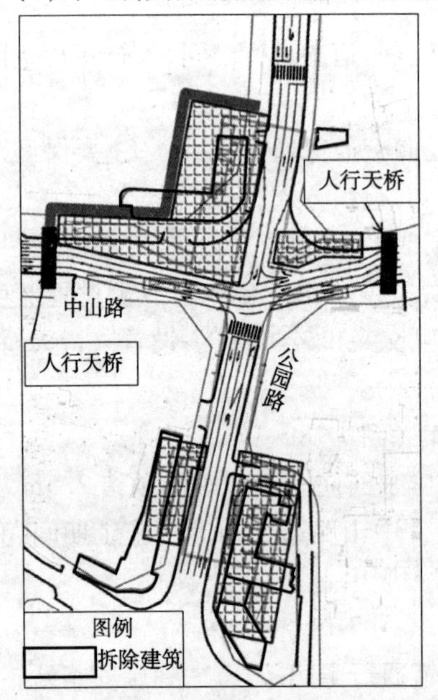

图 7-19　中山路站三期施工期间交通疏解方案

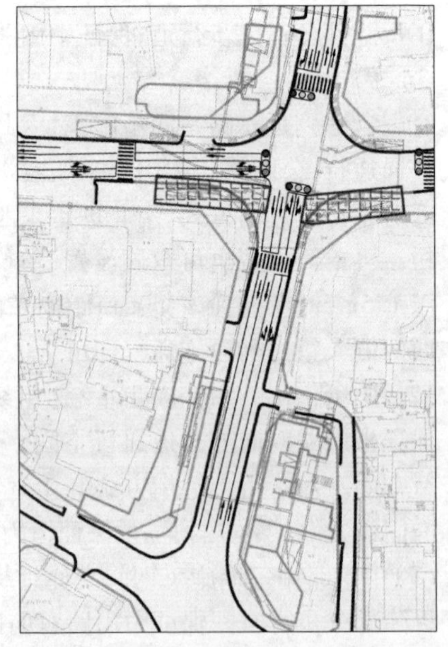

图 7-20　中山路站四期施工期间交通疏解方案

四期施工对交通影响较小，考虑到北侧的延安路站已施工完毕，交通组织恢复到现状的交通组织模式，但东口及南口受围挡的影响，进口仅能组织两个车道的通行空间。

7.4.6　火车站站施工期间交通组织方案

火车站为贵阳市对外大型交通枢纽，无论是行人还是机动车交通都较为混乱，轨道交通施工期间对交通无疑雪上加霜，因此在满足沿线单位及乘客基本到离需求外，需通过一系列管制措施削减遵义路机动车交通量，在施工围挡区域将剩余空间留给行人，如图7-21所示。在火车站站施工期间可采取以下疏解措施。

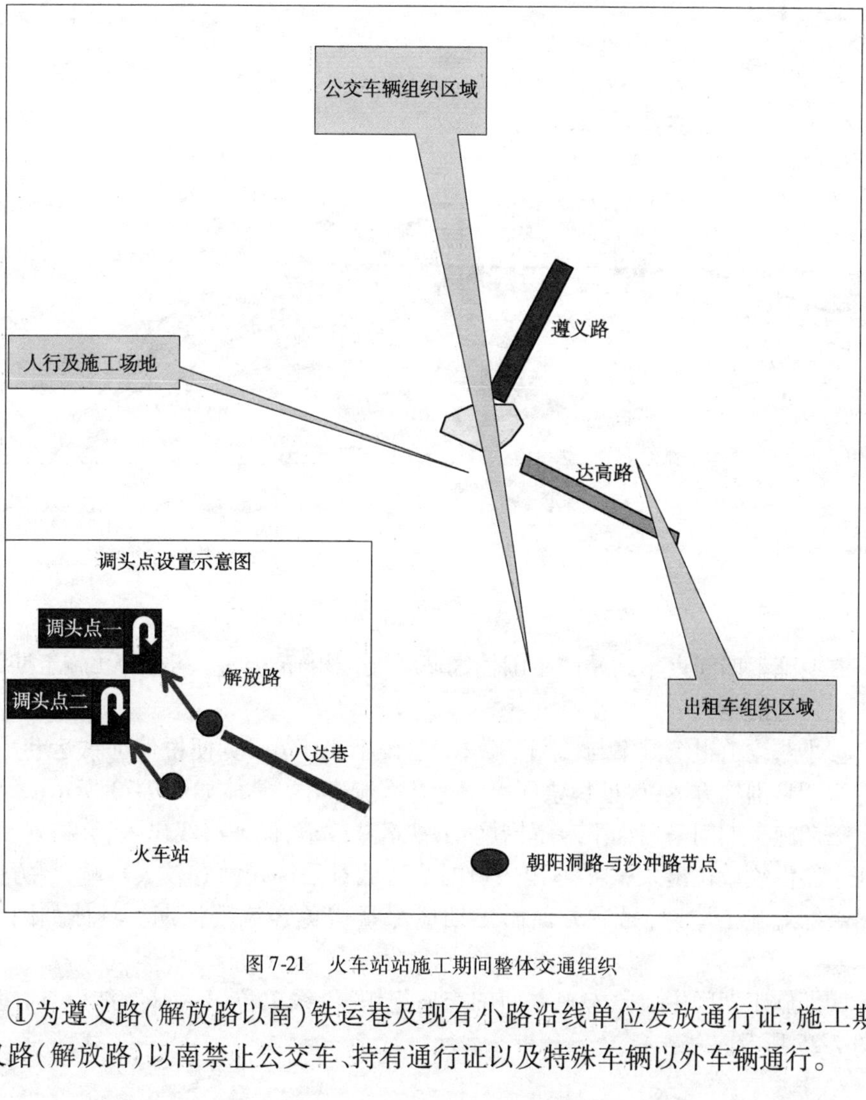

图7-21　火车站站施工期间整体交通组织

①为遵义路（解放路以南）铁运巷及现有小路沿线单位发放通行证，施工期间遵义路（解放路）以南禁止公交车、持有通行证以及特殊车辆以外车辆通行。

②公交车辆交通组织在遵义路实现。

③改变达高路交通组织模式，由单向变双向，该路段组织出租车交通，但严禁进入施工场地，往老城区方向出租车车辆需到朝阳洞路与沙冲路交叉口掉头绕行。

一期施工期间采用疏解措施是通过改道保证铁运巷及现有小路沿线单位出入。具体如图 7-22 所示。

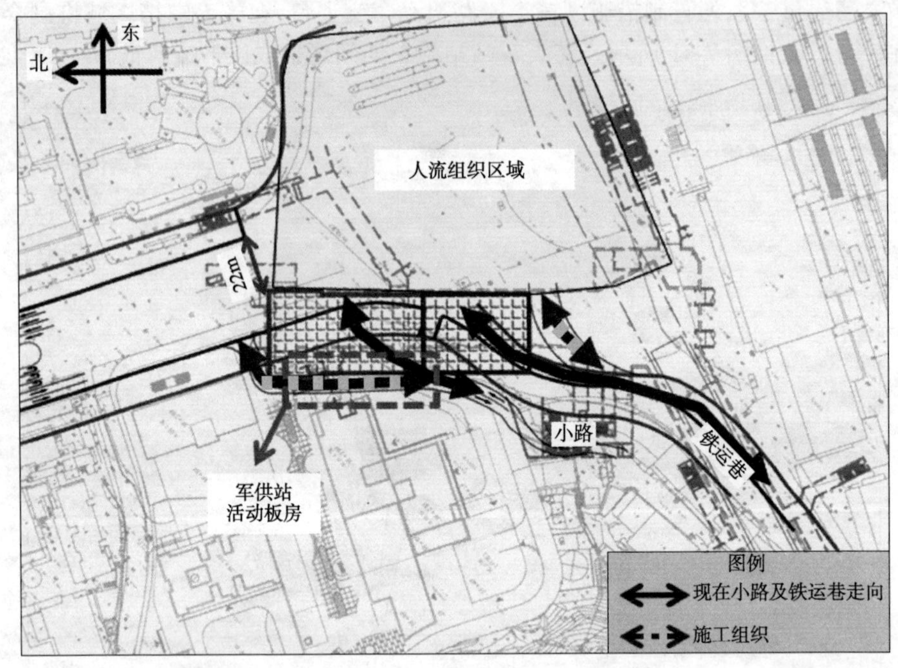

图 7-22 火车站站一期施工期间交通组织方案

二期施工期间火车站站施工围挡区域增大，影响范围进一步扩大，施工期间采用如下疏解措施：

①小路改道组织方案与一期一致；②搭设不小于 6m 宽便桥保证铁运巷出入；③重新调整围挡方案，保证售票厅以及进站客流进出。具体如图 7-23 所示。

三期施工期间采用如下疏解措施：①铁运巷改道，保证沿线出入；②搭建便道，保证小路沿线单位出入；③2 号出入口围挡区域对乘客入站有较大影响，一方面建议尽量缩短施工周期，另一方面施工期应尽量避免客流繁忙期。具体如图 7-24 所示。

四期施工期间主要是宏观方面的交通组织，沿线单位出入基本能保证。具体如图 7-25 所示。

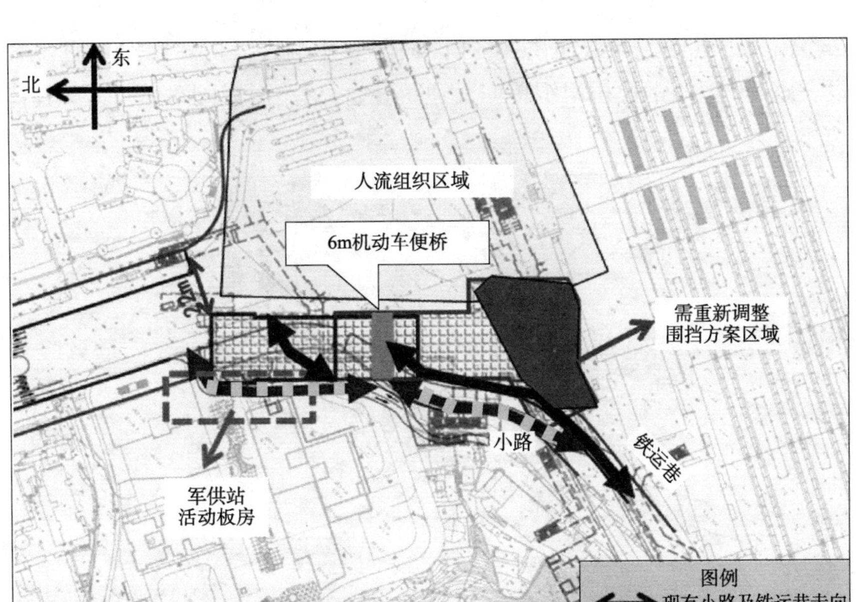

图 7-23 火车站站二期施工期间交通组织方案

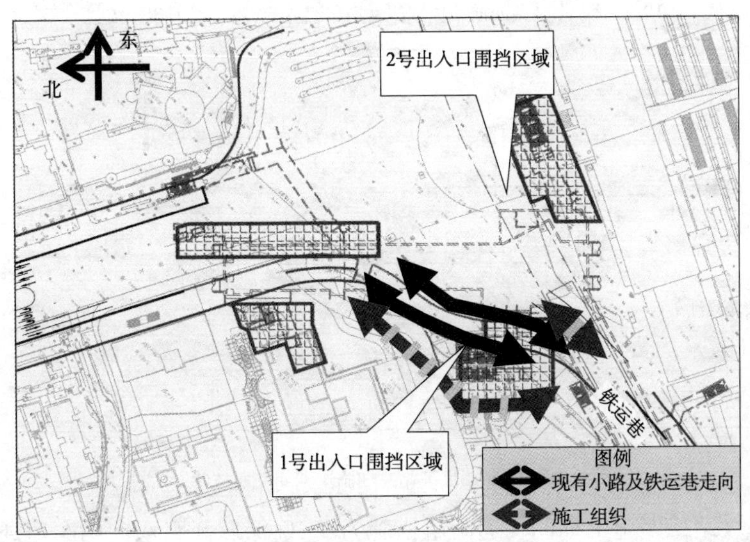

图 7-24 火车站站三期施工期间交通组织方案

7.4.7 望城坡站施工期间交通组织方案

望城坡站一期施工期间交通疏解措施为:①确保珠江路双向两车道通行空间,两侧预留 2m 宽人行步行道;②缩减围挡区域南端部分空间,保证围挡区域东侧安置房2个出入口其中之一双向出入；③围挡区域北侧入村道路则在美威汽车行东侧架设一座5m宽的钢便桥组织单向交通，与入村道路形成配对单行线。具体如图7-26所示。

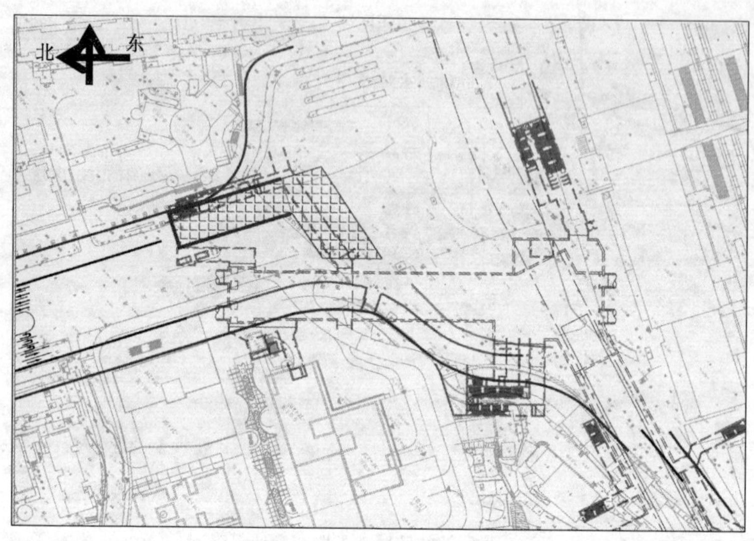

图7-25　火车站站四期施工期间交通组织方案(不含交通组织流线)

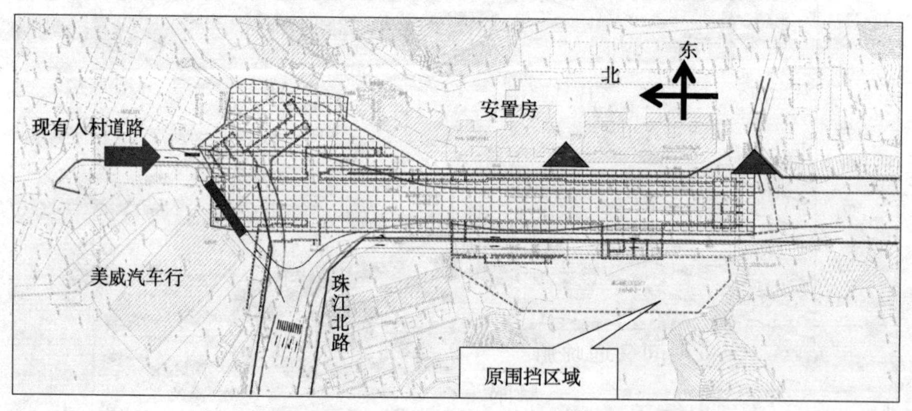

图7-26　望城坡站一期施工期间交通疏解

望城坡站二期施工期间交通疏解措施为：①确保珠江路双向两车道通行空间，两侧预留2m人行步行空间；②入村交通及美威汽车行出入交通利用围挡区域剩余空间及建筑物拆除空间组织交通，保证双向两车道通行空间。具体如图7-27所示。

望城坡站三期施工期间交通疏解措施为：①确保珠江路双向两车道通行；②北侧村落居民出行及美威汽车行出入恢复原状。具体如图7-28所示。

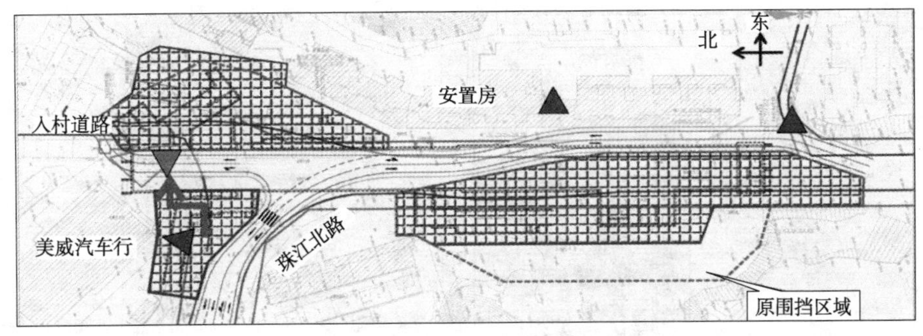

图 7-27 望城坡站二期施工期间交通疏解

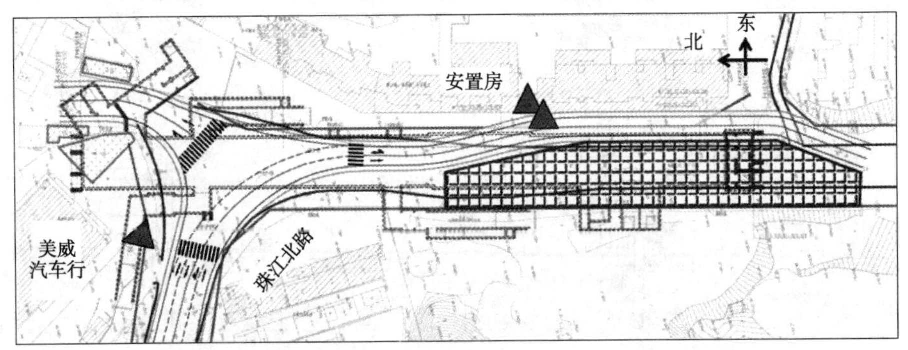

图 7-28 望城坡站三期施工期间交通疏解

7.4.8 新村站施工期间交通组织方案

新村站一期施工期间交通疏解措施为交通组织需适当压缩施工围挡区域范围,拆除站点东侧珠江湾畔小区外围绿化及步行道,交通组织主要保证:①珠江路双向两车道的通行空间;②通过压缩围挡范围,西侧预留 3m 左右的行人步行空间;③压缩围挡范围,保证西侧用地 2 个出入口其中之一通行,满足其基本出行需求。具体如图 7-29 所示。

新村站二期施工期间交通疏解措施为:①利用围挡剩余空间保证珠江路双向两车道通行空间;②征用东侧出入口附近用地,填埋洼地,保证施工车辆及沿线机动车出入需求。具体如图 7-30 所示。

7.4.9 长江路站施工期间交通组织方案

长江路站一期施工期间,珠江路行车空间被全部占用,机动车交通无法通行,但考虑到该路段为尽端道路,交通量不大,因此仅需满足沿线用地的出入需求及紧急情况下车辆的通行,交通疏解措施为:①拆除两侧部分现有路缘石,保证 4m 的机动车通行空间;②在围挡两端设置掉头车道,形成微型的交通循环流线,满足沿线单位南北向的流向需求。具体如图 7-31 所示。

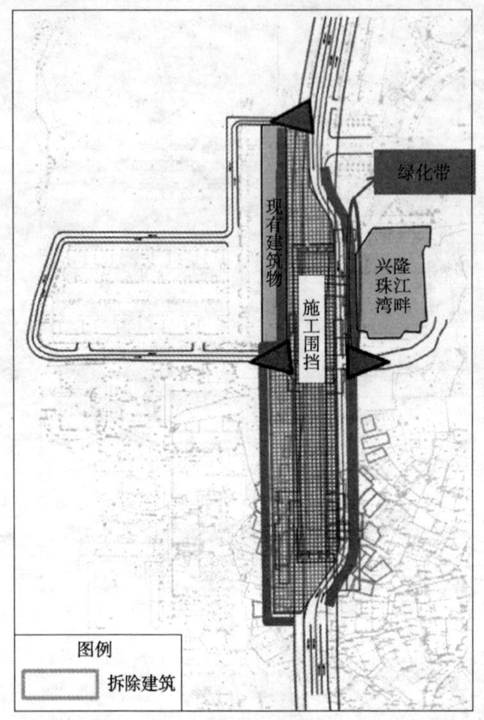

图 7-29　新村站一期施工期间交通疏解

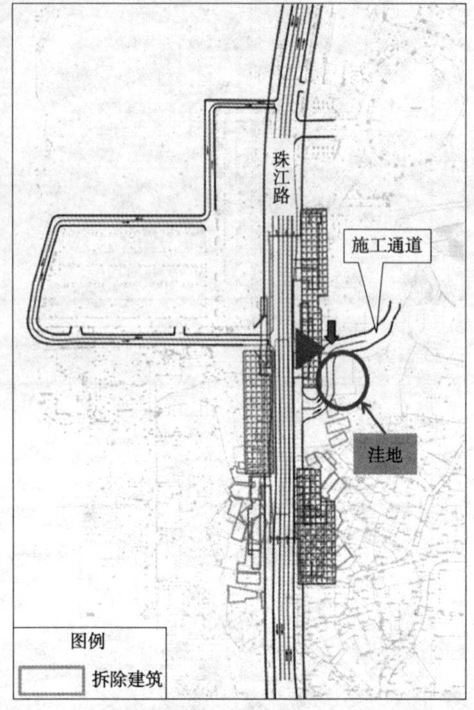

图 7-30　新村站二期施工期间交通疏解

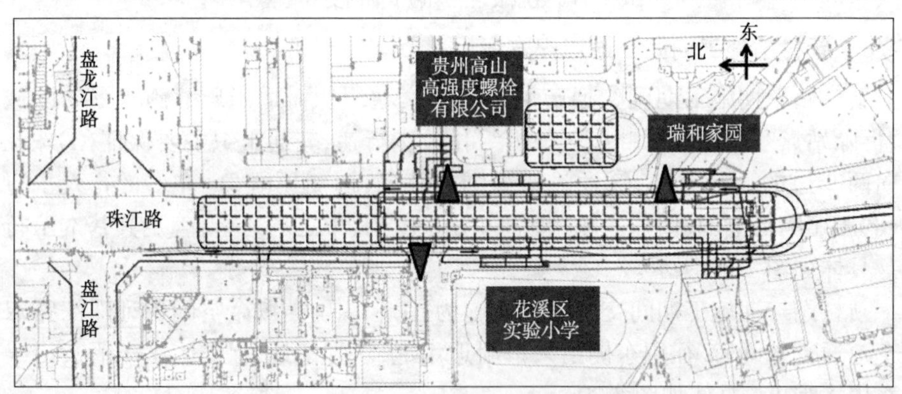

图 7-31　长江路站一期施工期间交通组织

长江路站二期施工期间,围挡范围内能基本保证珠江路双向四车道的通行空间,除高山高强度螺栓有限公司外,沿线单位均能出入,因此该期间交通组织主要考虑高山高强度螺栓有限公司出入问题。建议在瑞和家园出入口附近开设一个临时出入口,保证高山高强度螺栓有限公司出入。具体如图 7-32 所示。

对于长江路站—场坝村明挖区间施工期间交通组织方案:①利用围挡边线距离红线距离组织两侧 4m 宽单车道,车道距离现有建筑 1m;②在清水江路设置钢便桥保证清水江路通行。具体如图 7-33 所示。

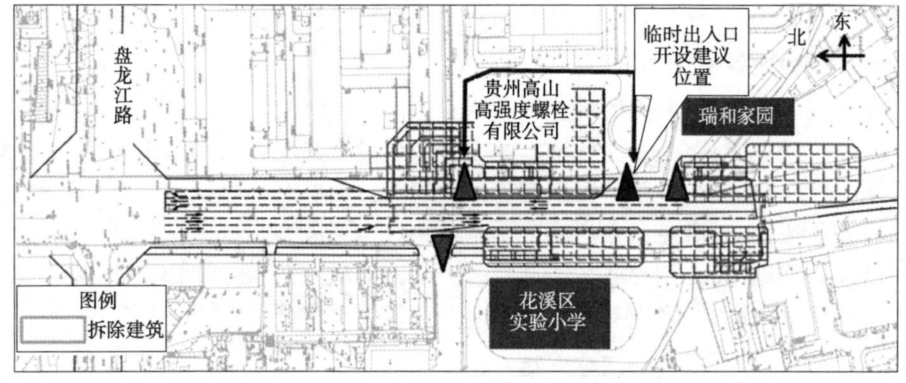

图 7-32 长江路站二期施工期间交通组织

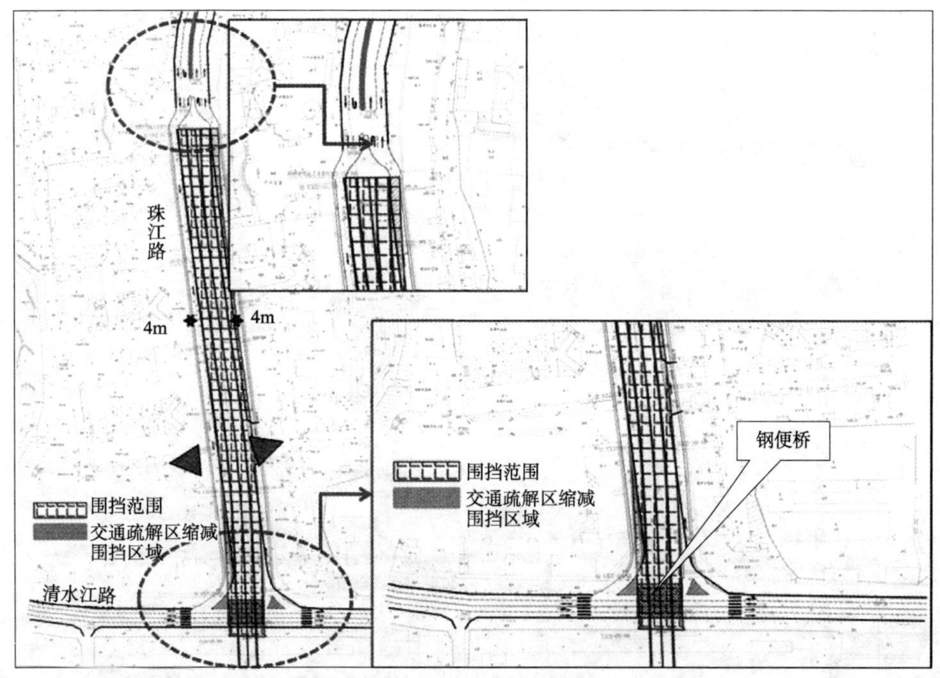

图 7-33 场坝村—长江路站明挖区间施工期间交通组织

7.5 公共交通调整方案

轨道施工期间，在某个节点或区间施工不可免造成节点或道路交通中断。根据道路功能定位及沿线土地利用状况采取相应的交通疏解方案后，仍有部分路段及交叉口断交或交叉口某个方向的转向功能受限，因此涉及的公交线路需要做出调整。另外，轨道站点或区间施工围挡处，道路通行能力严重下降，如果对围挡区域公交站点不进行调整,则施工期间公交车辆停靠对路段通行能力影响更甚,因此,施工期间必须对受到影响的公共交通线路及站点进行调整。

公共交通调整遵循如下原则:

①就近原则:临时站点的设置尽量减少居民出行时间和距离。

②最小变动原则:为了使调整后的方案应尽量维持现有乘客的出行习惯,一般情况下,线路调整至与施工路段平行的最近道路。

③均衡原则:要避免调整后的公交站线路过多现象。

④协调原则:公交调整要与区域交通组织方案相协调,在线路调整时需考虑区域路段以及节点的交通组织方案,否则线路调整方案将难以实施。

7.5.1 观山湖区公交线路调整方案

(1)70 路公交线路调整方案

①在轨道施工期间,建议将 70 路公交线路调至金朱路—观山湖区路(图 7-34)。

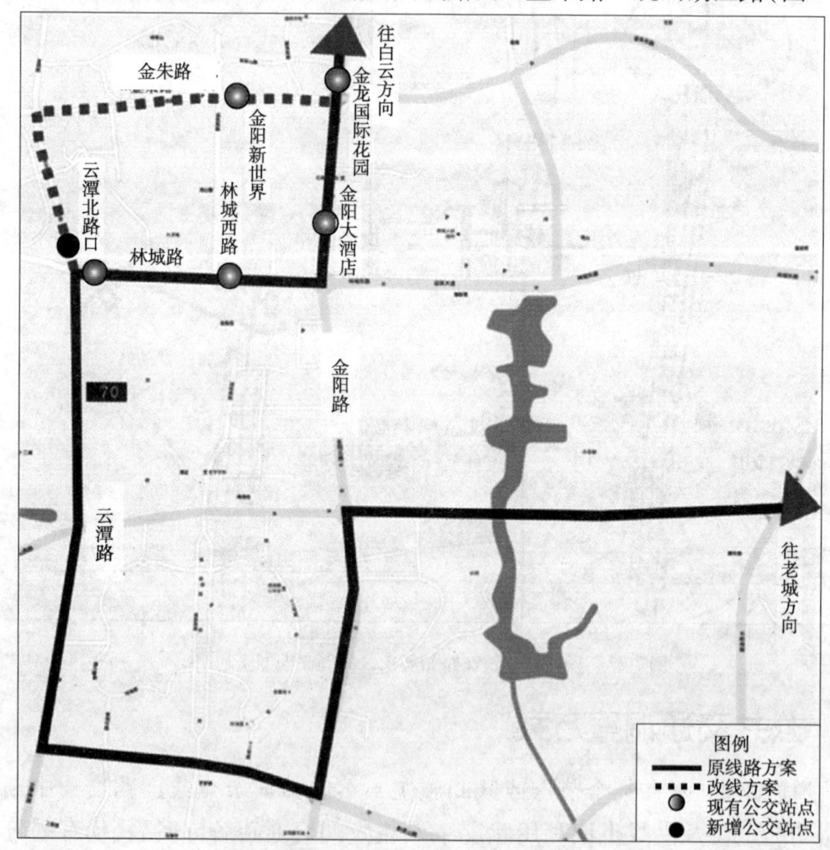

图 7-34 70 路公共交通线路调整方案

②建议在林城路与云潭路交叉口北口增加一对临时公交站点,弥补施工期间

拆除云潭北路口公交站点给沿线居民带来的不便。

(2)231 路公交线路调整方案(图 7-35)

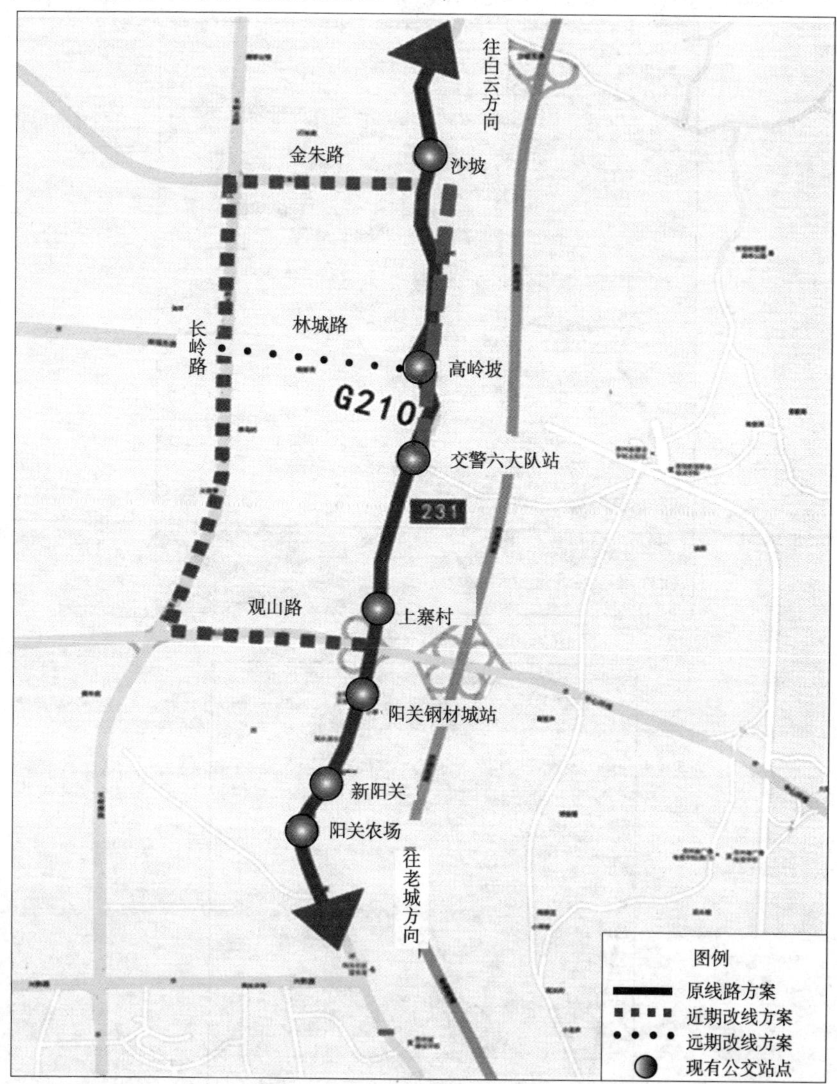

图 7-35 231 路公交线路调整方案

①在轨道施工前期,林城路尚未修建完毕,建议将 231 路公交线路调至金朱路—长岭路—观山路。

②在轨道施工远期,林城路建设完毕后,将 231 公交线路调至林城路—长岭路—观山路。

③为维持现有乘客的出行习惯,建议在交警六大队站—金朱路段增设摆渡接驳线。

7.5.2 老城区公交线路调整方案

7.5.2.1 线路调整方案(图7-36～图7-45)

图7-36 11路公交线路调整方案

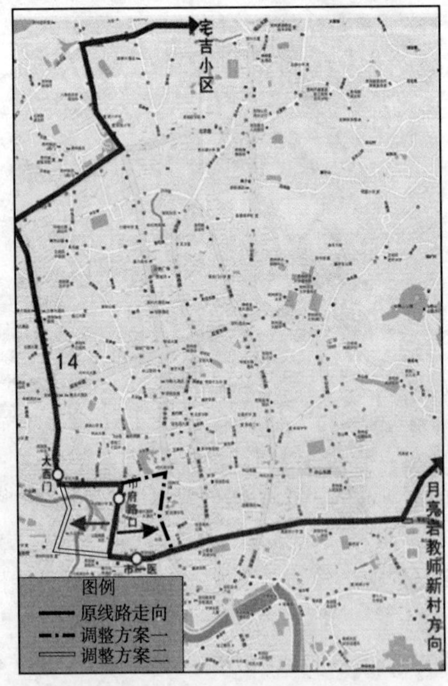

图7-37 14路公交线路调整方案

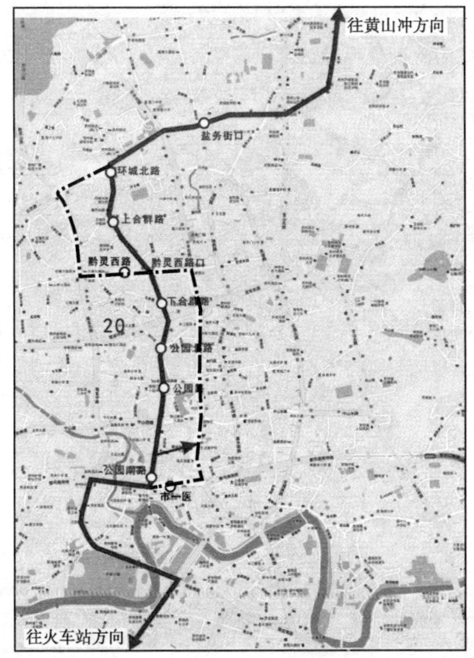

图 7-38 20 路公交线路调整方案

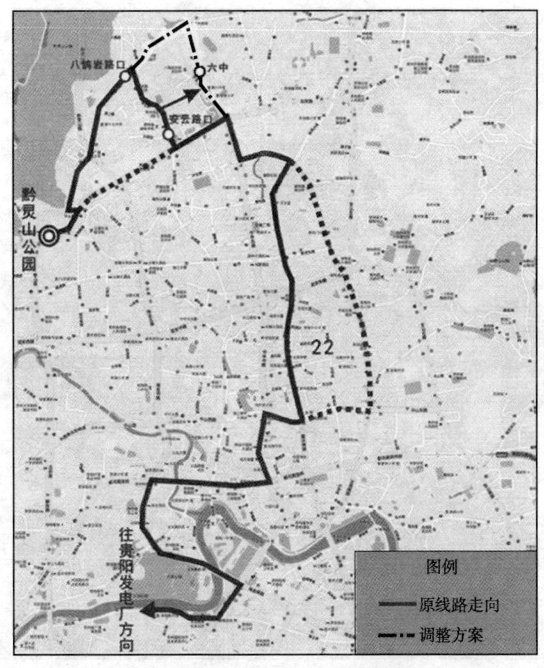

图 7-39 22 路公交线路调整方案

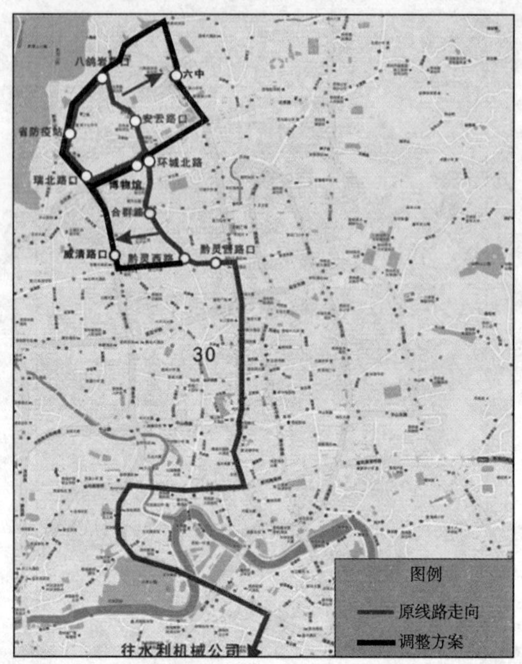

图 7-40　30 路公交线路调整方案

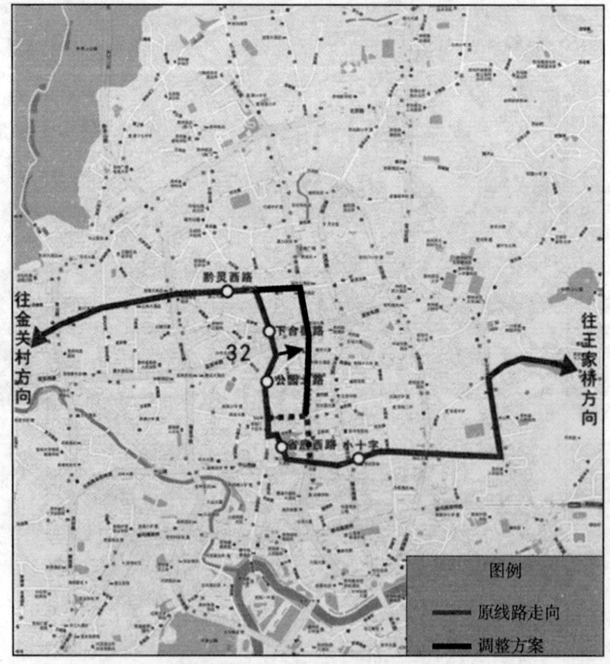

图 7-41　32 路公交线路调整方案

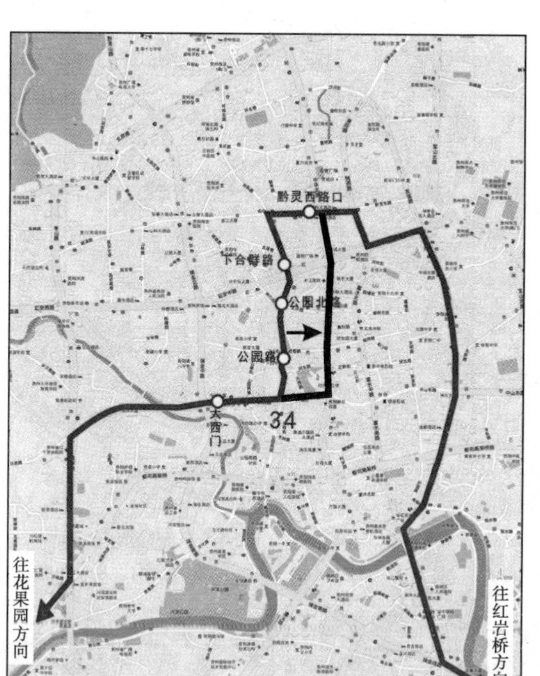

图 7-42 34 路公交线路调整方案

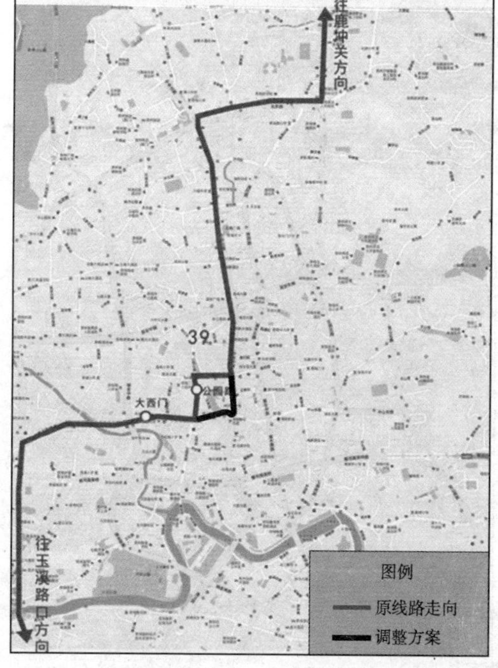

图 7-43 39 路公交线路调整方案

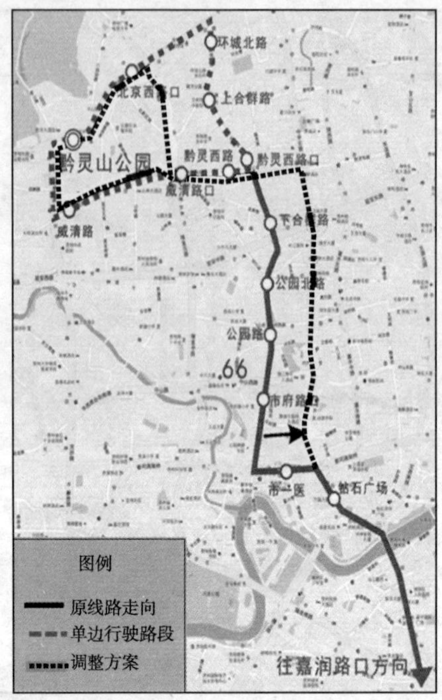

图7-44　66路公交线路调整方案

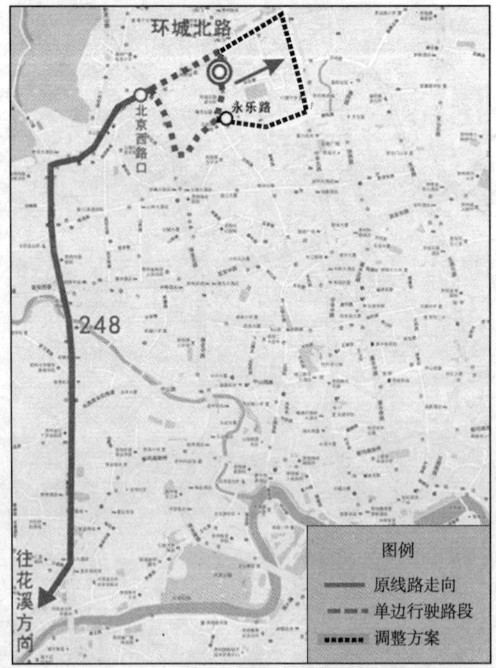

图7-45　248路公交线路调整方案

在上述调整原则中以维持现有乘客出行习惯为调整大原则，现状与公园路合群路平行的道路主要有中华路以及瑞金路两条道路，在调整时考虑三个方面：①与平行道路间间距；②现有站点位置与平行道路站点位置对比；③与平行道路相连道路的通行能力。

7.5.2.2 公交站点调整方案（表7-2、图7-46～图7-48）

部分公交站点调整方案 表7-2

站 点	受影响时期	调整方案
八鸽沿路口	安云路站施工	调整至樱花巷附近
博物馆（北京路北侧）	北京路站一、二期施工	适当往东调整
博物馆1（北京路南侧）	北京路站一期施工	保留现有站台，往博物馆2站台停靠
喷水池站	延安路站施工	方案一：结合临时搭建行人刚便桥，调整至城基路—嘉禾路间
		方案二：设置临时公交站点，根据线路走向分别调整至喷水池交叉口北口、东口、南口
		方案对比；方案一对交通影响较小，但与客流吸引点距离较远；方案二对需设置临时公交站牌，对交通有一定影响。
洛解村站	望城坡站施工	将洛解村站单边站点调整至另一方向现有公交站点对面
珠江路站	新村站施工	将珠江路一对临时公交站点调整至施工区域以北
中兴世家站	长江路—场坝村明挖区间施工	将中兴世家一对公交站点调整至施工区域以北

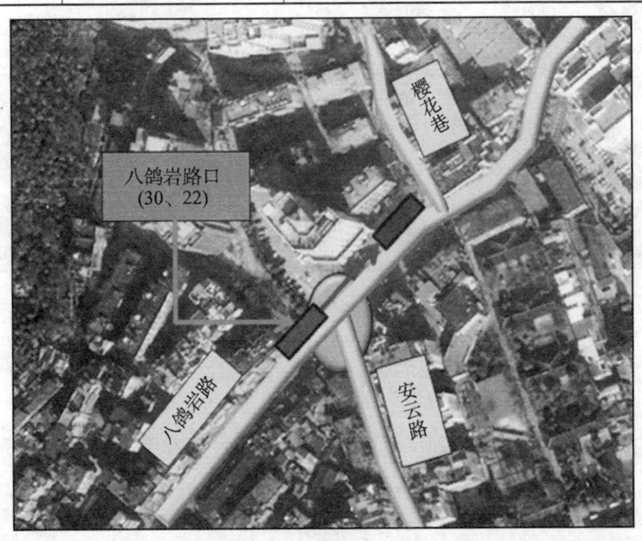

图7-46 八鸽岩路口站调整方案

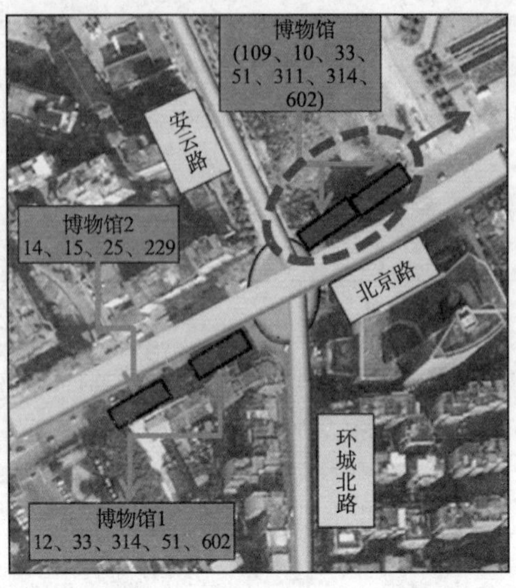

图7-47　博物馆站调整方案

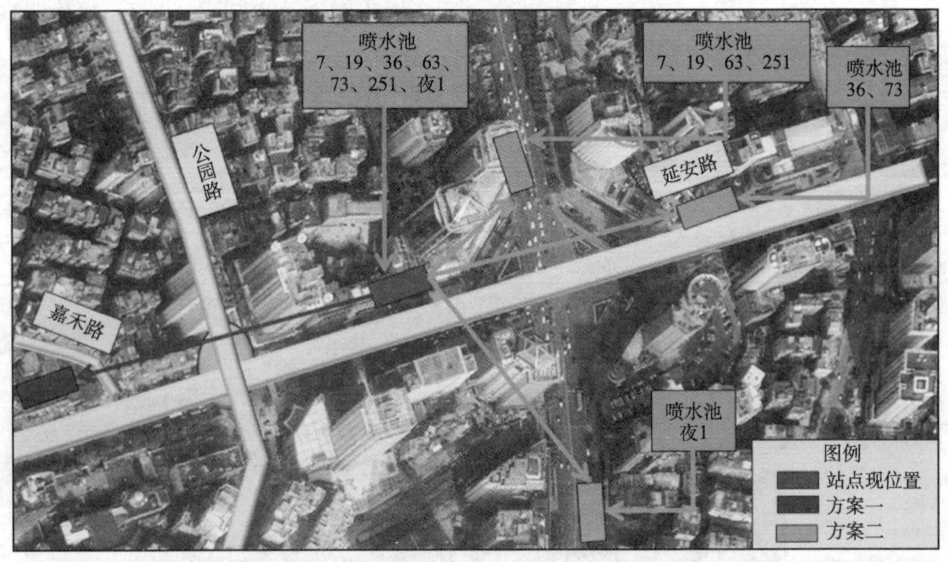

图7-48　其他部分公交站点调整方案

7.6　施工车辆交通组织方案

在交通组织方案中,还涉及因轨道交通施工而产生货运物资交通组织。施工车辆交通组织应根据施工区域道路设施功能和交通条件设计。

(1)蛮坡站—望城坡站施工车辆交通组织

周边路网较为发达,有通道保证施工车辆到离,但老城区段交通压力较大,因此货运交通应采用交通压力较小的夜间进行组织车辆。货运车辆原则上0:00至06:00之间通行;确需白天通行的避开高峰出行,线路设定原则就近驶出一环路,通过二环路实施换向;

(2)将军山站—大寨站、望城坡站—场坝村站施工期车辆交通组织

有通道保证施工车辆到离,施工段交通压力不大,全天均可组织货运交通。

(3)其他区段及站点施工期车辆交通组织

现无通道保证施工车辆到离,需新开辟通道。施工地点位于城市远郊地带,全天均可组织货运交通。

7.7 提前实施工程方案

轨道施工期间为满足各种类型交通组织需求,必不可免会拆除周边的建筑物、绿化、人行步道等设施,为保证施工期间交通组织方案能得以具体落实,相应的工程方案必需提前实施。

7.7.1 观山湖区提前实施工程

朱家湾站施工以及以南明挖区间施工,需在围挡区域南北两侧各搭设6m宽的通道保证上寨安置区交通出行。

7.7.2 老城区提前实施工程

(1)周边建筑物拆除

老城区需要拆除周边建筑物的站点包括蛮坡站、安云路站、延安路站、中山路站、沙冲路站。

(2)人行道改造

北京路站(北京路)、延安路站(延安路)、中山路站(中山路)、沙冲路站(沙冲路)。

(3)临时便桥及便道搭设

安云路站:站点围挡北侧搭建双向四车道临时便道,约需15m。

北京路站:二期搭建30m宽机动车刚便桥,保证北京路双向八车道以及行人通行空间。顺沿安云路围挡西侧,设置一条2m左右通道,连通北京路以及云岩街,保证行人通行;

延安路站:一期搭建一座不小于7m宽的机动车钢便桥连通夏状元街及龙泉巷、龙泉巷以北(东侧搭设一条不小于6m宽的临时便道、西侧搭设一条不小于4m宽的临时便道连通至黔灵西路)、搭设一条不小于6m宽的临时便道,连通景天城以及夏状元街;二期搭建一条不小于6m宽的临时便道,连通夏状元街以及合群路。在延安路以及合群路交叉口处,施工期间搭建一座不小于3m的人行天桥跨过延安路。

中山路站:二期施工期间,围挡西侧搭建一条不小于6m宽的临时便道,连通恒力贵印大厦至公园路。同时搭建一座约20m宽钢便桥,保证中山路交通通行。三期施工期间,顺延西北角围挡区域一侧设置一条2m左右的便道,以便行人通行。

火车站站:一、二期施工期间,于军供站施工场地(围挡西侧)搭设一条不小于6m宽便道保证现有小路沿线出入(如派出所等出入)。二期施工期间搭设一座便桥,一座为不小于6m宽的便道,保证铁运巷出入。三期在1号出入口西侧搭设一条不小于6m宽便道,保证小路沿线单位出入。

(4)节点处隔离栏拆除

延安路站一期施工期间,打开城基路与黔灵西路节点处护栏,保证城基路与黔灵西路实现全转向。

(5)重新设置标志标线路段及节点

沙河街:4~26个月施工期间,沙河街交通组织由单向变双向;

沙河街与中华路交叉口:4~26个月施工期间,沙河街现状可实现全转向,该阶段,沙河街与中华路采用右进右出组织方案。

城基路(黔灵西路以南):0~18个月施工期间,城基路交通组织由单向变双向;

嘉禾路(嘉禾巷以北):0~18个月施工期间,嘉禾路(嘉禾巷)以北交通组织由单向变双向;

嘉禾巷以及福田巷:0~18个月施工期间,双向变单向;

飞山街:0~26个月施工期间,单向变双向;

飞山街与瑞金路交叉口:0~26个月,由现状单出改为右进右出;

市府路(公园路以西):0~26个月施工期间,由南向北交通组织模式改为由北向南;

解放路与遵义路交叉口、达高路:火车站站施工期间,达高路交通组织模式由单向变双向,解放路与遵义路交叉口进口转向仅限,标志标线需重新设置。

7.7.3 小河区提前实施工程

(1)绿化拆除

新村站:新村站一期施工期间为保证珠江路不断交,需拆除围挡东侧绿化带,保证双向两车道通行空间,通道宽度不得小于7m。

长江路站—场坝村明挖区间施工:施工期间为保证沿线单位出入,需改造人行道上的行道树,围挡两侧各设置不小于5m宽的通道。

(2)人行道改造

望城坡站(珠江路人行道)、新村站(珠江路人行道)、长江路站(珠江路人行道)、长江路站—场坝村站明挖区间(浦江路人行道)。

(3)便道搭设

望城坡站施工:望城坡站一期施工期间,为保证北侧沿线村民出入,需搭设一座5m左右机动车钢便桥。

长江路站—场坝村明挖区间施工:施工期为保证清水江路机动车及人行通行,需搭建约14m宽的钢便桥。

7.8 交通组织方案评估

轨道交通施工期间的交通组织方案评估,一方面是为了验证方案的效果,另一方面通过评估结果分析判定各个区域是否需要采取其他交通管理措施。评估的内容主要有三个方面:交通组织方案的疏解效果、交通组织方案对施工的影响、交通组织方案对轨道交通工程造价的影响。其中,交通组织方案的疏解效果评估是重点。对于复杂重要的施工影响区域,要建立区域交通模型,对疏解方案进行定量评估。

7.8.1 观山湖区施工组织方案评估(图7-49)

采用交通疏解方案后,整个路网的交通量有所增加,特别是林城路以北的次干路,但施工影响有限。

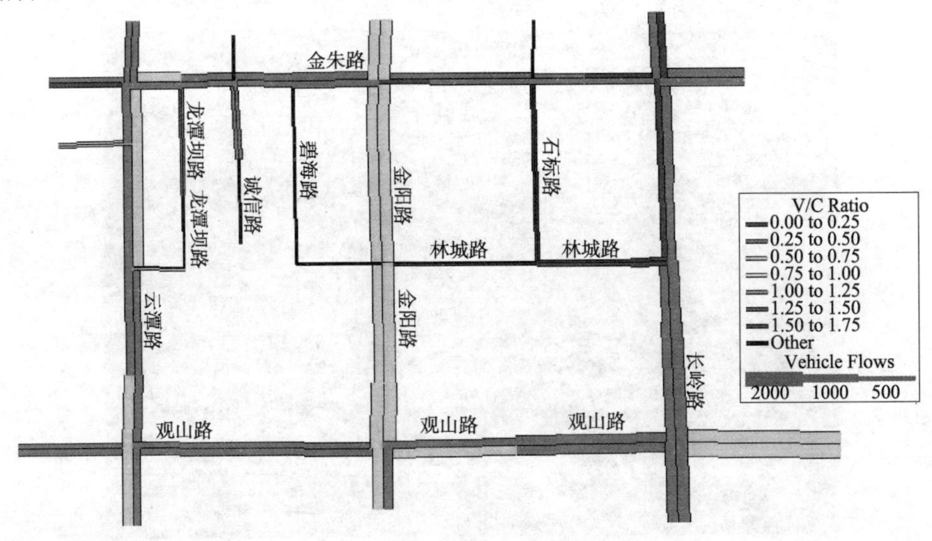

图7-49 观山湖区方案评估分析图

现状周边路网基本处于自由流状态,有能力容纳分流后的交通量,施工后路网的整体服务水平处于B级及以上，部分路段出现少量的延误现象，但整体上服务水平良好，施工期间不需要采取其他管制措施。

目前观山湖区已施工进场半年多，周边路网运行状况良好，与上述分析结果基本一致。

7.8.2 老城区施工组织方案评估

(1)0～2个月施工期交通组织方案评价(图7-50、图7-51)

在0～2个月施工期，交通组织方案为：开辟临时施工便道保证八鸽岩路双向四车道通行空间；城基路(黔灵西路以南)单向变双向；嘉禾巷双向变单向(南—北组织方式)；福田巷双向变单向(北—南组织模式)；飞山街单向变双向；市府路(公园路以西)由现状由南—北改为由北—南；在黔灵西路与城基路节点打开黔灵西路中央隔离栏，交叉口实现全转向。实施交通组织方案后，路网的交通状况如图所示。D级及以下路段的比例由疏解方案实施前的52.4%降低至51.2%，老城区交通状况有一定改善，但与现状对比，服务水平仍低于现状。

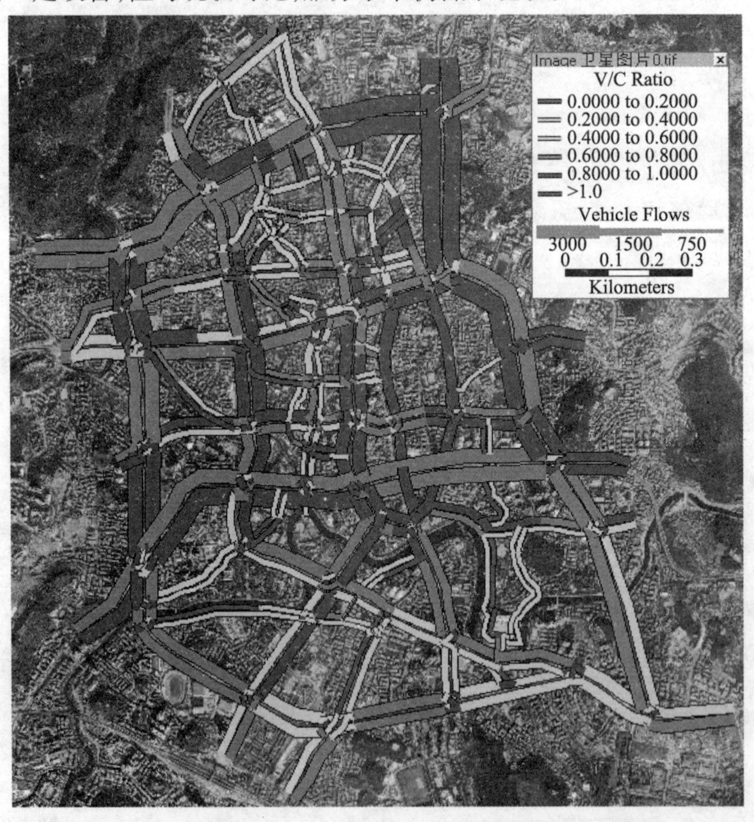

图7-50 0～2个月交通疏解方案效果

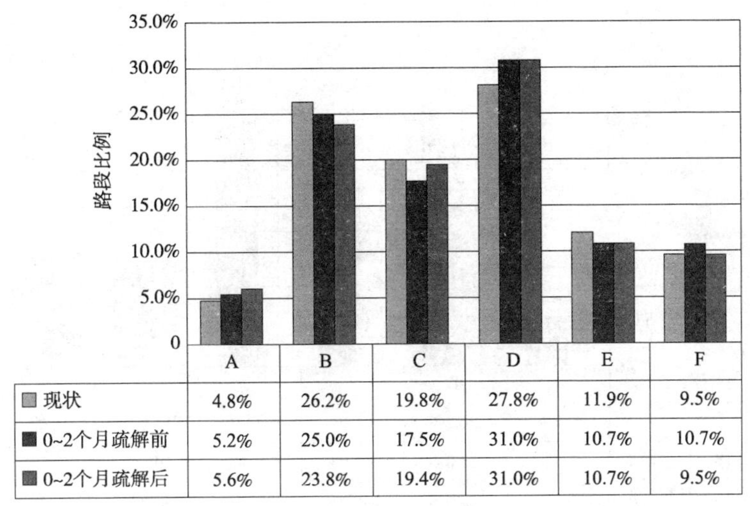

	A	B	C	D	E	F
现状	4.8%	26.2%	19.8%	27.8%	11.9%	9.5%
0~2个月疏解前	5.2%	25.0%	17.5%	31.0%	10.7%	10.7%
0~2个月疏解后	5.6%	23.8%	19.4%	31.0%	10.7%	9.5%

图 7-51　0 ~ 2 个月疏解方案实施前后不同服务水平路段比例变化

(2)2 ~ 4 个月施工期交通组织方案评价

在第 2 ~ 4 个月施工期,公园路与中山路完全不能互通,疏解方案同前期(0 – 2 个月)基本相同,路网的交通状况如图 7-52 所示。D 级及以下路段的比例由疏解前的 53.2% 减少至 51.6%,交通状况有明显改善。

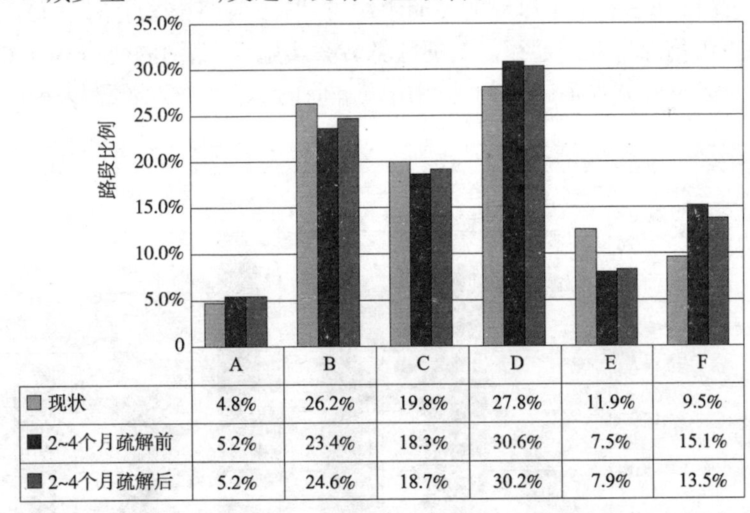

	A	B	C	D	E	F
现状	4.8%	26.2%	19.8%	27.8%	11.9%	9.5%
2~4个月疏解前	5.2%	23.4%	18.3%	30.6%	7.5%	15.1%
2~4个月疏解后	5.2%	24.6%	18.7%	30.2%	7.9%	13.5%

图 7-52　2 ~ 4 个月疏解方案实施前后不同服务水平路段比例变化

(3)4 ~ 18 个月施工期交通组织方案评价

在第 4 ~ 18 个月施工期,交通疏解方案将在前期(2 – 4 个月疏解方案)的基础上,将沙河街由单向变为双向通行,路网的交通状况如图 7-53 所示。D 级及以下服务水平路段的比例由疏解前的 53.6% 减少至 50.4%,交通状况有一定改善。

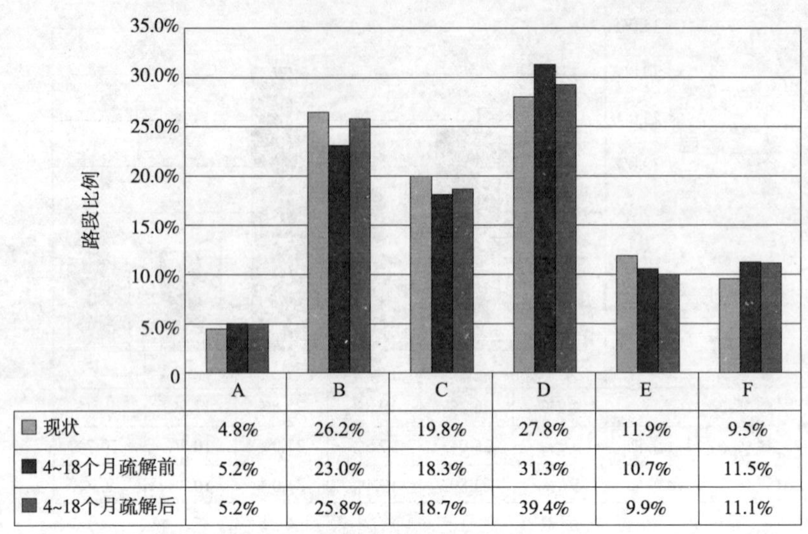

图 7-53　4 ~ 18 个月疏解方案实施前后不同服务水平路段比例变化

(4)18 ~ 20 个月施工期交通组织方案评价

在第 18 ~ 20 个月施工期,交通疏解方案与前期(4 ~ 18 个月)相比有明显的变化:沙河街保持双向通行;城基路(黔灵西路以南)、嘉禾巷、福田巷以及黔灵西路与城基路交叉口恢复到施工以前的交通组织方式;市府路(公园路以西)维持由北往南通行;飞山街保持双向通行。交通疏解方案实施后,路网的交通状况如图 7-54 所示,D 级及以下服务水平路段的比例由疏解前的 50.4% 减少至 49.6%,交通状况有一定变化。

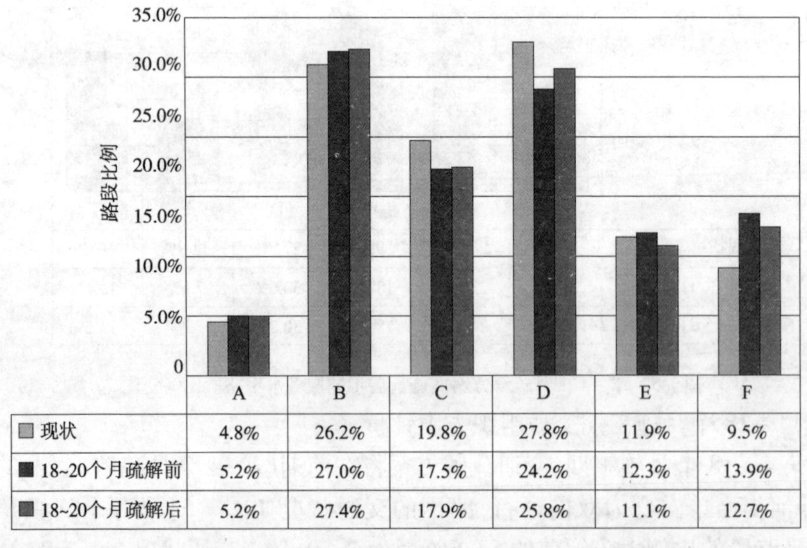

图 7-54　18 ~ 20 个月疏解方案实施前后不同服务水平路段比例变化

(5)20 ~ 26 个月施工期交通组织方案评价

在第 20 ~ 26 个月施工期,交通疏解方案与前期(18 ~ 20 个月)基本相同,不同在于中山路与公园路已经实现右进右出。交通疏解方案实施后,路网的交通状况如图 7-55 所示,D 级及以下服务水平路段的比例由疏解前的 50.0% 减少至 49.6%,交通状况有一些改善。

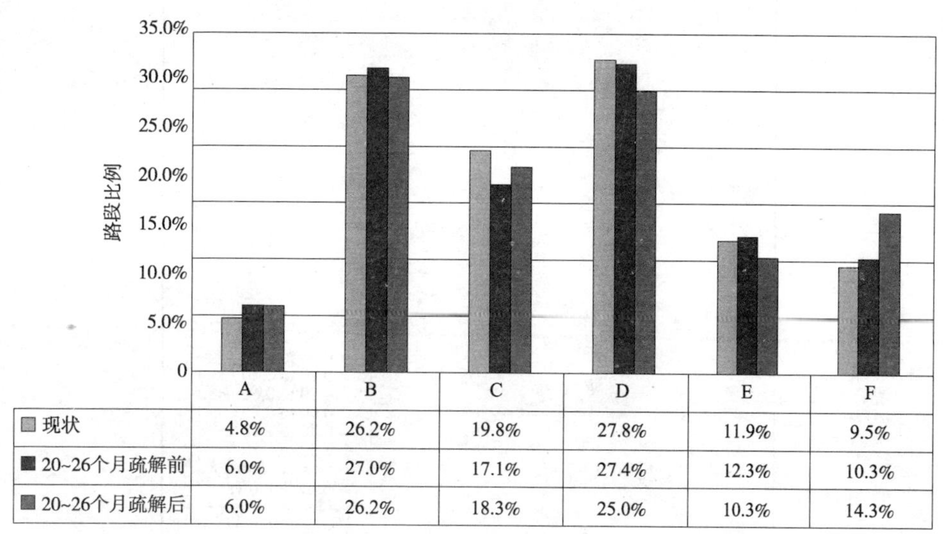

	A	B	C	D	E	F
现状	4.8%	26.2%	19.8%	27.8%	11.9%	9.5%
20~26个月疏解前	6.0%	27.0%	17.1%	27.4%	12.3%	10.3%
20~26个月疏解后	6.0%	26.2%	18.3%	25.0%	10.3%	14.3%

图 7-55 20 ~ 26 个月疏解方案实施前后不同服务水平路段比例变化

(6)26 ~ 27 个月施工期交通组织方案评价

在第 26 ~ 27 个月施工期,除保证八鸽岩路双向四车道通行空间的施工便道外,其余均恢复到施工前的状况,路网的交通状况与施工前基本相同。由于公园路已经全线贯通,D 级及以上路段的比例变化不大(由疏解前的 49.6% 变为 49.2%),老城区路网的交通状况基本恢复到施工前。

7.8.3 小河区施工组织方案评估

采取疏解措施后,保证了珠江路及浦江路两条道路通行,沿线居民出行得以保证。在方案测试中,考虑了对交通影响最不利状况,即望城坡站、新村站、长江路站一期施工,疏解通道仅为两条情况。通过流量及服务水平分析施工围挡处路段通行能力明显下降,服务水平等级由 A、B 级降至 C、D 级,交通流已接近不稳定车辆,有一定的延误,特别是望城坡站以及长江路—场坝村明挖区间施工路段,但影响范围有限,基本处于可接受范围。具体如图 7-56 所示。

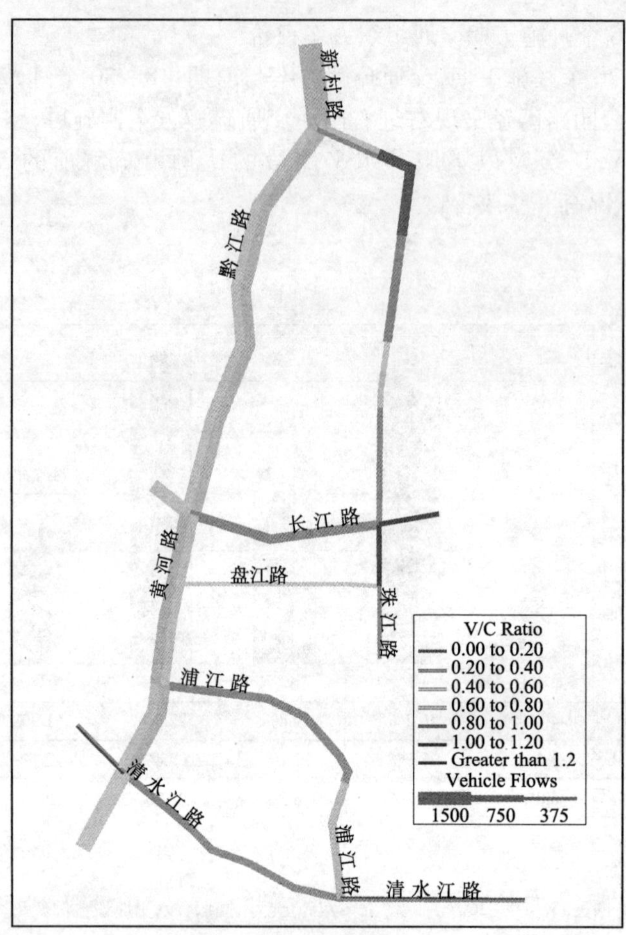

图 7-56　疏解方案后流量 V/C

8 轨道交通施工期间交通需求管理政策

8.1 轨道施工期间交通需求管理必要性分析

从贵阳城市空间布局来看，“一城双核心”的发展目标现处于初级阶段，完善的配套功能设施仍高度聚集于老城区，其他组团对老城区配套功能依赖性较强，向心交通需求较大，使得老城区路网设施承担多类型交通需求。同时，老城区空间尺度较小，“点一线”“线一面”的交通拥堵扩散较为迅速，可谓“牵一发而动全身”。

从路网供给水平来看，贵阳现阶段已相继建成二环及三环快速路网体系，但受制于地形及路网不完善等因素影响，各组团内部与快速路网体系衔接不足（尤其是小河及花溪两个片区较为明显），组团间以及对外交通出行距离过远，出行者路径选择偏向于穿越老城区。老城路网密度严重偏低，级配严重不合理，支路路边停车及断头现象较为常态，主干道孤军奋战。

从停车设施供给来看，泊位供给严重不足，导致路内停车现象为常态，原本供给不足的路网体系变得愈发捉襟见肘。

从轨道交通施工交通组织方案的效果来看，即使采取相应的疏解方案，整个路网D级以下服务水平路段仍占50%左右，特别是0～4个月施工期间，D级以上服务水平的路段较现状增加了两个百分点，其他时期服务水平略优于未疏解前，但仍低于现状，运行状况不容乐观。

综上所述，在轨道交通施工期间，采取一定的交通需求管理措施势在必行。

8.2 贵阳市现行交通管制措施

8.2.1 小型客车限行措施

贵阳市籍牌照及办理长期行驶登记所有小型客车工作日一环路内实施尾号限行；非贵阳市籍牌照小型客车一环内实施“开三停五”的限行措施。不受限对象：特种车辆，城市公交、出租及公路客运车辆，邮政专用车及喷涂有统一外观标识的行政执法车和城市专项作业、保障车辆，不受通行限制。

8.2.2 货车禁行措施

微型货车、轻型货车：每日7:00至22:00，禁止驶入一环路（含一环路）以内各条道路;重(中)型载货汽车、工程车、特种货物运输车以及其他悬挂黄牌的非载客汽车:每日00:00至24:00时,禁止驶入三环路以内(不含三环路)各条道路。

8.2.3 汽车限购措施

新登记的小客车将实行新号牌核发规定。新号牌分两类,第一类是小型客车专段号牌,准许驶入所有道路,该类号牌实行配额管理制度,每月2000辆;第二类是普通号牌,禁止驶入一环路(含一环路)以内道路,核发数量不受限制。

二环通车和贵阳市老城核心区实施机动车尾号限行后,二环路对老城核心区道路交通量的分流和尾号限行削减交通交通量的效果明显,老城核心区道路交通状况改善显著。在二环通车和尾号限行后,路段堵塞率下降50%,饱和度0.75以上路段由22条减为16条,降幅达27%。路口拥堵比例也由86%降至68%,其中饱和度1.0以上的路口由原来的10个减少至3个,路口堵塞率降低了70%。

限行与限购措施对于城市交通拥堵的缓解具有显著效果,但整体而言,贵阳市的交通压力依然严峻,在轨道交通施工期间应研究进一步的交通需求管理措施。

8.3 轨道施工期间机动车限行

目前,虽然贵阳已经实施单日限制两个号牌的机动车限行措施,但老城区的交通运行状况也不容乐观。可以较为肯定的推断,在老城区进行轨道交通施工,如果不进一步限制机动车交通量,无论采用何种交通组织方案,老城区的交通势必瘫痪。因此,在限行机动车限行政策基础上,提出如下的两种机动车限行方案。

8.3.1 开二停一

一环内贵阳市籍牌照及办理长期行驶登记所有小型客车尾号限行由现状单日限制两个号牌变为三个号牌的情形。该方案可以将机动车需求总量削减10%。

如果实施“开二停一”方案,路网的交通状况如图8-1所示。从图中可以看出,A、B、C三个等级服务水平路段的比例都有明显的提高,而D、E、F三个等级服务水平路段的比例有较大幅度的降低,路网交通状况的改善非常明显。

8.3.2 单双号限行

一环内贵阳市籍牌照及办理长期行驶登记所有小型客车尾号限行由现状单日限行两个号牌变为五个号牌情形。该方案可以将机动车需求总量削减30%。

如果实施“单双号限行”方案,从图8-2中可以看出,A级路段的比例由施工前的4.8%升高至25.8%,提高了21个百分点;B级路段的比例由原来的26.2%增加至53.6%,提高了27个百分点;C、D、E、F四个等级服务水平路段的比例都有明显的降低。其中,F级路段比例为0,表明老城区已经没有非常拥堵的路段,整个路网交通状况的改善极其明显。

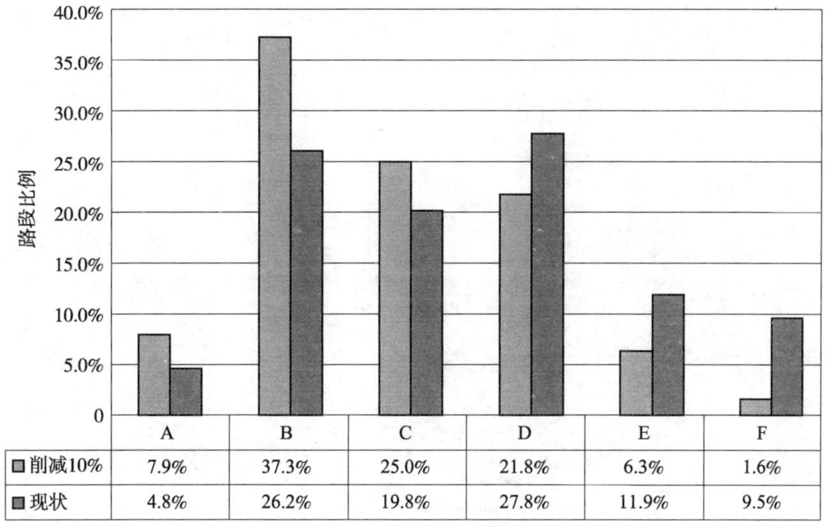

图 8-1 采取“开二停一”措施时不同服务水平路段比例变化

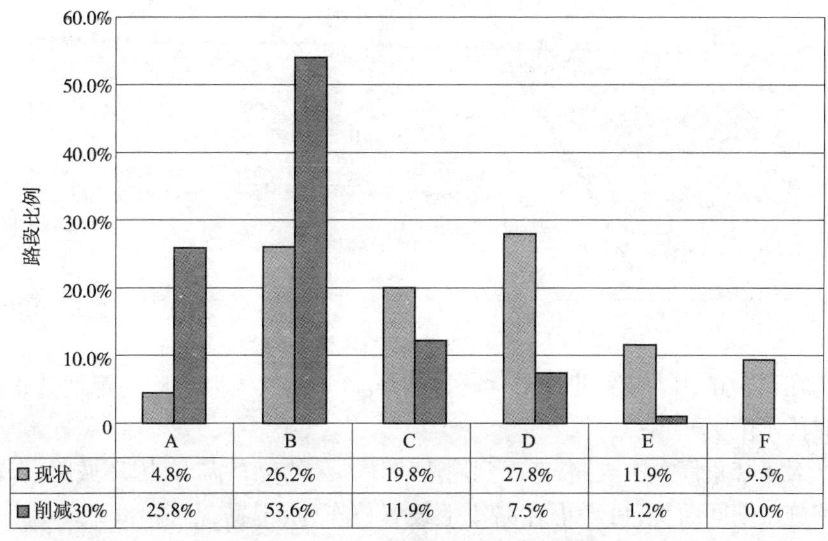

图 8-2 采取“单双号限行”措施时不同服务水平路段比例变化

8.4 轨道施工期间停车管理

在老城区区域交通组织方案中，由北京路、瑞金路、都司路、中华路围合区域是轨道施工期间需重点考虑区域，无论是主干道、次干道还是支路，在施工期间需承担不同类型交通流。因此，为了保证施工期间各条道路发挥应有的交通功能，必须加强对相关道路的停车进行管理。具体如图 8-3 所示。

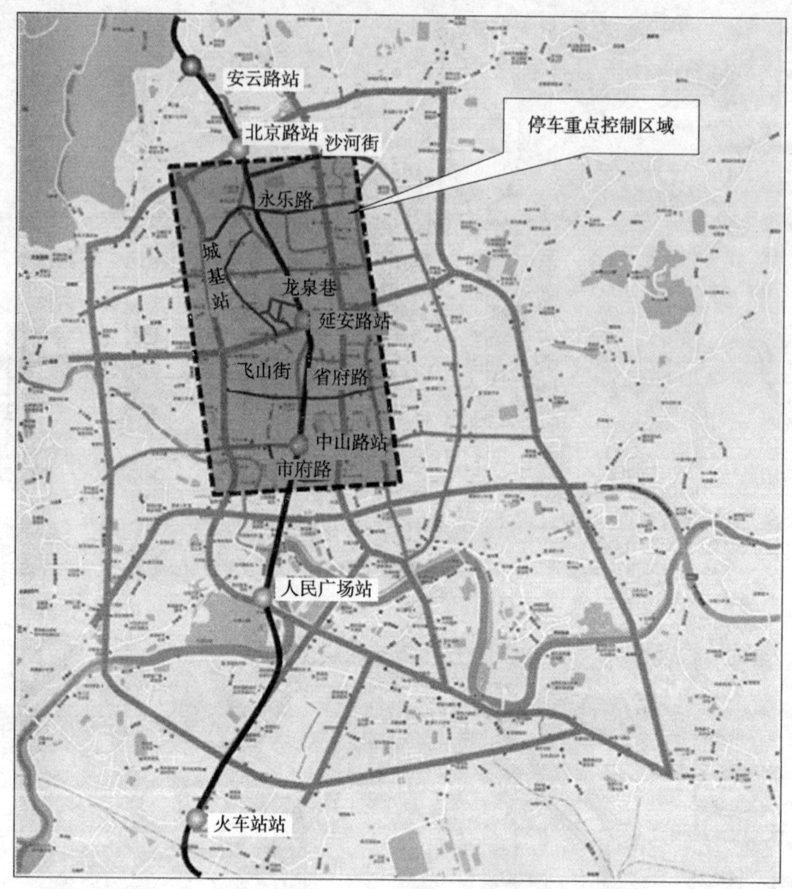

图 8-3　轨道交通施工沿线区域停车管控

①在瑞金路、中华路、北京路、都司路围合区域内次支路早晚高峰期禁止停车，其余时段不限。

②对于禁止停车次支路，考虑到周边居住小区的停车需求，因环城路、合群路、公园路施工期间断交，可考虑在路段上设置停车位，但需保证沿线双车道通行条件，沿线出入需保证。

③修订完善停车管理法规规章。加强停车泊位管理，整治停车秩序，加大对违法占道停车处罚力度。

④制定老城区停车场资源共享办法，支持和引导党政机关、企事业单位和社区停车设施对外开放，错时停车。

⑤在环城路、合群路、公园路临近主干道围合区域周边次支路上，早晚高峰期禁止停车。

⑥修订完善停车管理法规规章。加强停车泊位管理，整治停车秩序，加大对违

法占道停车处罚力度。

⑦制定老城区停车场资源共享办法,支持和引导党政机关、企事业单位和社区停车设施对外开放,错时停车。

⑧在早、晚高峰期间(7:00~9:00;16:30~19:30),严禁在沙河街、永乐路、城基路、龙泉巷、嘉禾路、嘉禾巷、福田巷、飞山街、省府西路、环城路、市府路停车。

⑨城基路、龙泉巷、嘉禾路、嘉禾巷、福田巷全天路侧停车均需禁止。

8.5 轨道施工期间开通组团公交快线

在老城区交通类型主要有三部分构成:老城区区内交通、老城区与组团间交通、组团与组团间交通,组团间交通出行已通过城市范围内交通诱导措施进行分流,因组团与老城区间空间跨度较大,机动车出行已成必然,在机动车交通工具中,在同等道路资源占用情况下,公共交通高效载客效率已成不争事实。在剩余两类型交通出行需求中,一方面组团与老城区应提高常规公交服务品质,方可在减少出行者对小汽车交通工具依赖程度。另一方面如有实施可能性需改善老城区常规公交通行环境,结合客流吸发重要聚集地高峰期间开通直达公交快线,在出行时间以及服务品质上优于现状大站快线跨区公交,票价可高于常规公交低于小汽车出行,与小汽车形成强有力的竞争关系。

高峰期间中心城区主要客流集散地(如中华路、瑞金路)最边侧道路仅允许公交车辆以及执行紧急任务车辆通行;

在城市一环路主出入口处(沙冲路、油榨街、新添大道、延安西路、北京西路)考虑设置公交专用道,一方面避免高峰期因多次排队而造成出行时间增加,另一方面通过路口设置公交专用道,在一定程度上可延缓高峰时段进入一环线以内的机动车流量。

9　轨道交通施工期间交通管理方案风险分析

轨道施工的过程及其他外部条件的不确定性，使得交通组织方案本身存在一定风险，特别是老城区。老城区施工期间交通组织方案呈现不确定性主要根源体现在两个方面。一方面为轨道交通施工本身存在的风向。轨道施工期间建筑物拆除量较大，能否如期按实施计划拆除尚存未知数，连锁反应结果为施工时序不确定，导致中观及微观层面交通组织方案存在较大风险。另外一方面为轨道交通建设与市政工程建设同步进行的风险。老城区空间跨度较小，可通行道路屈指可数，在不采取任何疏解措施下仅一个轨道交通施工足可以使老城区交通大面积瘫痪，即使采取有效交通疏解方案也不能保证施工期交通运行状态基本稳定。在这种情况下，其他任何市政工程与轨道交通同步施工所带来的交通问题都是无解的。因此，在现阶段应充分认识到施工期交通组织方案存在风险要素，尽可能降低风险出现的概率。

9.1　其他市政工程同步施工的风险分析

据了解，近期贵阳市老城区段除轨道交通 1 号线施工外，可能还有其他市政工程与之同步施工，如公园路改扩建工程、人防工程等。各型市政工程建设时序的不确定性给轨道施工期交通组织方案带来很大的风险。下面以人防工程与轨道交通同步施工为例，说明同步施工带来的风险。

9.1.1　人防工程概况

老城区城核心区地下人防工程（一期）为：中华路和中山路，整体设计为地下两层，总建筑面积约 8 万 m^2。其中：中华路（都司路至喷水池）全长 1042m，实施宽度 26m，建筑面积约 6 万 m^2；中山路（富水路至公园路）全长 457m，实施宽度 16m，建筑面积约 2 万 m^2。具体如图 9-1 所示。

9.1.2　人防工程交通影响分析

人防工程第一阶段施工后，中华路将封闭。这会导致整个路网的流量和服务水平的改变，如图所示。人防工程第一阶段的时候，贵阳市一环内的 E、F 级服务水平路段大幅增加，说明整个路网的服务水平在急剧下降。现状时期中华路承担了很大的机动车交通量分担任务，中华路的封闭使得中华路分担的车流量不得不找寻替代道路行驶，从而加重了整个路网上负担，造成整个路网的服务水平的严重下降，全城交通陷入瘫痪状态。

图 9-1 贵阳市老城核心区地下人防工程平面图

由分配结果可见，中华路全线封闭施工将会对中心城区交通造成灾难性的影响,造成中心城区道路交通超出40%以上路段进入拥堵状态。尤其是喷水池和大十字两个主要路口同时封闭,几乎全面阻断东西向交通流向。具体如图9-2所示。

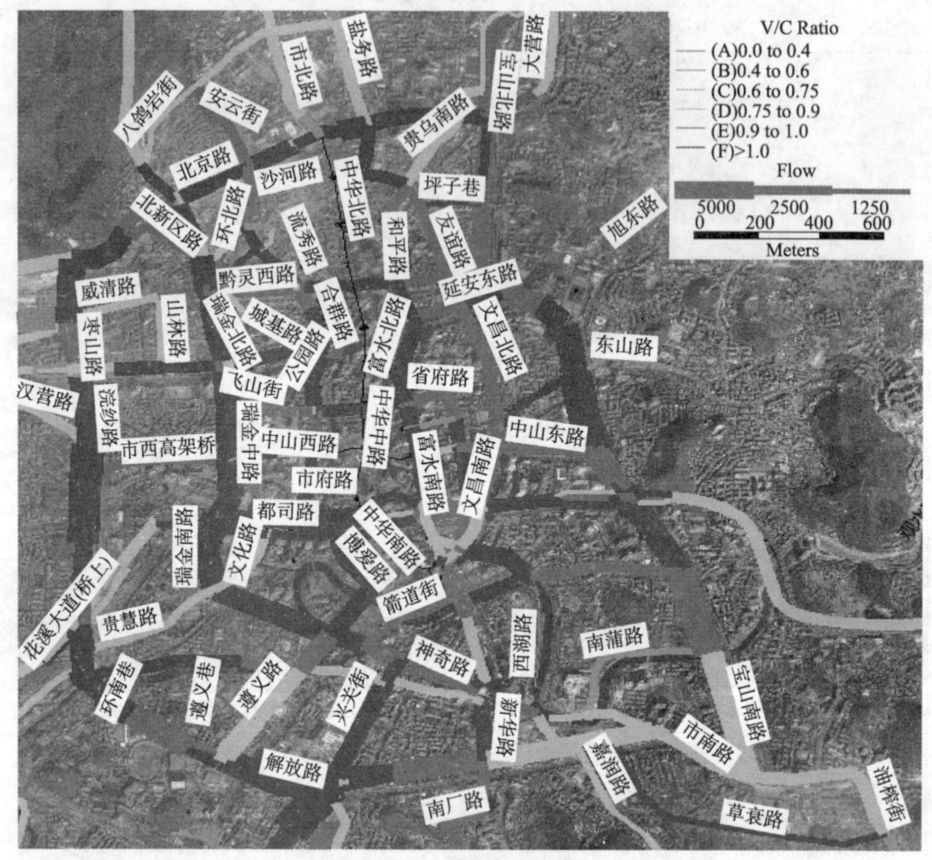

图9-2 人防工程交通流量分配图

9.1.3 人防工程与轨道交通同步施工的交通影响分析

贵阳市老城核心区地下人防工程(一期)第一阶段和轨道交通施工同步进行,除造成公园路—合群路断交外,在施工的最初一个月还将会导致中华路(交际处—大南门段)、中山路(富水路—公园路)出现断交,将会对老城区交通带来较大的影响。根据人防工程(一阶段有12个月工期)和轨道交通建设的时间安排,划分为0~1、1~2、2~4和4~12个月四个阶段。

(1)0~1个月交通影响分析

在0~1个月施工期,一方面轨道交通施工导致八鸽岩路与安云路断交、黔灵东路和延安路之间的合群路断交;另一方面人防工程施工导致中华路(西湖路—北京路)、中山路(富水路—公园路)断交。都司路、北京路、黔灵西路在与中华路形成节点处直行交通可通行,与中山路相交的公园路和富水路可通行。D级及以上

路段的比例由49.2%增加至56.5%，尤其是E和F级路段的比例明显上升，都司路以北的瑞金路、富水路、宝山路和瑞金路与宝山路之间的北京路几乎都处于拥堵状态。具体如图9-3、图9-4所示。

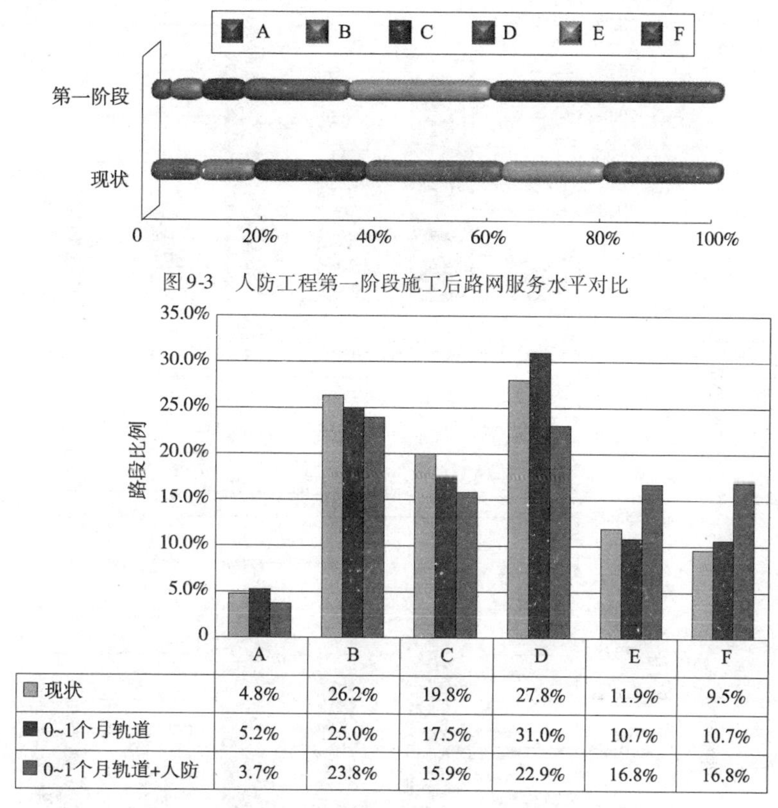

图9-3 人防工程第一阶段施工后路网服务水平对比

	A	B	C	D	E	F
现状	4.8%	26.2%	19.8%	27.8%	11.9%	9.5%
0~1个月轨道	5.2%	25.0%	17.5%	31.0%	10.7%	10.7%
0~1个月轨道+人防	3.7%	23.8%	15.9%	22.9%	16.8%	16.8%

图9-4 0~1个月不同服务水平路段比例变化

(2)1~2个月交通影响分析

在1~2个月施工期，人防工程已经将开挖的道路修复，中华路（西湖路—北京路）、中山路（富水路—公园路）由0~1个月的完全断交状态基本恢复通车，只是车道数由原来的双向8车道变为双向4车道，通行能力也相应减少。轨道施工引起的八鸽岩路与安云路断交、黔灵东路和延安路之间的合群路断交仍然维持不变。D级及以上路段的比例由施工前49.2%增加至54.0%，E和F级路段的比例比仅有轨道施工有一定升高。具体如图9-5所示。

(3)2~4个月交通影响分析

在2~4个月施工期，人防工程对道路的影响是中华路（西湖路—北京路）和中山路（富水路—公园路）通行能力降低了1/3。轨道交通施工将新增合群路在省府路至中山路以及中山路至都司路部分断交。D级及以上路段的比例由施工前

49.2%增加至55.2%，E和F级路段的比例比仅有轨道施工有明显升高。具体如图9-6所示。

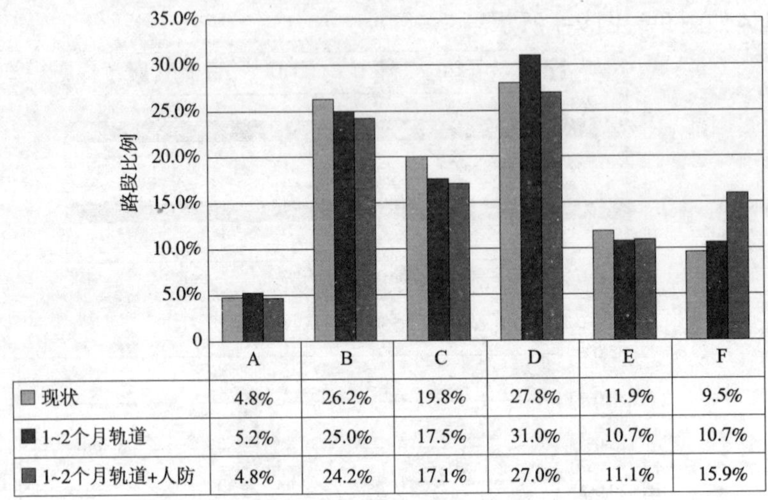

	A	B	C	D	E	F
现状	4.8%	26.2%	19.8%	27.8%	11.9%	9.5%
1~2个月轨道	5.2%	25.0%	17.5%	31.0%	10.7%	10.7%
1~2个月轨道+人防	4.8%	24.2%	17.1%	27.0%	11.1%	15.9%

图9-5　1~2个月不同服务水平路段比例变化

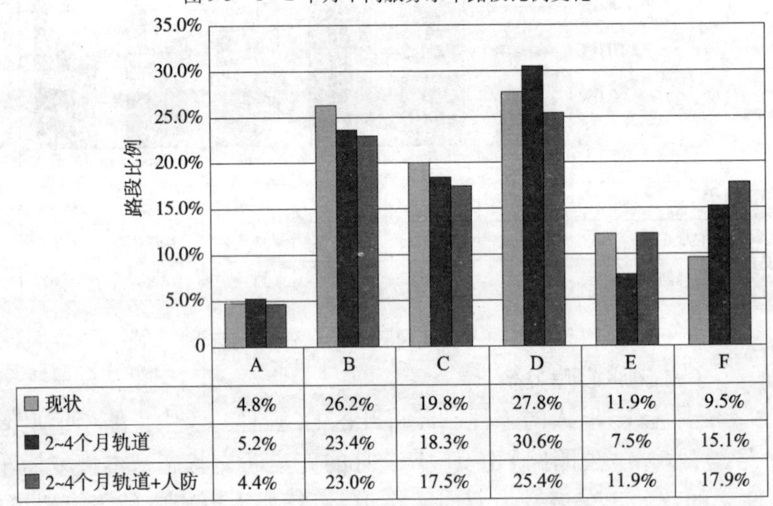

	A	B	C	D	E	F
现状	4.8%	26.2%	19.8%	27.8%	11.9%	9.5%
2~4个月轨道	5.2%	23.4%	18.3%	30.6%	7.5%	15.1%
2~4个月轨道+人防	4.4%	23.0%	17.5%	25.4%	11.9%	17.9%

图9-6　2~4个月不同服务水平路段比例变化

(4)4~12个月交通影响分析

在2~4个月施工期，轨道施工将新增北京路至沙河街的合群路完全断交，人防工程的影响和前一期相同。D级及以上路段的比例由施工前49.2%增加至55.6%，交通状况明显恶化。具体如图9-7所示。

通过上述分析，人防工程与轨道交通若同步施工，将截断老城区两条南北向干道及一条东西向干道。根据人防工程施工方案，中华路沿线基本全封闭，中山路（公园路—富水路）路段全封闭，将割断老城区道路系统网络，造成道路系统功能

丧失，沿线区域缺乏基本的交通组织条件。整个路段封闭后，沿线单位的刚性出行需求以及紧急情况下消防、救护等应急车辆无法通行。因此同步施工带来的影响不仅是交通问题，而是严重的社会安全风险问题。因此，在轨道交通施工前四个月，一环内不建议安排任何一项市政工程与轨道交通同步开工；同时在轨道交通0～26个月施工期间，不建议安排大型市政工程（人防工程及公园路改扩建工程）与轨道交通同步施工。

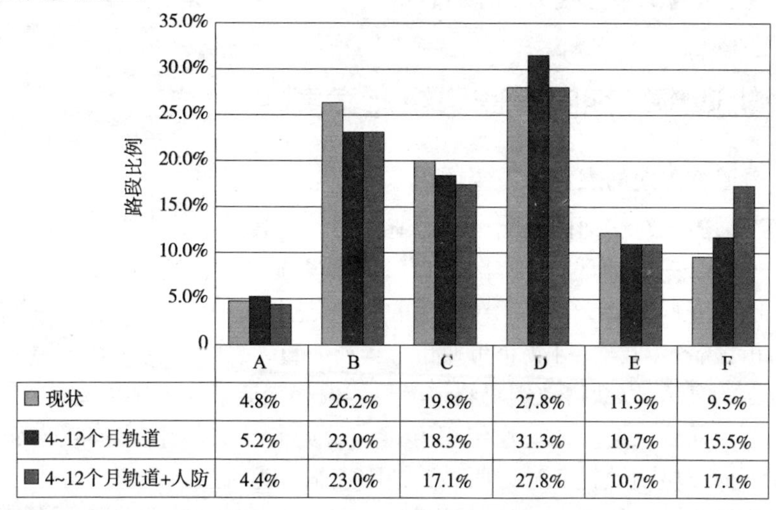

	A	B	C	D	E	F
现状	4.8%	26.2%	19.8%	27.8%	11.9%	9.5%
4~12个月轨道	5.2%	23.0%	18.3%	31.3%	10.7%	15.5%
4~12个月轨道+人防	4.4%	23.0%	17.1%	27.8%	10.7%	17.1%

图9-7　4～12个月不同服务水平路段比例变化

9.2　拆迁工程对交通组织方案的风险分析

在老城区轨道施工期间，周边建筑物拆迁量较大，特别是安云路站—中山路站。本次交通组织方案假设的前提条件之一就是拆迁红线范围内建筑物均按期拆除，站点同步开工建设。若周边建筑物不能如期拆除，则各站点施工时序发生改变，安云路站—中山路站中观以及微观两个层面交通组织方案需重新设计，对轨道施工建设进度有一定影响。

9.3　施工拥堵引发的社会舆论风险分析

施工前期无论如何进行有效的交通疏解，如何进行有效宣传，施工第一周老城区交通拥堵不可避免，甚至持续时间会更长。施工期间，交通流在时空上重新进行分配，整个路网由施工前期不稳定状态逐渐过渡为稳定状态过程，体现为市民对出行路径选择具有一段时间的适应性。因此，在施工前期，在加大宣传力度同时，无论是对普通市民还是上级部门需道明施工前期，短时交通拥堵不可避免，使市民以及上级部门提前有心理准备，以适应施工前期可能出现的交通状况。

10 轨道交通施工期间交通组织方案宣传及实施保障

10.1 轨道施工期间交通组织方案宣传

10.1.1 轨道施工期间宣传的重要性

轨道交通施工对交通的影响是不可避免的。尤其是在城市中心城区进行轨道交通施工时，无论采取何种交通疏解方案，交通状况都会由于轨道的施工而恶化。为了尽可能地降低轨道交通施工对交通的影响，达到交通组织方案的预期效果，必须提前对市民、各级政府部门、企事业单位等所有重要交通参与者在轨道交通施工前进行全面的宣传，以获得他们对轨道交通建设和交通组织方案的支持。否则，将会使得轨道交通施工期间的交通组织方案难以实施，从而严重影响轨道交通的建设步伐。下面以昆明地铁 3 号线西昌路站围挡施工为例进行说明。

2013 年 4 月 17 凌晨 4 点多，昆明地铁 3 号线西昌路站围闭终于赶在天亮前完成。随着早 7 点 20 分迎来第一个交通早高峰，潘家湾路口的交通考验着上班族对堵车的心理承受底线。虽然很多人提前知道了路口围挡施工的消息，现场有不下 9 名身着制服的交警在指挥，但交通拥堵的程度还是出乎了不少市民的预料：走路比坐车快，公交车被堵超过 10 分钟不会动，许多坐公交车上班的市民选择下车步行；潘家湾路口堵车一直持续到上午 10 点才逐渐恢复正常，人民西路潘家湾路口至西苑立交一线拥堵一直持续到上午 10 点 55 分才缓解。

2013 年 4 月 18 日上午，昆明市副市长率昆明市交警支队、市轨道公司、市排水公司、设计单位、监理单位、施工单位等，来到西昌路与人民西路交叉口，对早高峰期间的交通进行现场调研，发现该路口围挡施工导致此片区不能满足现有的交通通行，造成早高峰大拥堵。为确保人民西路大观商业区的交通畅通，进一步优化交通疏解方案，副市长在现场提出，将已经实施好的围挡全部拆除，该路口恢复原来的交通标志、交通信号系统及双向六车道，新的围挡施工方案将重新研究设计，力求降低围挡施工带来的拥堵。已经实施好的围挡于昨日下午开始陆续拆除。

与此同时，昆明市政府召开专题会议研究部署围挡施工方案，会议提出，围挡暂时拆除并恢复原交通后，轨道公司相关部门要立即组织设计单位、交警单位等，研究分期施工的交通疏解方案，并尽快实施新的交通疏解方案，可以加宽行人、非机动车

道，满足通行需要；在西昌路与人民路交叉口实施的顶管工程需加快施工，现有围挡尽量缩小，减少对交通的影响。西昌路站施工围挡前后对比如图10-1、图10-2所示。

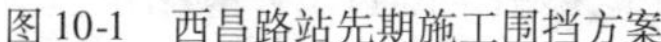

图10-1 西昌路站先期施工围挡方案

图10-2 西昌路站拆除施工围挡后状况

10.1.2 轨道施工期间宣传内容

宣传的内容包括如下几个方面。

10.1.2.1 轨道交通形象

设计独特的项目名称或商标、徽标、标语，建立一个有活力的品牌形象，可以使市民更容易识别与项目相关内容或相关的信息，提高辨识度，增加公众对项目的印象。例如北京地铁的“红星京味号”，南京地铁的“驰载人文，身心直达”，杭州地铁的“品质地铁”等。

10.1.2.2 轨道交通施工方案及影响范围

在轨道交通施工期间通常会给市民的出行带来很大的不便，因此，要及时告知交通参与者交通施工方案的内容及施工影响区域，以及施工期间影响的道路及交叉口名称、具体施工地点、施工时间、施工面积等。

10.1.2.3 交通组织方案

轨道组织方案的宣传主要包括施工区域影响范围内的机动车、行人、施工车辆、公交线路的优化调整方案、交通分流方案等。对于一些重要的节点和路段，需要安排交通组织方案设计人员现场进行讲解。

10.1.2.4 交通需求管理策略

包括交通需求管理策略的内容、开始实施时间、实施的细则等。比如车辆限行的区域、限行的方式、限行的时间、违反限行的处罚等。

10.1.3 轨道施工期间宣传媒介

10.1.3.1 宣传媒介种类

(1)利用电视进行宣传

电视是我国目前影响最大的传播媒体,利用电视进行宣传,主要可以利用本地新闻和电视广告以及一些访谈节目,另外要积极构建电视专题栏目与交通相关节目的互动,增加辨识度。

(2)利用广播进行宣传

从媒体来看,广播虽然这几年比电视落后些,但它仍旧有电视所无法替代的宣传作用,还有许多人愿意听广播,特别是出租车司机、老人以及一些没有条件看电视的人,可以扩大传播范围。面对这部分人的宣传,可以在广播上做,毕竟投资小,有收益。在广播媒体的宣传至少有两种形式,一种是纯粹的广告,另一种是做节目,由轨道交通负责人与主持人或听众交流,增加市民的参与度。

(3)利用报纸、传单、宣传册进行宣传

定期印刷与项目工作内容、施工阶段的材料,向市民通告、发布施工进度,增加市民对轨道建设的知情权和参与权,让市民了解地区在轨道期间采用的交通疏解方案的具体内容,及时为市民提示合理的出行线路建议,规范和指导市民理性对待出行方式的选择。传播方式包括邮寄,免费发放和在公共场所宣传栏处免费取阅。

(4)利用网络进行宣传

随着计算机和网络的普及,网络逐渐成为一种潜力很大的媒体,网络媒体具有传播及时迅速、成本低、容量大等显著优势。因此可以在相关交通网站及时汇报、更新施工进展,提高交通疏解方案的透明度,建立施工者、交通管理者及道路使用者之间的信息沟通和联系平台,保证施工期间各项工作的有效进行。

(5)召开新闻发布会

加大轨道交通工程的宣传力度,把宣传工作贯穿到施工的全过程,缓和地区市民在轨道期间因出行受影响而产生的不满、抵触情绪,提升市民对轨道的认同及支持度。

(6)利用新媒体进行宣传

新媒体是继报刊、广播、电视等传统媒体之后发展起来的新媒体形态,包括网络媒体、手机媒体、数字电视等,其自身具备信息扩散速度快、传播范围广、形式丰富、互动性强等独特优势。新媒体的传播交流特点使传播者和受众之间界限变得模糊,用户拥有自由发表意见的平台,表达渠道大大拓宽,人人都是信息接受者,同时又是信息传播者。要充分利用新媒体的优势,有效传播信息,积极与市民互动,努力取得最佳效果。

综上所述要充分利用各种大众媒体进行宣传,从而达到最佳的宣传效果。在进行宣传时应注意以下几点:

①电视、报纸、网络和广播各有其长处,使媒体在互动中实现资源共享和优势互补,

②注重宣传媒介的细部分类,多方权衡并对其进行有效整合。

③将大量信息多角度、分频次投放到媒体上,把握信息冲击的节奏与力道,使规模宣传呈现层次感和立体性,以避免信息受传者的"视觉"疲劳效应。

④善于和媒体对话,与媒体建立良好的合作关系,使媒体宣传配合到位。

10.1.3.2 宣传媒介选择

对媒体的成功选择,是达成宣传目标的重要保障。因此在选择和使用媒体时要注意以下问题。

(1)对媒体的选择要讲究实效性

因为不同媒体在传送信息方面有各自不同的优缺点,所以不同的传播媒介在传播机制上是存有差异的。如印刷传播媒体相对而言信息容量大,可以完整地展示施工信息具体内容,但其生动性和吸引力不如电子传播媒介。而电子媒介,图文并茂、声像俱全,可视性强,但信息量少,一般不能充分显示其优势。

(2)对媒体的选择要讲究互动性

电视、报刊、网络等文化载体与人们的生活联系非常密切,因此当这些载体上反应强烈的东西及时地转化为宣传目标上,宣传效果会大大增加,可以省去许多宣传开支。

(3)对媒体的选择要讲究整体性

整体性强调根据目标需要综合选用传播媒体和多层次构建媒介体系。前者强调差异媒体的复合使用,后者强调差异媒体的群属特质。前者偏重于使用的合理性,后者偏重于建立科学的分类体系,宣传方可根据自己的目标市场,依据需要,决定选择媒体。

总之,在选择传播媒介时,应根据要传播信息的内容和性质,选择真正有助于实现宣传目标的媒体。通过综合运用报纸、期刊、广播电视、网络、户外广告等各种宣传媒介,多种宣传方式和手段结合在一起,取长补短,形成一个立体的宣传系统。

10.1.4 轨道施工期间宣传时机

宣传的生命周期包括四个阶段,即引入期、成长期、饱和期和衰退期。对于宣传工作的策划者来说,要想获得预期的宣传效果,就一定要把握宣传的时效性。为

了达到宣传效果,一定要针对不同的生命周期,选用合适的媒体,保持媒体的连贯的宣传优势,制定出相应的策略。如果在宣传初期进行大量的宣传,之后就无声无息了,这样做通常会使宣传效果大打折扣。

宣传初期采用立体的宣传策略,即在一个较短时间之内,同时动用几种媒体进行地毯式的媒体宣传,给予群众关于施工项目的强烈刺激,这样所得到的效果远比单线作战的效果要好出许多。宣传中期定期印刷与施工相关的小册子、小传单分发到各个社区、公交站点等公共场所,保持宣传效果。在宣传后期做好宣传保障工作,通过宣传发挥舆论的监督导向作用,在规范施工单位的文明施工、管理部门科学管理、道路使用者积极配合方面起作用。

为增加贵阳市轨道期间交通管理办法、交通疏解方案的透明度,建立施工者、交通管理者及道路使用者之间的信息沟通和联系平台,保证施工期间各项工作的有效进行,必须在轨道开始前制定《轨道首期工程施工期间交通宣传工作方案》,具体有如下几个方面:

首先,通过积极、正面的舆论导向,加大轨道交通工程的宣传力度,把宣传工作贯穿到施工的全过程,缓和地区市民在轨道期间因出行受影响而产生的不满、抵触情绪,提升市民对轨道的认同及支持度。

其次,定期制定和宣传《轨道交通施工期间交通出行指南》,通过积极、全面的宣传,定期向市民通告、发布施工进度,增加市民对轨道建设的知情权和参与权,让市民了解地区在轨道期间采用的交通疏解方案的具体内容,及时为市民提示合理的出行线路建议,规范和指导市民理性对待出行方式的选择。

最后,通过宣传发挥舆论的监督导向作用,在规范施工单位的文明施工、管理部门科学管理、道路使用者积极配合方面起作用。

10.2 轨道施工期间交通组织方案的实施保障

10.2.1 设施和施工管理保障

10.2.1.1 完善轨道施工区域交通标志

完善轨道施工区域交通标志、标牌、标线及诱导信息系统的设置,保证施工期交通组织方案和管理措施的顺利实施。

①根据交通分流方案,在城市范围及老城区设置指路标志,提示交通出行者选择绕行线路,具体设置方案详见附图。

②根据每个轨道站点的交通组织方案,重新渠化相关交叉口,对施工区域内的道路进行路权临时再分配,划分机动车道、人行道,正确引导车辆、行人等通行和分流,并保证行车安全。

③尽快建立智能交通诱导系统,在路段上显示轨道施工周边区域的停车诱导

信息,为出行者停车提供必备的交通信息;同时,在施工及周边区域率先实施道路交通运行动态信息显示屏,为市民选择最优交通出行路径提供实时信息,也确保交通系统的良性运转。

10.2.1.2　加强施工管理

①施工车辆管理方面,必须实行时段准入制。施工车辆车体通常较大,车速及转弯灵活度方面都存在较大的不足,老城区如其在白天高峰时段出行,势必降低道路通行能力,尤其对节点的影响更大,必然使压力重重的道路交通雪上加霜。因此,建议施工车辆在晚间22点以后准入进入,避开在白天车辆高峰时段出行。

②施工单位必须制定严格的施工管理制度,加强文明施工,树立交通意识、环境意识和法制意识,严格执行有关交通管理的审查,积极配合相关部门的交通管理。从时间上减小施工对交通的影响。

③制定科学的施工计划,对施工进度予以严格控制,在保证施工质量的前提下,加快施工进度,缩短施工场地占道时间,施工完成后,尽快拆除施工围挡,恢复道路设施,从时间上减小施工对交通的影响。

④严格控制占道施工场地范围,禁止在占道施工场地内设置工棚、临时住所和办公用房,从空间上减小施工对交通的影响。

⑤规范设置交通标志、标线和施工围挡,引导机动车安全行驶,维护道路交通环境。

10.2.2　机构保障

今后两年年半时间,贵阳轨道交通将进入全面建设阶段,轨道交通施工涉及面广,施工跨度长、协调难度大,必须要有一个强有力的项目组织机构,才能保证施工的顺利进行。因此,为配合轨道首期工程建设,建议成立由主管副市长亲自担任指挥部总指挥,轨道公司、发改委、规划、交警、交通、城管、各区政府等多个职能部门参加的贵阳轨道交通施工期“保通”指挥部,该指挥部主要负责协调、落实地铁建设的相关事务,为加快建设进度提供保障。同时,建立轨道交通专家库,负责提供专家咨询、施工方案论证等方面,为轨道施工期间交通系统的良性运转提供重要保障。

10.2.3　经费保障

城市轨道交通施工期的交通管理需要耗费大量的人力和物力,因此,充足的经费保障是实现交通管理方案预期效果的重要前提。轨道交通施工期间的主要花费有:交通管理方案咨询费、交通管理方案专家评估费、交通管理方案宣传费、交通管理方案实施费(人员费和设备费)。

交通管理方案咨询费:委托人就轨道交通相关事项从咨询人员或公司获得意见或建议而支付的报酬。

交通管理方案评估费:对交通管理方案的价值进行评估的一种费用。

交通管理方案宣传费:因轨道交通施工开展业务宣传活动所支付的费用,主要是指未通过媒体传播的广告性支出。

交通管理方案实施费(人员费和设备费):轨道交通施工雇用相关工作人员的费用以及施工所用设备的费用。

10.2.4 人员保障

根据《城市道路施工作业交通防护措施设置规范》、公安部《交通警察道路执勤执法工作规范》和《关于加强协管员队伍建设的指导意见》等相关规范对设施交通协管员(保通人员)要求,在施工期间,将占用部分市政道路路面进行施工,对交通影响较大,为保障施工期间施工道路及附近绕行道路车辆的基本通行,尽量缓解交通拥堵,同时保障行人的交通安全,需针对部分施工点及沿线考虑设置保通人员。

10.2.4.1 保通人员设置原则

根据施工对交通影响程度分级设置:根据施工期间对车流及人流的影响程度,分重点影响和一般影响布设保通人员;结合施工实际、落实到各个点设置:结合各站点施工工法和围挡范围,人员安排落实到各个交叉口和路段;动态调配原则:根据施工全线站点的施工时间和空间上的变化,结合施工单位及交警的要求,实时增减保通人员数量。

10.2.4.2 保通人员岗位职责

①严格贯彻执行国家、上级的有关交通安全的法律、法规及各项规定;

②负责协助交警在施工范围内指挥、疏导交通、确保正常的交通秩序;

③负责指导施工范围内人流的安全通行;

④负责施工现场安全标志、警示标牌的维护;

⑤负责上报、配合处理突发的交通事故;

⑥完成上级部门交给的其他任务。

10.2.4.3 保通人员设置方案

根据轨道施工占道及交通疏解方案情况,针对多个路段、多个站点施工期间安排保通人员,按需要确定每个岗位需要的人数,设计具体的人员设置方案。

10.2.4.4 保通人员管理、调配要求

保通人员建议由交管局统一培训、管理和调配。

实时调配要求:以上方案为施工进入到稳定期所需要的人员配置,施工初期,在重要交通节点拆除交通基础设施时需要设置更多的保通人员,同时在施工过程中,各个站点施工围挡会随着工期进展有所调整,则需要根据交通管理部门和施工单位对围挡现场的管理需求,适当增减人员配置。

10.2.5 应急保障

城市轨道交通施工是一个受众群体广泛、高强度运转、技术复杂性强、相对独立封闭的系统，由于轨道工程多为地下作业，施工难度大，专业性强，再加上地面、地下情况复杂，易发生突发性事故。因此，必须高度重视突发事件的交通应急管理工作，轨道工程施工突发事故应急预案，建立健全城市轨道交通应急体系，防止因应急行动组织不力或现场救援工作的无序和混乱而延误事故的应急救援，对有效预防和应对轨道工程建设中的突发事故，保护人民的生命及财产安全，以实现城市轨道交通“安全、可靠、高效”具有重要的意义。

10.2.5.1 施工期间可能的突发性事件

①轨道工程施工采用盾构法、浅埋暗挖法、明挖法等施工工艺，地下作业量大，施工环境差，易发生因施工结构断裂、垮塌、塌陷、严重变形、淹没事故。

②轨道施工引起周边重要建筑物不均匀沉降，造成建筑物的裂缝、倾斜、倒塌、变形、地面沉降等次生、衍生事故，造成城区大面积供电、供水、通信等线路运行中断等。

③施工人员在井下隧道内中毒、中暑、被困等意外情况。

④发生重特大道路交通事故、重大交通拥堵以及火灾等紧急事件。

⑤发生重大洪涝灾害等紧急事件。

当存在上述突发性事件时，及时采取应急预案及保证交通通畅具有重要的意义。

10.2.5.2 应急预案

(1)成立应急指挥部

轨道工程应急指挥部负责本市轨道工程施工突发事故应急救援的指挥、协调和监督。应急指挥部机构主要构成如下：

总指挥：市政府分管副市长

副总指挥：市政府分管副秘书长 市轨道交通公司总经理

成员单位：市委宣传部、市轨道公司、市公安局、市交警支队、市卫生局、各区政府等相关职能部门。

轨道交通应急指挥部下设办公室，设在轨道交通有限公司，其主要职责：

①负责指导各相关科研单位制定、修订轨道工程专项应急预案，为快速准确地应对交通突发事件打下良好基础。

②负责建立预防和处置轨道工程突发事故应急组织体系和机制，不断完善轨道工程突发事故抢险救援应急工作制度。

③负责组织专家制定抢险救援方案，报市轨道工程应急指挥部审批后实施。

④负责组织协调相关单位、专家、抢险大队参与实施抢险救援工作，必要时请

求市轨道工程应急指挥部进行协调。

⑤组织一线抢险救援工作,参与事故的调查处理,指导、督促相关单位做好后勤保障及善后处理等工作。

(2)建立交通应急指挥系统

应急指挥部的建立,将使应急抢险工作能够快速高效地运转起来。而指挥部的有效运转,则要依靠交通应急指挥系统为其提供有力的技术支持。交通应急指挥系统由指挥中心、视频图像资源、应急通信保障系统和移动指挥通信系统。具体如下。

①交通应急指挥部的指挥中心设在公安局交警支队。利用交警信息中心实时视频信号并通过控制室不断地切换,全市各交通点的情况可以一目了然。当有突发事件发生时,应急指挥部成员都迅速集中到指挥中心,然后根据视频信号上看到的现场情况,做出决策进行处理。

②在了解突发事件后,及时通知相关负责人,以及他们在指挥中心的指挥,都需要通信技术的支持。指挥中心的通讯保障系统,通过 IP 电话、短信平台和无线通信,分别完成一键通快速群拨通话、短信息的快速群发和快速呼叫功能,实现了与市应急指挥中心和各成员单位之间的协调与联动,及时处置突发交通事件。

③当做出决策后,到达应急事故点的交通保通就显得尤为关键。因此,成立由交警支队主要领导组成的交通保通小组,配备机动人员及警车,一旦发生紧急事件,指挥调度就近执勤民警第一时间内赶到现场,进行先期处置,同时,迅速调集机动队人员,对相关道路分内外两道防线进行交通管制,确保抢险救灾车辆顺利进出,确保道路在最短的时间内恢复畅通。

附录

贵阳市老城区轻轨施工期间居民出行调查(施工前)

您好！为了更好地了解贵阳老城区轻轨施工期间居民的出行特性,以便为交通管理部门分析并解决施工期间带来的出行困难问题,请您协助我们做一份调查,本次调查分为轻轨施工前和轻轨施工后两个阶段,两个阶段调查完我们分别有价值10元的奖品赠送。我们保证此次调查的数据不会给您带来任何的麻烦,您的宝贵的信息和意见对我们的研究非常重要,谢谢您的合作!

调查地点:____________ 调查人:____________ 调查日期:____________

A. 出行属性

1. 您是否知道老城区要修建轻轨?□是 □否

如果是,是通过哪种渠道知道的(可以多选):

□户外广告 □报纸 □电视报道 □广播 □网络 □出行导则 □听人说的 □其他

2. 您上下班或上学出行是否经过轻轨施工点:即环城北路、合群路、公园路沿线交叉口(见右图)?□是 □否

如果是,请选择(可以多选):

□环城北路—北京路交叉口 □环城北路—沙河街交叉口 □环城北路—永乐路交叉口 □上合群 □下合群 □省府西路 □教委路 口灯饰广场 □一中桥 □贵阳火车站(遵义路)

3. 您是否信任交警发布的交通拥堵信息:□是 □否

4. 若交警发布由于轻轨施工,您驾车或步行经过的交叉口会封闭部分车道,你是否会选择绕行?□是 □否

5. 您平时上下班或上学最常用的出行方式是______,此外还经常使用______出行(可以多选):①小汽车;②公交车;③步行;④自行车(包括电动车);⑤出租车;⑥摩托车;⑦单位客车

6. 您平时购物、娱乐、餐饮等最常用的出行方式是______,此外还经常使用______出行(可以多选):①小汽车;②公交车;③步行;④自行车(包括电动车);⑤出租车;⑥摩托车;⑦单位客车

7. 您平均每个工作日上下班或上学出行次数是(一个往返算1次):

□不出行 □1次 □2次 □3次 □4次 □5次及以上

8. 您平均每周的娱乐、购物等出行次数是(一个往返算1次):

□不出行 □1次 □2次 □3次 □4次 □5次及以上

9. 您平时单程上下班或上学路上一般要花费______分钟,单程上下班或上学出行超过多少时间您将不能忍受:

□15分钟 □30分钟 □45分钟 □1小时 □1.5小时 □2小时 □2小时以上

10. 您平时单程购物、娱乐、餐饮等路上一般要花费______分钟,单程购物、娱乐、餐饮出行路上超过多少时间您将不能忍受:

□15分钟 □30分钟 □45分钟 □1小时 □1.5小时 □2小时 □2小时以上

11. 您平时上下班或上学出行会不会因为交通拥挤而改变出行路径(路线)?

□经常会 □有时会 □不会 □不确定

上下班或上学出行会不会因为交通拥挤而改变出行方式(交通工具)?

□经常会 □有时会 □不会 □不确定

上下班或上学出行会不会因为交通拥挤而改变出发时刻(提前或推迟)?

□经常会 □有时会 □不会 □不确定

12. 您平时购物、娱乐、餐饮等出行会不会错开高峰期?

□经常会 □有时会 □不会 □不确定

您平时购物、娱乐、餐饮出行会不会因为在高峰期而改变目的地?

□经常会 □有时会 □不会 □不确定

B. 情景组合

1. 老城区轻轨施工可能会带来一定程度的交通拥堵,施工以后假如你去上班(或者去办非常重要的事情),如果出现下列拥堵延误情况,请你对以下选项排序:

延误时间	1. 取消出行 2. 改变出发时间 3. 改变出行路径（路线）	4. 改变出行方式（交通工具） 5. 照常出行，不做任何改变
0.5h 以内	倾向选择：	
0.5~1h	倾向选择：	
1~2h	倾向选择：	
2h 以上	倾向选择：	

2. 老城区轻轨施工可能会带来一定程度的交通拥堵，施工以后假如你去娱乐（周末购物、休闲等），如果出现下列拥堵延误情况，请你对以下选项排序：

延误时间	1. 取消出行 2. 改变出发时间 3. 改变出行路径（路线）	4. 改变出行方式（交通工具） 5. 改变出行目的地 6. 照常出行，不做任何改变
0.5h 以内	倾向选择：	
0.5~1h	倾向选择：	
1~2h	倾向选择：	
2h 以上	倾向选择：	

C. 个人属性

1. 性别：□男 □女

2. 年龄：______

3. 学历：□高中以下 □高中 □大专、本科 □硕士及以上

4. 职业：□公务员及事业单位人员 □公司企业人员 □学生 □离退休人员 □务工、自由职业 □个体经营 □出租车司机 □其他

5. 工作时间：□有定时上下班 □无定时上下班

6. 年收入：□低于 3 万 □3 万~6 万 □6 万~10 万 □10 万~20 万 □20 万以上

7. 您的居住地点：____________，工作地点：____________

8. 您对贵阳路网熟悉程度怎么样？□非常熟悉 □一般熟悉 □部分熟悉 □不熟悉

9. 您平时是通过哪种渠道获取出行信息（可以多选）？□互联网 □手机短信 □电视报道 □广播电台 □交通设施 □户外广告

10. 您是否有驾照：□有 □没有 如果有，驾驶经验______年

11. 您的联系电话：____________ 电子邮箱：________________

（轻轨施工以后我们会电话访问您在轻轨施工以后的少量出行信息，到时会另有 10 元话费赠送）

我们的问题到此结束，感谢你的参与！

参 考 文 献

[1] 交通运输部道路运输司.城市轨道交通管理概论[M].北京:人民交通出版社,2012.

[2] 毛保华.城市轨道交通规划与设计[M].北京:人民交通出版社,2011.

[3] 毛保华.城市轨道交通系统运营管理[M].北京:人民交通出版社,2006.

[4] 阎国强.城市轨道交通概论[M].北京:人民交通出版社,2010.

[5] 陈宽民,严宝杰.道路通行能力分析[M].北京:人民交通出版社,2003

[6] 王炜.交通规划[M].北京:人民交通出版社,2007.

[7] 全永燊.城市交通控制[M].北京:人民交通出版社,1989.

[8] 毛保华,等.城市轨道交通[M].北京:科学出版社,2001

[9] 李喜华.城市占道施工对路段交通影响的研究[D].北京:北京交通大学,2011.

[10] 雷星.城市占道施工的交通影响与交通组织研究[D].重庆:重庆交通大学,2012.

[11] 宋凯.地铁施工阶段交通影响分析及交通组织研究[D].西安:长安大学,2013.

[12] 唐敏.城市轨道交通建设期间交通疏解问题研究[D].长沙:长沙理工大学,2011.

[13] 张郭艳.地铁施工对城市道路服务水平的影响[D].西安:长安大学,2008.

[14] 闫俊峰.城市建设项目交通影响评价研究[D].长春:吉林大学,2012.

[15] 陈春妹.路网容量研究[D].北京工业大学,2002.

[16] 谢鑫鑫.轨道交通施工期间交通组织研究与分析[D].南京:东南大学,2015.

[17] 黄静娟.大型市政工程施工期交通组织研究[D].成都:西南交通大学,2008.

[18] 朱顺应.城市交通需求管理基础理论研究[D].南京:东南大学,1996.

[19] 江薇.城市交通需求管理策略及其评价技术研究[D].南京:东南大学,2004.

[20] 马静.城市轨道交通建设期间地面交通组织管理技术方法研究[D].西安:长安大学,2014.

[21] 代振环.城市轨道交通施工期间交通组织问题研究[D].兰州:兰州交通大学,2013.

[22] 曲秋莳.城市占道施工区交通组织方案优化及仿真评价[D].北京:北京交通大学,2010.

[23] 中华人民共和国行业标准. CJJ 37—2012　城市道路工程设计规范[S]. 北京:中国建筑工业出版社,2012.

[24] 中华人民共和国行业标准. CJJ/T 114—2007　城市公共交通分类标准[S]. 北京:中国建筑工业出版社,2007.

[25] 中华人民共和国国家标准. GB 5768.1—2009　道路交通标志和标线[S]. 北京:中国标准出版社,2009.

[26] 何民,何保红,税文兵,等. 贵阳市城市轨道交通一号线施工期交通组织方案[R],2013.